競争政策の経済学

人口減少・デジタル化・産業政策

大橋 弘
HIROSHI OHASHI

日本経済新聞出版

競争政策の経済学

人口減少・デジタル化・産業政策

大橋 弘 Hiroshi Ohashi

日本経済新聞出版

目次

【第Ⅲ部】人口減少時代における競争政策

【第Ⅳ部】 デジタル市場における競争政策

装丁・野綱雄太

序章　転換点を迎える競争政策

アジアで最初の競争政策が日本で施行されたのは、戦後の混乱が冷めやらぬ1947年夏のことである。米国のシャーマン法の制定（1890年）にならって、日本は「独占禁止法（独禁法）[1]」を導入し[2]、その執行機関として公正取引委員会（公取委）を設置した。公取委は、米国行政委員会制度を模範にした独立した合議制の機関である。70年以上前に占領軍による経済民主化政策の一環として、旧憲法下でその導入が決まった独禁法は、現代の経済憲法として、今では日本の経済界や国民に広く浸透している。

その競争政策[3]が今、大きな転換点を迎えている。2020年初頭から世界経済を麻痺させた新型コロナウイルスの感染拡大は、社会経済活動がグローバル化している現状を再認識させた。世界のヒト

1　帝国議会が閉会した1947年3月31日に制定された。正式名称は「私的独占の禁止及び公正取引の確保に関する法律」。本書では略して「独占禁止法」「独禁法」と呼び、「競争法」「競争政策」の用語も同義で用いる。

2　世界で最初に独禁法を制定した国は1889年のカナダである。

図表序－1　新型コロナウイルス感染症が世界の国際線旅客輸送数へ与えた影響は大きい

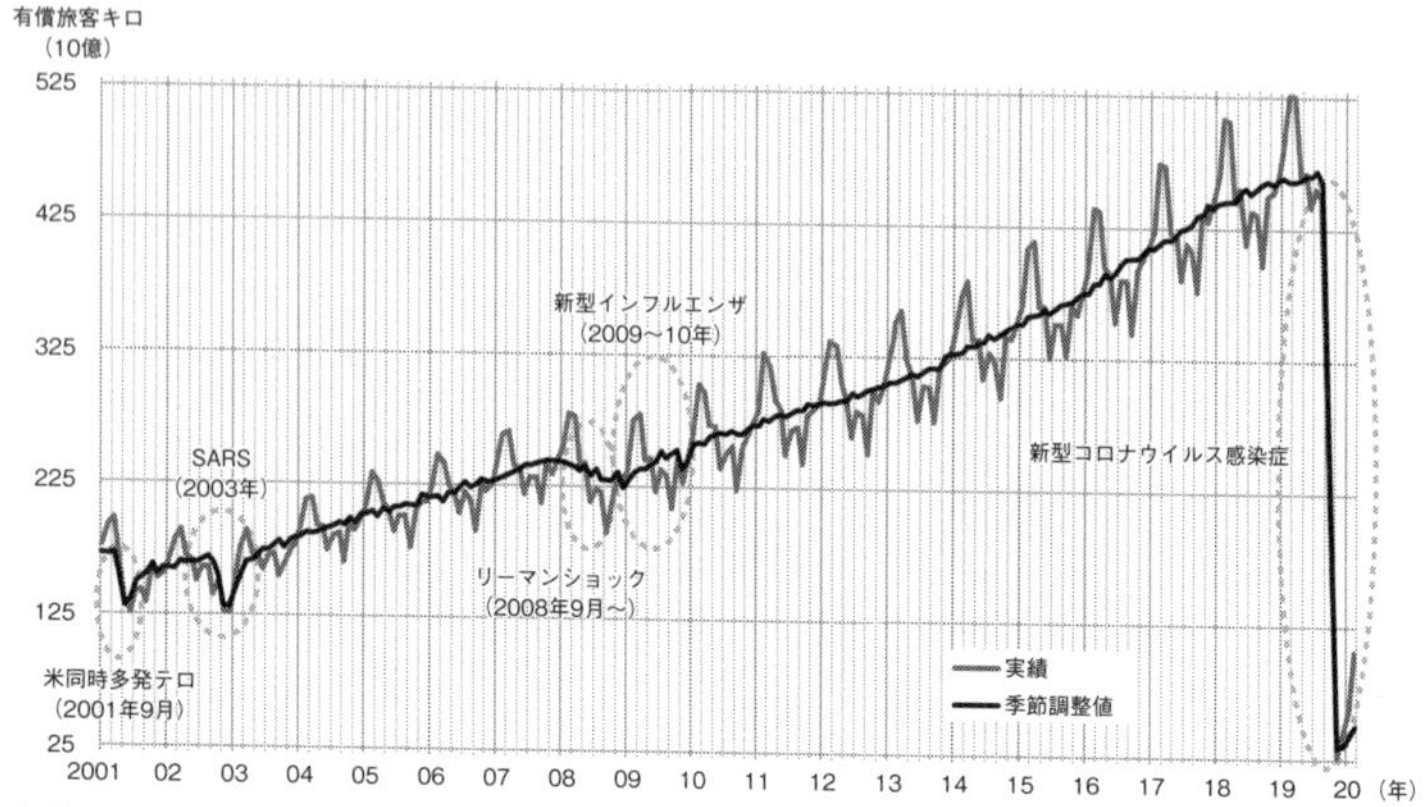

出典：2001 ～ 06 年は Brauer and Dunne（2012）、2007 ～ 15 年は IATA（2015）、2015 年以降は IATA（2016 ～ 20）各月号より作成

の流れが分断され、国際線旅客輸送数は、２００１年の米同時多発テロや２００３年の重症急性呼吸器症候群（ＳＡＲＳ）のときをはるかに下回る落ち込みを見せた（図表序－１）。

米国におけるトランプ政権の誕生以来、その傾向を強めていた保護主義の動きが加速し、１９３０年代の第二次世界大戦の引き金となったブロック経済化に現状をなぞらえる論調さえも見られた。

同時に、これまで是とされてきた民間企業の経済性・営利性に頼った市場競争が社会的に受容されない場面があることも露呈した。マスクやガウンなどの医療用防護具の供給を市場競争における企業活動にのみ依存してきた結果、グローバルなサプライチェーンの分断によって極度の需給逼迫状態に陥り、医療従事者のみならず国民の生命も危険にさらすことになった。こうした経験もあり、市場経済が求める価値と社会が求める価値との間に乖離が生じ得る点が浮き彫りになった。[4]

国際的な課税問題にまで発展している巨大ＩＴ企業の登場は、プラットフォームとしての利便性を社会にもたらす一方で、これまで公的なインフラとされてきた情報の流通が、民間事業者によって操作される事件[5]に代表されるように、市場競争の基盤そのものの問い直しをも迫っている。さらに人口減少による国内市場の縮小は、市場集中度の上昇を問題視する古典的な競争政策の見方に対しても、抜本的な見直しを求めている。

情報通信技術（ＩＣＴ）のさらなる進展とグローバル化という世界的な潮流に加え、人口減少と高齢化という日本特有の事象が同時に押し寄せている。新型コロナウイルス感染拡大の影響が絡み合って、従来では想定されなかった競争政策の課題が表出しており、競争政策に対する新たな取り組みが求められている。

本書では、日本の競争政策が直面する全般的な課題を明らかにしつつ、個別の産業分析を通じた具体的なテーマを取り上げて論じる。この序章では、競争政策が直面している課題について、やや大胆

3　本書では、「競争政策」という用語を、狭義には、独占禁止法にもとづく政策、広義には、事業法にもとづく政策も含む、広く競争に係る政策を指すものとして用いる。
4　例えば Carney (2020)。
5　例えば２０１６年に、Facebook 上の個人情報がケンブリッジ・アナリティカによって不正に政治広告として利用された事件。

に論点を切り出して紹介したい。まず次節で競争の意義について考え方を述べたうえで、第2節では、競争政策に対して学問的な裏づけを長い間与えてきたシカゴ学派について言及する。第3節では、近年世界的な現象として見られる経済の寡占化を取り上げる。第4節では経済のデジタル化を論じ、デジタル化が市場の競争環境に与える影響を概念的に整理する。第5節は、日本における競争政策の課題について議論を行う。最後に、第6節にて本書の構成を説明する。

1—競争の意義

「競争なくして経済学に固有の意義はない」[6]という主張がなされるほど、競争は経済学の中核となる概念である。競争に対する典型的な見方の一つは、アダム・スミスの『国富論』に代表される。

この見方によると、自由で分権的な市場経済は、私的利益を追求する市場での競争を通じて、あたかも「見えざる手」に導かれるがごとく、社会的に望ましい資源配分を達成する。商品の売り手と買い手が、何ら事前に調整や相談をすることなく、それぞれが自らの利潤動機だけにもとづいて行動することによって、双方にとってベストな結果がもたらされるというアダム・スミスの考え方は、『国富論』が出版された18世紀当時の近代思想を反映したものであり、これを出発点に経済学はその後、大きな発展を遂げた。

売り手も買い手も市場価格に対して一切の支配力を及ぼすことができないような、極限的な市場状態を意味する「完全競争」において、価格メカニズムに委ねることによって、売り手の利潤と買い手の便益との和（社会厚生）が最大化される。この「厚生経済学の基本定理」は、経済学者の間に今でも深く浸透している。

この考え方によれば、最悪の状態である規制されない純粋な独占と、最善の状態である完全競争との間に、段階的な競争状態がスペクトラムのように存在し、「競争性」が高まるにつれて資源配分の効率性が改善されることになる。

同質財[7]の「競争性」は、販売価格と限界費用の乖離（マークアップ）として定義される。マークアップは、独禁法の実務における市場支配力という概念につながる。この市場支配力が大きな社会問題となったのが19世紀後半であり、そのときに米国で誕生したのがシャーマン法であった。

2―シカゴ学派の誕生

米国で独禁法が成立した当初、経済の独占化が大きな懸念であった。例えば1911年の最高裁判所が分割を決定したスタンダード石油事件が典型的であるように、米国の競争政策は、その初期にきわめて厳格に適用された。競争当局は大企業の経済活動に常に不審の目を向け、例えば企業合併につ

6　“Competition occupies so important a position in economics that it is difficult to imagine economics as a social discipline without it.”（Demsetz, 1981:1）。鈴村（2004）も参照。

7　同質財とは、消費者が購入に際して価格のみを判断要素とするような特性を持つ商品を指す。

いては、合併が生み出す効果をまったく評価せずに禁止命令が出され、競争当局の判断において「唯一の整合性があるとすれば、それは政府が常に勝利するという点」であったとさえいわれた。[8]

シャーマン法に続き、１９１４年にはクレイトン法が成立して、連邦取引委員会（ＦＴＣ）が新設されると、司法省（ＤＯＪ）が行ってきたカルテル摘発や企業合併の審査に加えて、不公正な競争方法も取り締まりの対象となるなど、米国競争政策はさらにその執行力を強化することになった。

この流れが大きく変わったのは、１９７０年代からである。世界的な規制緩和において事前規制を廃止する流れが作られ、競争を活性化させることで規制を不要にする「シカゴ学派」の世界観が大勢を占めるようになった。

シカゴ学派とは、新古典派経済学に依拠する考え方で、経済的規制[9]を排して自由な市場環境に任せれば、市場機能が回復して完全市場が生み出され、社会厚生が最大化されるとする。規制緩和は、新規企業の参入を促すことで、規制に守られていた既存企業をいやがおうにも競争に参加させる。

経済のグローバル化の下では、ヒト・モノ・カネが国境を越えて自由に移動するようになり、企業は国内のみならず海外からも競争圧力にさらされる。市場競争を通じて、価格が低下し、製品の品質が向上したりイノベーションが促されたりして、消費者がメリットを受ける形での経済成長が可能になる。こうして１９８０年頃より、競争を通じた経済の活性化が経済政策の基調として定着するに至った。

シカゴ学派の影響力の強さを物語るエピソードはいくつもある。例えば、１９９８年6月16日に米国上院司法委員会にて銀行合併について証言した、アラン・グリーンスパン元連邦準備制度理事会議長の発言が、当時のシカゴ学派の米国競争政策への影響力の一端を垣間見せるものとなっている。

「1970～80年代において、比較的厳格に競争政策を執行するという姿勢から、（シカゴ学派の信念にもとづいて）補助金や割り当てなどといった政府介入以外の理由で発生する市場の不完全性は、市場競争を促すことによって取り除くべきと考えられるようになった。競争政策の執行は一般的には良い方策とは見なされなかった。最近になってからは、その傾向がさらに進み、競争政策を抑制的に執行することが、市場の効率性を高めることになると政策担当者は考えている」（Alan Greenspan, 1998; Ezrachi and Stucke, 2016: 22）[10]

シカゴ学派が依拠する新古典派経済学では、市場競争は資源の効率的な配分を促すことで、社会厚生を最大化する。企業が市場支配力を使って価格を引き上げようとすれば、必ずそれを阻止するような新規参入者が登場するはずであり、各経済主体が経済合理的であれば、競争政策が存在しなくても、企業合併であれ、垂直的な取引であれ、社会的に望ましい結果を自律的に生み出す。[11]

8　1966年における Stewart 米国最高裁判所判事の言。Ginsburg and Fraser（2011:35）から引用。

9　ここでの経済的規制は、安全・衛生・健康などに係る社会的規制を除く。なおシカゴ学派のなかには、こうした社会的規制も自己責任を原則に緩和されるべきとの主張も過去には見られた。例えば、八代（2018）。

10　https://www.federalreserve.gov/boarddocs/testimony/1998/19980616.htm

こうしたシカゴ学派の主張において、政府の行う政策は社会厚生を最大化するうえでは妨げにしかならず、競争政策もその例外ではないと見なされた。

シカゴ学派の考え方は、米国ではレーガン政権、英国ではサッチャー政権が華やかだった頃に浸透し、日本でも構造改革が叫ばれることになった。シカゴ学派の思想は自由主義的な方向性と軌を一にするものであり、先に述べた規制緩和の世界的な流れを後押しすることにも一役買うことになった。

3—拡大する市場支配力への懸念

ところが、新型コロナウイルス感染が広がり始める前から、企業の市場支配力が拡大しているのではないかとの懸念が国際的に高まっていた。国際通貨基金（ＩＭＦ）は、２０１９年4月の「世界経済見通し」において、企業による市場支配力の高まりについての分析を公表している。そこでは、27カ国[12]から１００万社弱の企業財務データを収集し、２０００～15年の期間に6%のマークアップ率の上昇が見られるとした。なお、このＩＭＦのレポートでは、米国でのマークアップ率の上昇はこの2倍を超えると推定している。

市場が独占されることを禁止し、競争の活性化を通じて、買い手を含む社会全体にメリットをもたらすことを目的とするのが競争法である。市場支配力の高まりを裏づけるＩＭＦ（2019）の指摘をきっかけにして、競争政策がその運用において機能しなくなっているのではないか、との声が国際的に巻き起こることになった。特に、米国で市場支配力が高まっているとの指摘は、世界でいち早く競争法を導入した米国が最も競争的な市場を有するとの（ナイーブかもしれないが）一般的に有力な見方を揺るがすものであった。

同時に、シカゴ学派の主張である、自由市場が市場支配力を抑止するという考え方は、理論的な可能性にすぎず妥当性に欠けるのではないか、との批判を生み出すことになった。

競争当局に対してさらなる競争政策の執行強化を望む声[13]が高まるなか、シャーマン法の成立当初の精神に立ち戻り、巨大企業の存在それ自体を民主主義への危機と捉えて排除すべきとする「新ブランダイス学派[14]」と呼ばれる考え方も登場しており、そうした見方が一定の支持を集める事態にもなっている。[15]

11　別の言い方をすれば、市場で反競争効果を正す作用が強く働くのであれば、競争政策を適用することで反競争行為でないのに摘発してしまう誤り（第一種の過誤）を犯すより、反競争行為を見逃す誤り（第二種の過誤）を犯す方がまだ社会的なコストは小さい、とシカゴ学派は判断したともいえる。

12　27カ国とは、アイルランド、イタリア、英国、エストニア、オーストリア、オランダ、韓国、ギリシャ、スペイン、スロバキア共和国、スロベニア、チェコ共和国、デンマーク、ドイツ、トルコ、日本、ハンガリー、フィンランド、フランス、ブルガリア、米国、ベルギー、ポーランド、ポルトガル、ラトビア、ルーマニア、ロシア。なお日本については第2章で詳述する。

13　例えば、Shapiro（2018）, Baker（2019）, Philippon（2019）。Kwoka（2014）は合併規制に焦点をあてて、米国における合併規制が機能していない点を定量的に指摘した。なお、Kwoka（2014）の手法に対する批判も存在する（例えばVita〈2018〉）。

4―デジタル化する経済への対応

競争政策が転換点を迎えていると考えられる二つ目の動向が、経済のデジタル化である。2020年初頭からの新型コロナウイルス感染拡大によって、在宅勤務や遠隔教育、オンライン診療といった場面でICTの社会実装が大幅に進んでいる。それとともに、ICTの社会経済活動への浸透は、日本のみならず、欧米諸国の産業構造も大きく変え始めている。

世界の時価総額上位の企業の顔ぶれを見ると、この10年間で、重厚長大型の産業からICT分野へと大きく変わった[16]。海外に目を向ければ、巨大IT企業が伸長しており、こうした企業は多種多様かつ大量のデータを、効率的かつ効果的に収集・保有・分析している。位置情報や音声情報、Cookieに関連する情報などといった詳細なデータを活用することで、既存の産業分野や市場範囲の垣根を越えた新たなニーズをマッチングさせ、経済に付加価値をもたらしている。例えば、巨大IT企業が提供するリアルタイムデータは、新型コロナウイルスの感染防止を考えるうえでも、有用な情報を提供してきた（図表序－2）[17]。

デジタル化が競争政策の転換を迫っている背景には、ICTの進展に伴うデータ処理技術の変化もある。システム構築の変遷は大きく三つのステージに分けられる（図表序－3）。

ステージ1は、メインフレームで集中的にデータ処理を行っていたコンピュータ初期の時代である。端末は単に表示やコマンド操作など限定的な機能しか持っておらず、集中的なデータ処理に規模の経

図表序-2　新型コロナウイルス感染者数と移動データ

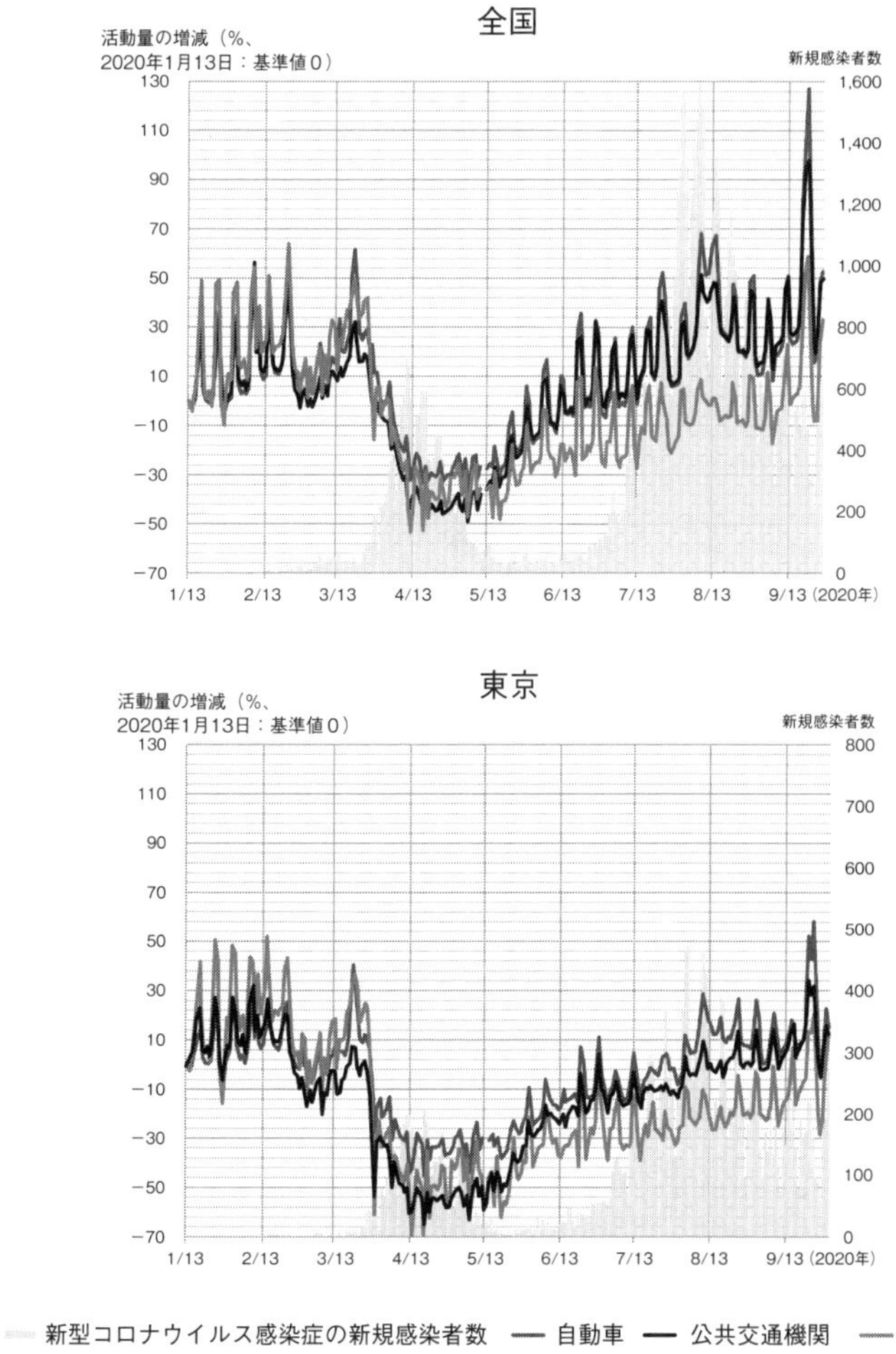

注：移動データは、2020年1月13日の活動量を基準値とする。5月11日、12日のデータは含まれていない

出典：Apple (2020)、厚生労働省（2020b）、東京都（2020）より作成

図表序-3　システム構築の変遷

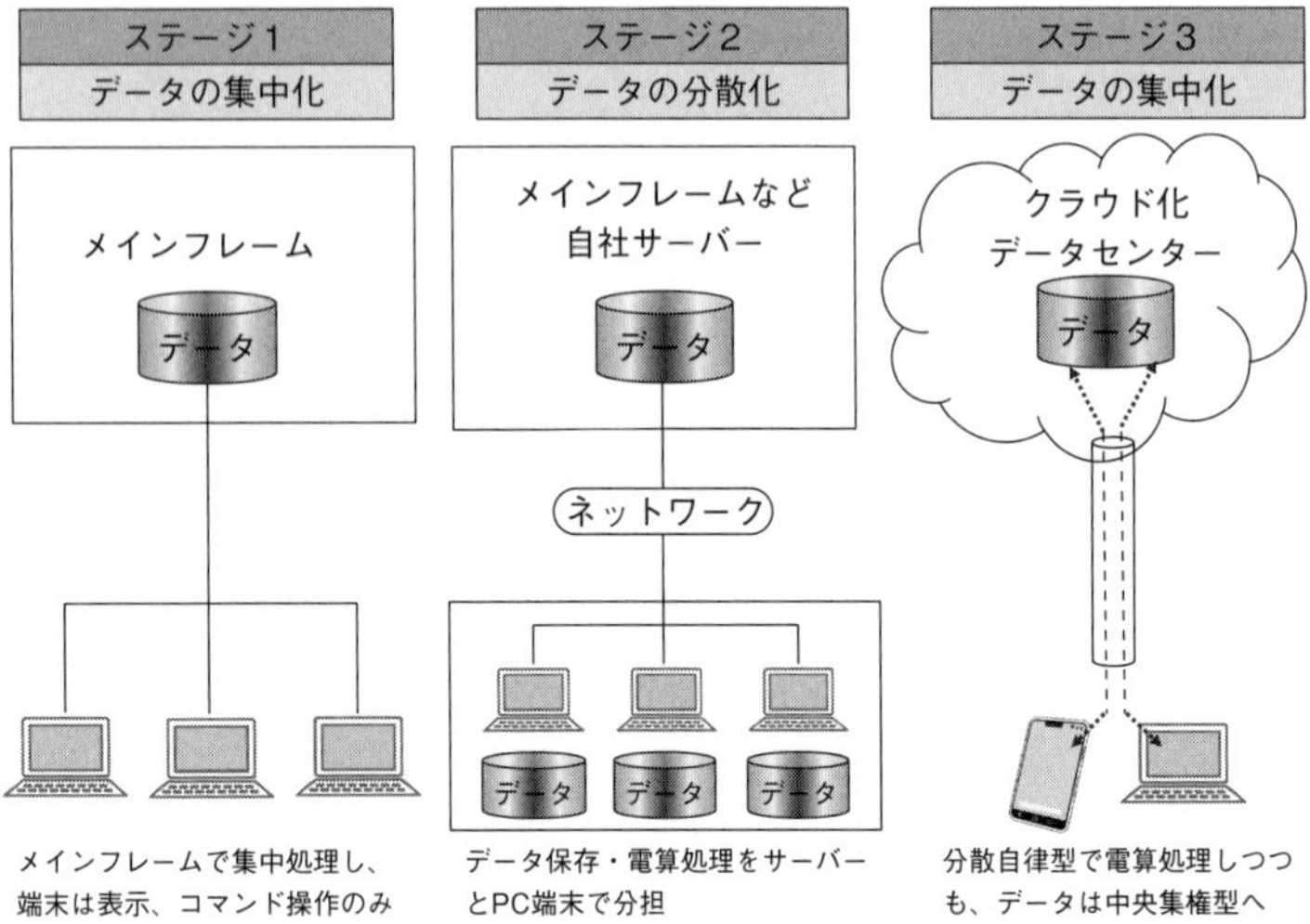

出典：海野（2012）をもとに作成

済性が働いていた。[18] 顧客は、メインフレームを提供する大手ベンダーに依存せざるを得ず、大手ベンダーの競争制限行為を懸念する競争当局が、IBMに対して捜査を行う事件もあった。[19]

1980〜90年頃からパソコン（PC）など端末の低廉化と高性能化が進むと、分散的なデータ処理が可能となった（ステージ2）。各顧客に分散して存在するPC端末で多くのデータ処理が可能となり、ステージ1で見られたような大手ベンダーによるロックイン（囲い込み）は軽減された。多くのプレーヤーが市場に参入するようになり、UNIXサーバーなど誰もが自由に使える技術が登場して技術のオープン化の流れが生まれた。

こうした状況は、競争政策を不要と見なすシカゴ学派の見解への支持を間接的に広げることにもつながったと考えられる。

他方で、WindowsなどのOSにネットワーク効果[20]（需要側における規模の経済性）が働くことが理論的に指摘され、ネットワーク効果と競争政策上の論点が学術的にも活発に議論された。

２０００年になると、ネットワークコストが低廉化して、データ利用において定額制の使い放題が現れるとともに、セキュリティー意識の高まりや端末運用コストの削減の観点から、クラウド型へとデータ処理が再び集中的になった（ステージ3）。データはデータセンターに集中・集約されるようになり、人工知能（ＡＩ）などによるデータ解析技術が向上するなかで、ＧＡＦＡＭ（Google, Amazon.com, Facebook, Apple, Microsoft）などの巨大ＩＴ企業が登場してきた。

14　１９１６～39年に米国最高裁判所判事だったLouis Brandeisにちなんでいる。例えばKhan（2017）やWu（2018）が代表的。

15　米国では、巨大ＩＴ企業などによる政治介入も問題となっている。Baker（2019: chapter 3）を参照。

16　２００７年における企業の時価総額のランキング上位5社は、ExxonMobil（489）、ＧＥ（387）、Microsoft（294）、Citi（270）、PetroChina（262）であった（カッコ内は10億ドル。以下同様）。２０１７年においては、Apple（796）、Alphabet（675）、Microsoft（539）、Amazon.com（475）、Facebook（439）となっている。なお時価総額の分布格差も拡大しており、時価総額の高い企業がさらに時価総額を伸ばしていることが分かる。

17　図表序－2からは、活動量が増えると2週間後に新規感染者数が増える様子が見て取れる。また東京の活動量は全国平均と比較して高いわけではないことも明らかである。

18　規模の経済性のことを「グロシュの法則」ともいう。

19　ＩＢＭ事件の経済学的な側面の詳細についてはFisher et. al（1985）を参照。

20　ネットワーク効果については第9章にて詳述する。

このようにデータ処理技術は、三つのステージを通じて集中↓分散↓集中へと「振り子」のごとく揺れ動く歴史をたどってきた。[21] 今後もデータが分散的に管理されるようなステージへの揺り戻しがあるかもしれない。しかし当面は、情報の価値が高まるなかで、データの集中が依然として進行する可能性が高い。

集中化が市場における寡占度を高め、市場支配力を強めると考えれば、競争的な環境が自然に担保されていた「ステージ2」から、データの集中化による「ステージ3」への移行は、まさにデータの観点から競争政策上の課題が生じる可能性を示唆している。

5 日本の競争政策の立ち位置

経済活動のデジタル化とグローバル化の進展で、国際的な競争政策の課題は、国内における競争政策の課題とも強く連動している。その半面、独禁法は国内法であるために、各国で独自に制定・運用されており、競争政策が抱える問題意識は、それぞれの国が置かれた社会・経済事情を反映し、若干異なっているのが現実である。

日本では、三つの観点から競争政策に対して、社会経済的に大きな関心が寄せられている。

一つは、規制改革の観点である。例えば、規制改革における岩盤規制突破の事例であった電力システム改革は2020年度が総仕上げの年であった。また当時の菅義偉官房長官（現内閣総理大臣）が、「4割程度下げる余地がある」（2018年8月）と口火を切った日本の携帯電話料金についても、その後、市場での競争を促すための様々な施策が講じられている。他方で、産業や市場がデジタル化し融合・統合するなかで、競争政策の適用にも異なる考え方が求められている。

二つ目の観点は、第4節で取り上げたデジタル化する経済に対する対応である。日本においては、巨大ＩＴ企業が運営するプラットフォームと取引する下請け・中小事業者が多数存在しており、巨大ＩＴ企業との取引から中小企業をいかに保護するかという視点から議論が始められた。一方で、デジタル経済における法適用は、伝統的な市場における法適用とは異なる側面があるばかりでなく、個人情報や業規制など競争政策以外の法政策が交錯する分野でもあり、新たな視点が求められている。

最後の観点は、人口減少によって生じる寡占化の問題である。最近の事例では、長崎県を地盤とする親和銀行を傘下に持つふくおかフィナンシャルグループと同県の十八銀行の合併が記憶に新しい。

金融庁が適当と判断して両銀行が２０１６年に基本合意した合併に対して、公取委が否定的な方針を表明したことは、金融界に大きな衝撃を与えた。離島地域を含め国内市場が縮小する地域において、市場退出となるまで競争させるべきか、あるいは企業体力があるうちに地域独占となるような合併を許すのかが、長崎県での地銀合併では論点になった。この論点は、本章冒頭で触れたように新型コロナウイルス感染拡大に伴って需要が急減する事態を通じて、世界的に共通する課題にもなった。

21　この点は企業組織における垂直一貫・分離のあり方とも関連する論点である。第5章を参照。

6　本書の問題意識と構成

ここまで論じてきたように、日本の社会経済を取り巻く課題は、国際的な問題意識を共有しつつも、日本独自の論点も有している。経済のデジタル化に伴って、資本主義の歪みや市場の価値と公益的な価値との乖離が、深刻な経済的・社会的な分断を生み出すようになり、規制緩和や構造改革一辺倒で競争政策を語ることは、もはやできなくなっている。

他方で、国家が主導して行政指導や規制・監視をすることで経済社会を統制・制御するようなシステムを望んでいるわけではない。個々の自由な意思にもとづく選択を確保して競争を促すという考え方をしっかり推し進めながら、社会にとって望ましい公益的な価値の増進に向けて、競争政策には、市場とどう対話をしていくのかが求められるのではないだろうか。

本書は、こうした点について正解を示すものではないが、競争政策の経済学の理論的支柱である産業組織論の考え方に依拠しながら、ときに思い切った試案も示しつつ、今後の競争政策の再構築の是非も含めて、議論に資すればとの思いで執筆したものである。

本書は四つのパートで構成されている。各パート、各章は相互に関連しつつも、独立に読めるように心掛けた。第Ⅰ部では競争政策における経済学の理論的・実証的な支柱となっている「産業組織論」にもとづき、経済の寡占化について論じる。

第1章では、産業組織論を紹介したうえで、歴史的な系譜を振り返る。1980年代に米国で起きたパラダイムシフトが産業組織論の射程を大きく変えた点を踏まえ、産業組織論における市場支配力の考え方を提示しつつ、競争政策における実務的な視点との齟齬を提示する。特に、競争政策の観点から問題視すべき不当性を有する「市場支配力」と、そうではない市場支配力があることを産業組織論の観点から論じる。

第2章では、前章に続いて経済の寡占化についてさらに深掘りした議論を行う。経済の寡占化の背景にある仮説を示しつつ、市場支配力の観点から競争政策上、問題となる「寡占」か否かを判断するための手法について丁寧に論じる。この章において、産業組織論が近年取り組んできたアプローチの強みと弱みを明らかにする。

続く三つのパートは、先に論じた産業組織論の考え方を具体的な産業・政策分野に応用するものとなっている。第Ⅱ部では、個別の産業分野に焦点をあてて、従来の競争政策に求められる新たな視点について考察する。紹介する各章・補論での事例は、できる限り最近の動向も拾い上げて批判的な検討を加えることで、各分野の専門家も興味を惹く内容となるよう心掛けた。

第3章の公共事業における公共調達は、入札談合としての独禁法の執行事例も多く、競争政策で重要な位置づけを占めてきた。この章では、入札における競争性を経済学的に判断することの難しさを明らかにする。さらに公共調達制度の歴史的変遷を振り返りながら、人口減少局面における地域建設業者の新たな課題を指摘し、今後のあるべき公共調達制度の方向性を競争政策の観点から論じる。

第4章では、電気通信市場を取り上げ、最近のモバイル市場における競争政策に対して検討を加える。電気通信市場については、総務省が2003年から競争評価（「電気通信事業分野における競争状況の評価」）を実施して、市場全般の競争状況をモニターするとともに、公取委も市場の競争確保に対して強い関心を持ってきた。2018年以降、特にモバイル市場において、競争促進のための様々な施策が矢継ぎ早に展開されており、こうした施策が市場競争に与える影響の評価が求められている。

第5章では、電力市場を対象にする。2011年の東日本大震災をきっかけにして始まった電力システム改革も、2020年度をもって一応の完了を見ることになった。この改革は、①安定供給の確保、②電気料金の最大限の抑制、③需要家の選択肢・事業者の事業機会の確保を目的に、三つの段階から構成された。

ここではシステム改革の第三段階である発電と送配電の分離を取り上げて、産業組織論の観点から垂直分離にメリットだけではなく、デメリットもある点を指摘し、今後の検討すべき課題を整理する。

第Ⅱ部の最後の補論は、特定の産業分野を扱った先の三つの章とやや趣を異にする。ここでは地球温暖化を取り上げ、日本の再生可能エネルギー政策を批判的に検討する。ややもすると環境政策と競争政策は互いに対立する施策と捉えられがちだが、地球温暖化対策に競争政策の視点を盛り込むことで、より効率的な政策立案が可能となる点を強調する。なお、地球温暖化の主要因といわれる二酸化炭素排出のほぼ4割を電力セクターが占めていることから、この章は第5章との関係も深い。

第Ⅲ部は、人口減少によって生じる競争政策の新たな課題を、産業を横断する観点から論じる。注目するのは、企業合併と産業政策である。人口減少とそれに伴う内需縮小、さらに新型コロナウイルス感染拡大防止のための「三密」回避による需要抑制は、既存の産業構造を大きく揺るがしている。

　第6章では、需要が伸び悩み、事業の再編・統合が不可避となるなかでの競争政策のあり方を論じる。企業合併には、第7章で述べる産業政策からの見方と競争政策からの見方の二つが存在し、それぞれの見方が激しくぶつかりあった歴史がある。過去の合併事例の評価を通じて、効率性の効果に着目することの重要性、および人口減少の局面では産業政策の考え方を取り入れた形でのリバランスが競争政策の執行に求められることを強調する。

　第7章では、産業政策を取り上げる。戦後の日本復興を一例として、市場の失敗を補正する手段とされた産業政策だが、規制緩和の流れが世界的に強まると、政府の失敗が強く意識されて、産業政策に対する関心は失われた。その産業政策が改めて脚光を浴びるようになったのは、2008〜09年の世界金融危機以降である。この章では産業政策の効果測定の手法を紹介しつつ、政策の妥当性を評価しながら、今後の産業政策のあり方についても試論を展開する。

　第Ⅳ部では、デジタル化の進展に伴って生じる競争政策の課題を論じる。AIやデータ解析技術が進展するなかで、従来の競争政策の考え方が技術に追いつかなくなっている懸念が指摘されている。

　第8章では、デジタルカルテルについて論じる。自動化技術によってリアルタイムデータが可能となるなかで、人を介さずに機械が価格を調整することが実用化している。そうしたなかで、現在の競争政策の捉え方ではデジタルカルテルを十分に抑止することができない点を論じ、可能な解決策を探る。

　第9章では、デジタル・プラットフォームについて議論する。GAFAMなどの提供するデジタル・プラットフォームが経済社会活動のインフラとなるなか、デジタル・プラットフォームは規模を拡大して効率化している。他方で、デジタル・プラットフォームがデータ収集を通じた情報の優位性を背景に、競争阻害的な行為に及ぶ懸念も高まっている。

データ集中による交渉力の格差という新たな競争政策の課題に対して、いかに公益的な観点からプラットフォームでの取引を正常化できるかを議論する。

グローバルな寡占化が進むなか、政府が関与せず民間の自由放任に任せるのがよいという視点は、人口減少やデジタル化において、必ずしもうまく機能しない側面があることを本書では論じる。

競争による公益的な価値を守るためには、民間だけに任せるのではなく、民間の自由な意思にもとづく活動が公益的な価値の増大につながるように、これまでにないルール作りを国などの公的な主体が主導する必要がある。こうしたルール形成を競争政策の執行において行う場合に、留意すべき点について、終章にて述べたい。

第Ⅰ部

市場支配力と産業組織論

競争政策が直面する課題の背景には、人口減少とデジタル化がある。さらに新型コロナウイルス感染拡大は、この二つの流れを加速させており、世界における経済の「寡占化」*が進んでいる。第Ⅰ部では、「寡占化」がいかなるエビデンスにもとづいているのかを産業組織論の観点から明らかにする。さらに、経済の寡占化が競争政策上の問題に必ずしも直結しない点を論じる。

まず、経済学の観点から競争政策のバックボーンを担っている産業組織論について解説する。ハーバード学派の伝統的なパラダイムから花開いたこの分野は、1980年代に大きな構造転換を経験する。この構造転換が、分析手法の精緻化をもたらした半面、産業構造の巨視的な視野を狭めることになった。産業組織論からではなく、他の分野から経済の寡占化の指摘がされている現状が、まさにその点を物語っている。他方で、昨今の寡占化の議論は、市場の競争性に対する判断という点では、分析の精緻さを欠いている。

競争政策の観点から、寡占化が真に問題になるか否かの判断を下すためには、産業組織論の知見がカギとなる。第Ⅰ部では、産業組織論が提供する知見とは何か、それが競争政策にどのような関係があるのかを理論的に解きほぐしつつ、実務的な慣行として用いられる市場シェアが、産業組織論の観点からいかなる意味を持つのかについても解説を行う。競争当局間における国際協調が進むなか、各国で固有の背景を持つ法学的な知見以上に、国際的な言語として普及している経済学、さらには産業組織論の視点が、競争政策においてますます不可欠になっている点を指摘する。

第1章　競争政策と産業組織論※

現在、競争法を制定している国は120を超える。市場経済の浸透に伴い、欧米のみならず中国やインドなど経済成長が著しい新興諸国においても独禁法が制定され、積極的な運用がなされるようになった。

競争法は国内法であることから、各国独自の判断で違法行為の判定が行われ、それを踏まえた制裁がなされる。だが、同じ行為に対する判定や制裁の重さが各国競争当局の間で異なる場合には、グローバルに活動する企業側に混乱と過剰な負担をもたらすことになりかねない。

そのために日本では、大型の合併案件やカルテル事案など、少なくとも重要な独禁法事件においては、公取委は海外の競争当局と連携して調査を行うことが一般的になっている。また海外競争当局の

＊　本書では、不当な市場支配力を伴う寡占化を「寡占化」とカギカッコつきで定義する。同様に不当性のある市場支配力を「市場支配力」と表記する。

※　本章は、大橋（2012a, b, c, 2014a）を全面的に改稿した。

間で共同作業をスムーズにするために、各国間で競争法の運用のあり方を共通化していこうとする動きも早くから見られている。[22]

海外競争当局とのコミュニケーションを深化させていくためには、共通言語としての経済学の果たす役割が大きい。競争法の歴史的な形成過程は各国で大きく異なるために、法学的なアプローチでは海外競争当局間の協調を得ることはしばしば困難だが、経済学は国際的に標準化されており、ある国に固有の考え方があるわけではない。経済学のなかでも、市場競争を理解するうえで不可欠な学問分野が、本章で取り上げる「産業組織論」である。

本章の構成は以下のとおりである。第1節では、産業組織論について紹介する。産業組織論とはミクロ経済学の一分野でありながら、経営学とも近い学問領域である。第2節は、産業組織論の系譜をたどる。産業組織論の分析アプローチは1980年代に大きなパラダイムシフトを経験している点を指摘する。第3節では、競争政策で中心的な課題である市場支配力について、産業組織論の観点から整理を行う。市場支配力の概念は、本書でしばしば顔を出す概念である。第4節では、市場支配力を需要家に直接的に影響を与える価格などの効果で見るべき点を強調する。

1—産業組織論とは

競争政策が企業活動にどのような影響を与えるのかを知るには、まず企業行動に対する理解を深めることが必要だ。そうした理解を手助けする学問分野が、産業組織論である。

産業組織論とは、Industrial Organization の日本語訳[23]であり、米国を発祥とする。産業組織論が経済学で独立した学問分野になったのは、１９３０年代頃といわれている。[24]当時はハーバード学派などと呼ばれ、特定の産業をケーススタディとして分析することがその主たるアプローチであった。[25]なお、日本で「産業組織」という名で最初に講義が行われたのは、１９７０年の東京大学経済学部においてであり、担当教員は隅谷三喜男[26]といわれている。

産業組織論は、消費者行動や企業行動の分析を通じて、市場の特性や産業の構造に対する理解を深めることを目的としている。消費者は何に惹かれて商品やサービスを購入するのか。その行動を踏まえて企業は、いかなる価格や広告を含む戦略を立てて、他の企業と競争するのかが主たる研究対象となる。[27]

産業組織論が対象とする企業活動を見てみよう（図表１－１）。一般的に企業はヒト・モノ・カネ

22　経済協力開発機構（ＯＥＣＤ）や国際競争ネットワーク（ＩＣＮ）などの場で各国競争当局がベスト・プラクティスを共有し合うことで、競争法の実務を国際的に収斂させる努力が続けられている。

23　略称をI.O. という。日本ではI.O. というと、投入産出（Input-Output）をイメージする人が多い。

24　Grether (1970:83) による。

25　代表的な文献として、例えばWallace (1937)。

26　余談となるが、隅谷先生は五味川純平の『人間の條件』のモデルといわれている。成田空港問題の解決にあたったことでも有名である（隅谷、1996）。

図表1－1　企業活動の概略と産業組織論の主な対象範囲

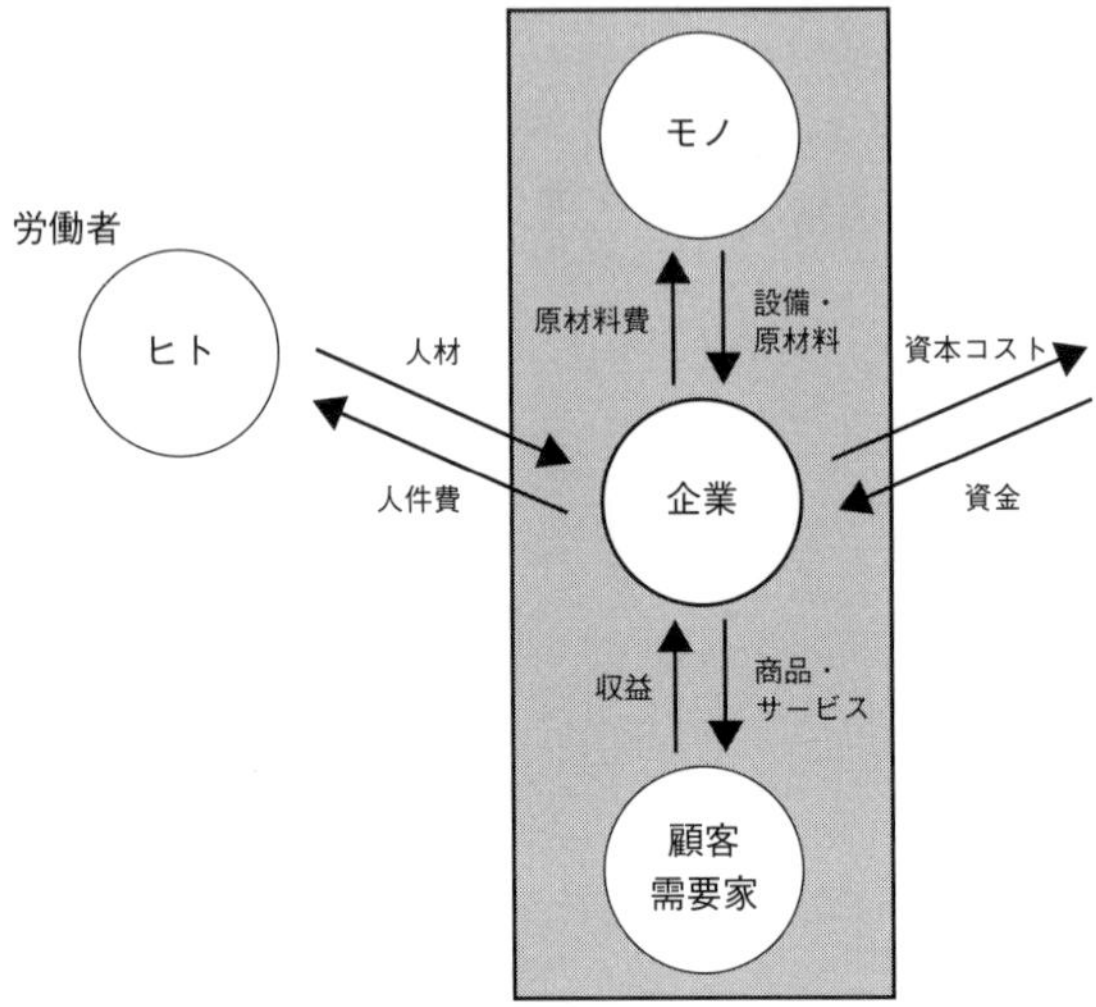

出典：砂川（2008:10）をもとに作成

を調達し、それらを用いて商品・サービスを生産、顧客や需要家に販売する。産業組織論では、設備や原材料といったモノを調達して顧客・需要家に販売する活動（図表のアミかけ部分）を主な分析対象とすると考えてよい。

なお、ヒト（労働者が企業に提供する投入サービス）については労働経済学、そしてカネ（債権者や株主が企業に提供する投入サービス）についての金融・ファイナンスといった学問分野が、その分析の主な対象としている[28]。

産業組織論は企業と消費者双方の行動に関心があることから、経営学やマーケティングに近い学問だといえる。産業組織論と隣接する学問分野の関係を概念的に表したものが図表1－2である。産業組織論は経営戦略論やマーケティングと背景にある問題意識や関心を同じくするが、アプローチの仕方に違いがある。

ややや大胆にアプローチの違いを説明すると、

図表1－2　産業組織論とその関連分野

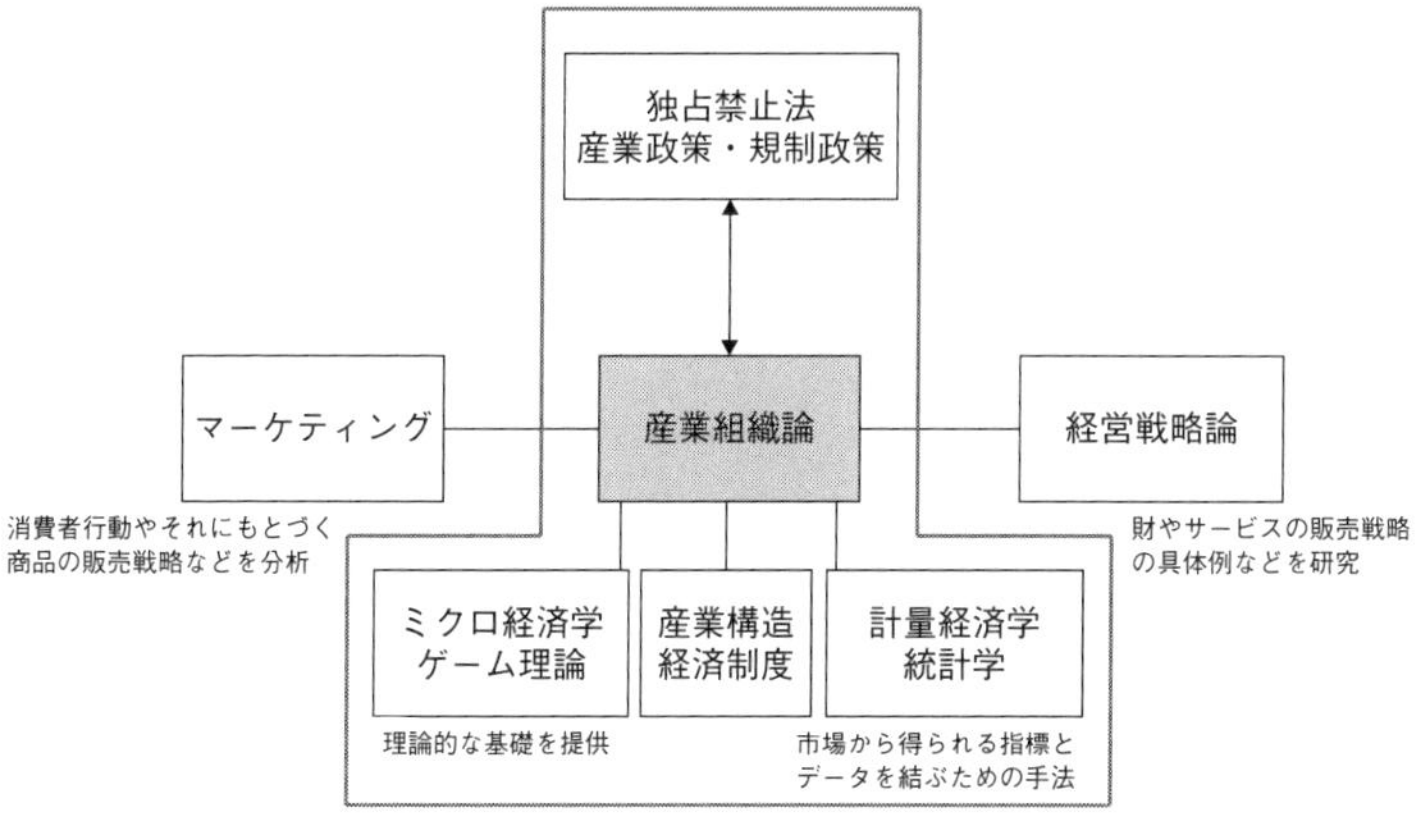

経済学や産業組織論では原則、企業や消費者が同質であることを出発点としているのに対して、経営学・マーケティングは企業や消費者の異質性をより本質的な問題意識としてアプローチしているといえる。[29]

1930年代のハーバード学派によるケーススタディから始まった産業組織論だが、今日ではミクロ経済学やゲーム理論のロジックを用いながら企業間の市場競争を論じることが一般的だ。

産業組織論は、ケーススタディを出発点としたことから

27　「消費者」は最終消費財を消費する主体のみならず、購入した商品・サービスを自ら加工して販売するような中間生産・販売者も含む。本書では特に断らない限り、「需要者」も「消費者」と同義で用いる。「企業」は株式会社を想定しており、本書では「事業者」という用語も用いる。

28　もちろん金融・ファイナンスが産業組織論の研究対象となることもある。例えば、報酬体系や資本構成のあり方が市場競争の程度に与える影響に関係があるときには、図1－1の太枠グレーを超えた分析がなされる。

も明らかなように、具体的な産業・市場における理解を深めることが、今でも問題意識の根底となっている。そこで、理論的な分析だけではなく、特定の産業を取り巻く市場の構造や経済制度などを理解し、定量的な分析が必要な場合には計量経済学や統計学を駆使して分析を行うことになる。つまり産業組織論を学ぶうえで肝要なことは、理論・制度・実証の三つをバランスよく理解することにある。

競争政策は、いくつかの適用除外規定[30]を除いては、すべての企業が等しく守らなければならない規制体系である。競争政策の下では特定の企業の異質性が勘案されることは原則なく、その点で競争政策や独禁法の考え方は、経営学・マーケティングよりも経済学や産業組織論の考え方に親和性があるといえる。産業組織論が競争政策を考えるうえで有益となるゆえんである。[31]

2―産業組織論の伝統的アプローチとその批判

1930年代のハーバード学派から始まった産業組織論は、市場を分析する際の手法として、市場構造（Structure）、市場行動（Conduct）、市場成果（Performance）という三つの概念からなるＳＣＰパラダイムを作り上げた（図表1‐3）。

市場構造は集中度や製品差別化の程度、参入障壁などが該当し、市場行動は企業が経営変数として決定する価格づけや企業合併などが含まれる。市場成果とは、市場行動の結果として決まる価格や研究開発活動、その帰結として生産・資源配分の効率性や技術革新の程度などが挙げられる。

このパラダイムでは、図表内の矢印が示すように市場構造が市場行動を決め、さらに市場行動が市

図表1－3　SCPパラダイム

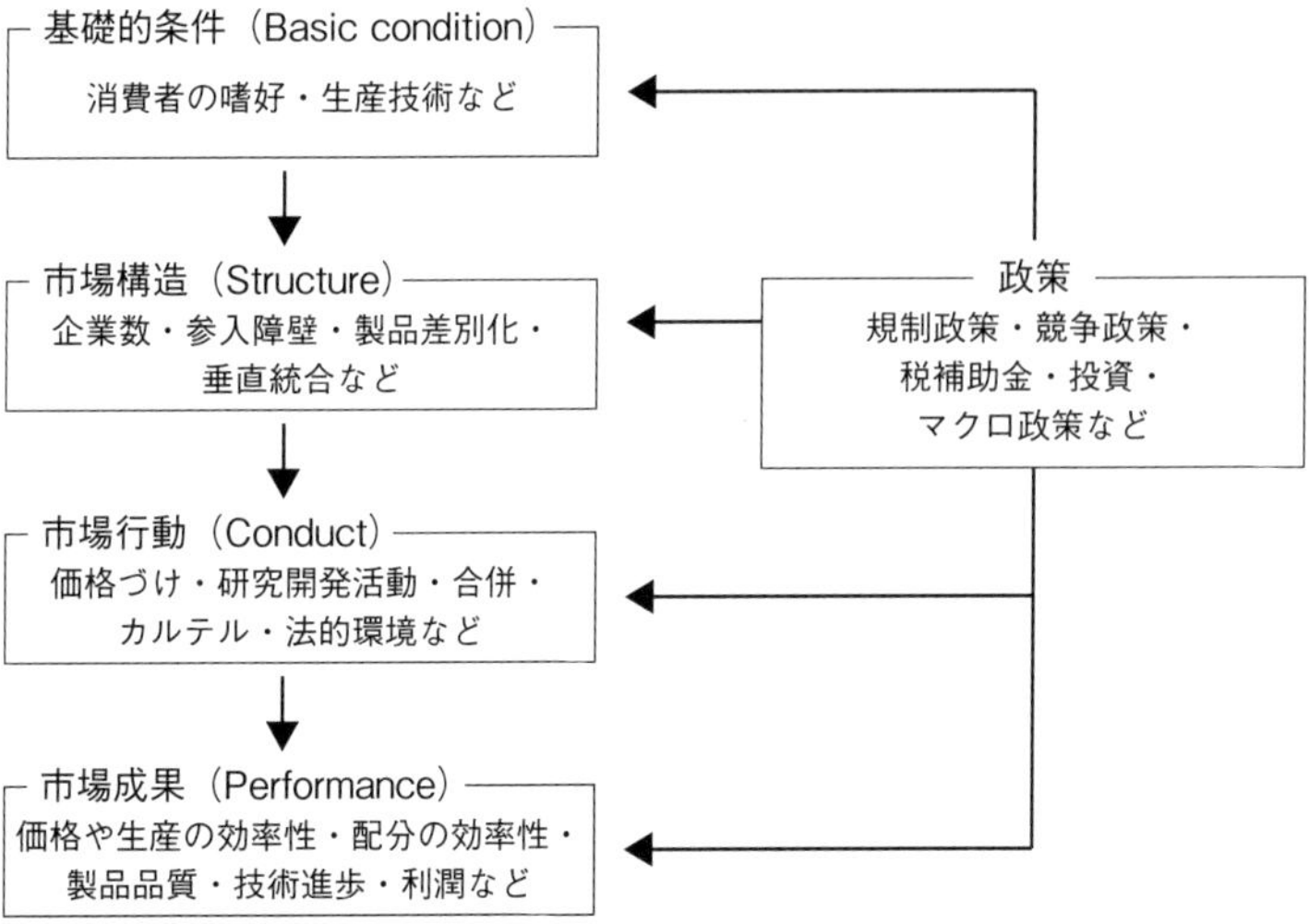

出典：Carlton and Perloff（2004:Figure 3.1）をもとに作成

場成果を決めるという因果関係があると見なされ

29　仮に書籍を例に取れば、「トヨタの経営学」や「イオンのマーケティング」というタイトルは想定し得るが、「トヨタの経済学」や「イオンの経済学」というタイトルは一般的ではないのではないかということである。その理由は前述のように、経済学は異なる企業における共通の行動原理に関心があるのに対して、経営学は異なる企業の差異に関心があるというアプローチの違いにある。なお、やや専門的になるが、産業組織論においても消費者・企業の異質性を扱うことは研究上、重要な課題となっている。しかし産業組織論での異質性とは、ある同質的に仮定された行動原則からの逸脱の程度を指しており、行動原則自体が企業ごとに異なるというまでの異質性ではない。

30　例えば国際航空や内航海運に対して適用除外規定がある。

31　本書では、特に断らない限り、経済学と産業組織論を同義として議論する。

ている。1950～60年代において、産業レベルのデータを用いてSCPパラダイムが提示する因果関係を特定するための実証分析が、産業組織論の花形の研究となった。

例えば、市場構造が市場行動に与える影響を見るために、産業別のデータを用いて、企業数が利潤率にどのような影響を与えるかを調べる定量的な分析が盛んに行われた。[32] SCPパラダイムは、ケーススタディを重視するハーバード学派に代わって、統計的な研究スタイルを導入した点で、産業組織論への学術的な貢献が大きかったと評価できる。

他方で、数多くの研究がSCPパラダイムを用いてなされたものの、残念ながら企業数と利潤率との間には明確な関係を見て取ることができなかった。[33] SCPパラダイムが実証分析上、有効な結論を導き出せずに終わった理由として、実証的・理論的な観点から以下の二点が指摘されている。

一つは、データ上の問題である。多くの産業組織論の実証研究では、利潤率として財務データから作成された変数が指標に用いられてきたが、経済学の概念に適合するデータが必ずしも財務会計から得られない点が問題として指摘された。資本コストや資本減耗の考え方が財務会計と経済学とで大きく違っていること、広告宣伝や研究開発にかかる費用が企業や産業ごとに異なる仕訳で会計計上されている点は、数ある指摘の一部にすぎない。価格と限界費用の乖離の代理変数として会計上の利益率を用いることには問題がある、との強い批判がなされた。[34]

企業数と利潤率との間に明確な関係を見て取れないことの二つ目の理由は、理論上の問題である。SCPパラダイムでは、例えば企業数の多寡で市場競争を評価する。つまり、企業数が少ない市場の方が、企業数が多い市場よりも、単独あるいは協調的な価格の引き上げが行われやすいと考える。

この考え方は、企業の参入・退出が起きない前提の下では正しいかもしれないが、現実には、利潤率が高まれば、その市場に新たに参入する企業が現れるので、利潤率と企業数の関係はＳＣＰパラダイムが想定するほど単純ではない。

市場構造と市場行動が互いにフィードバックをしながら影響を与え合うようなケースが、現実にはしばしば観察される。市場行動として研究開発投資を取り上げてみると、市場における企業数（市場構造）が企業の研究開発活動（市場行動）に影響を与えるとともに、研究開発投資に成功した場合には競合企業が市場からの退出を余儀なくされること（市場構造）もあり得る。市場行動が市場構造に影響を与えることを如実に示すもう一つの例は企業合併である。つまり企業同士が合併をすれば（市場行動）、それは市場構造の変化に直接の影響となって表れ、新たな参入を引き起こす（市場構造）。

結局、図表１－３で示される「Ｓ→Ｃ→Ｐ」の間の矢印のように因果関係を定立できるとする仮説が、現実の市場や産業を理解するうえでは単純すぎるといえる。それがゆえにＳＣＰパラダイムの実証分析は経済学的にも意義が乏しいとの指摘がなされ、ＳＣＰパラダイムは、産業組織論としては過去の遺物となるに至った。

その後、産業組織論はミクロ経済学やゲーム理論を用いた新たな分析手法へと大きく舵を切ること

32　代表的な研究に Bain（1951）を参照。
33　サーベイとして例えば Scherer（1970）, Schmalensee（1989）、大橋（2012a）を参照。
34　代表的なものとして Fisher and McGowan（1983）を参照。

になる（当時、この新たな分析手法を用いたアプローチは「新しい産業組織論」（New Industrial Organization：ＮＥＩＯ）[35]と呼ばれた。ミクロ経済学やゲーム理論では、仮定するモデルによって想定される経済主体の行動や、その結果としての市場均衡が大きく異なる。

現在の産業組織論では、産業横断的な分析が一般的だったＳＣＰパラダイムによるアプローチではなく、用いるモデルの仮定に適合するような特定の市場をケーススタディとして選び、企業の価格づけや消費者の選択行動などといった経済主体の行動を詳細なデータから丁寧に推定・分析するアプローチが一般的になっている。

産業組織論の実証的な分析手法には、大きく分けて誘導推定（Reduced-form Estimation）と構造推定（Structural Estimation）の二つが存在する。構造推定とは、経済事象の背景にある根源的なパラメータである消費者の嗜好や生産関数などを、経済モデルにもとづいて直接に推定する手法である。誘導推定とは、そうした構造パラメータを明示的に考慮せず、均衡値として得られる経済変数（例えば販売価格）との相互関係を統計的に処理する手法である。

ＳＣＰパラダイムでは、誘導推定がもっぱら用いられたが、理論と実証との関係性が明確ではなく、解析的なロジックの展開が弱いこともあり、産業組織論はミクロ経済学のなかでも比較的劣位に見られていた分野であった（Fisher, 1989; Shapiro, 1989）。

しかし、１９８０年代以降、伝統的アプローチから脱却し、理論に根差した構造推定を分析手法として用いるようになり、若手の優秀な研究者が多く参入する分野へと躍進した。[36]以下では、産業組織論における誘導推定から構造推定への分析アプローチの変化が引き起こした課題に言及したい。

産業組織論におけるマクロ的視点の欠如

ＮＥＩＯは、旧来のＳＣＰパラダイムとは異なり、理論に立脚した分析手法であり、その登場によって実証分析を理論的に厳密な形で解釈できるようになった。一方で、ＮＥＩＯの主な分析対象は個別のケーススタディなので、研究の視点がミクロ事象に偏ってしまい、ＳＣＰパラダイムで得られたような産業比較や、経済全体からみた産業動向といった、より俯瞰的・マクロ的な視点[37]からの産業分析が手薄になったことは否めない。

こうした点に対して、ＮＥＩＯが誕生した当初、例えばBresnahan（1989:1051）に言及されたように、ケーススタディを積み重ねていけば、その蓄積からマクロ的な視点が浮き彫りになるとの楽観的な雰囲気が支配的であった。しかし今日振り返ってみると、ＮＥＩＯにおけるケーススタディは互いに連関せずに積み重ねられており、30年以上経った今でもマクロ的な視点による建設的な知見が生み出されているとは言い難い状況にある。

35　Bresnahan and Schmalensee（1987）を参照。
36　和書では例えば伊神（2018）を参照。
37　Syverson（2019:23）の言葉を借りれば、マクロ市場支配力研究（macroeconomic market power research）からの視点といえる。ただし、第2章で述べるように、マクロ的な視点から得られる指標が必ずしも市場支配力の程度を特定できるわけではない。

ＳＣＰパラダイムを主導した大御所からは、ＳＣＰパラダイムが衰退することで、マクロ的な視点が産業組織論から失われた、との嘆息も聞かれた（例えばCaves, 2007）。産業を横断した一国経済が寡占化しているのではないか、さらに寡占化が世界的な現象になっているのではないか、という問題意識が改めて脚光を浴びているのは、序章で述べたとおりである。そこで用いられる手法は、産業組織論が過去の遺物として捨てたはずのＳＣＰパラダイムの手法であり、そうした手法が産業組織論以外の研究者によって再評価されているのは、ある意味で皮肉なことである。この点について改めて次章にて取り上げたい。

実務における産業組織論の課題

産業組織論は、競争政策の立案・運用に対して知見を提供しつつ、競争政策とともに発展してきた。そのため産業組織論が競争政策の実務に与えてきた影響も大きい。本節では一例を取り上げてみよう。

ＳＣＰパラダイムにおいて、企業数が少なければ価格の引き上げが行われやすくなるという一方向の因果関係が想定された点は、先に述べたとおりである。企業数が少なければ、「市場集中度」は平均的に大きくなり、それが価格を引き上げ、利潤率を高めることになる。市場集中度は、一定の取引分野を広く画定すれば小さくなり、競争上の問題になりにくいと判断されやすくなる。そこで「一定の取引分野」をいかに画定するか（市場画定）が、実務的に重要な論点となる。

以下では、市場画定がしばしば問題になる企業合併を念頭に置きながら、二つの手法を紹介する。最初に市場画定で使用される手法を紹介し、関連して需要関数といった市場構造の推定について述べる。次に、具体的な事例として、合併が価格と市場構造の関係に及ぼす影響を実証的に分析する手法を取り上げて批判的に紹介する。

①ＳＳＮＩＰテスト

日本の独占禁止法では、市場集中規制としての企業結合規制において、一定の取引分野における競争を実質的に制限することとなる場合に合併を禁止している。[38] そこで日本の「企業結合審査に関する独占禁止法の運用指針」(企業結合ガイドライン)では、一定の取引分野の画定について、ＳＳＮＩＰ(Small but Significant Non-transitory Increase in Price)テストに言及している。

このテストは企業結合ガイドラインによると、「ある地域において、ある事業者がある商品を独占的に供給するという仮定の下で、当該独占事業者が、利潤最大化を図る目的で、小幅ではあるが、実質的かつ一時的ではない価格引き上げ」を想定した場合に[39]、「他の商品又は地域への振替の程度が小さいために、当該独占事業者が価格引き上げによって利潤を拡大できるような場合には、その範囲をもって」市場を画定するものである。

38　企業合併は事前規制となるために、「一定の取引分野における競争を実質的に制限する」場合とされる。なお適用事例はないものの、不公正な取引方法による企業結合も禁止されている。企業合併については、第6章を参照のこと。

39　通常は、5～10％の価格引き上げを合併前の価格水準から1年程度の期間にわたって行うことを想定する。

$$q=\alpha+\beta_1 p+\beta_2 x+\gamma y+\varepsilon \qquad (1.1)$$

仮想的な独占事業者が、例えば5％の価格引き上げによって利潤が増えるかどうかは、対象となる商品すべての合併前の価格と、それら商品における需要および費用関数が得られれば確認できる。

〈需要関数の推定〉

仮想的独占事業者の利潤が価格引き上げによってどれだけ増減するかを知るには、需要[40]者が価格引き上げによって当該商品の購入を他の商品または他の地域にどれだけ振り替えるかを知る必要がある。これは価格に対して需要がどれだけ感応的かに依存しており、それを明らかにするためには、需要関数の推定が有効である。

まずは最も簡単なケースとして、仮想的独占事業者は一つの地域において一つの同質商品を扱うものと仮定する。このとき当該商品の需要関数は、例えば（1.1）式のように表現できる。

ただしq、pは当該商品の数量と価格、xは当該商品と代替的な商品の価格、そしてyは当該商品の需要関数を特定するその他の変数（例えば所得水準など）である。当該商品の需要を説明する要素のうち、説明変数p、x、yでは捉えきれない要素をまとめて誤差項εとした。残りのギリシャ文字α、β_1、β_2、γは推定すべきパラメータとなる。

需要関数を回帰分析により推定し、β_1を得ることによって当該商品の需要qが価格pに対してどれだけ感応的かをデータから確認できる。未知のパラメータであるα、β_1、β_2、γをデータから推定する作業には、恣意性が入り込む余地が限定されていることとから、客観性をかなりの程度担保できる点に需要関数推定の強みがある。

この推定において、以下の二点について配慮が必要となる。第一に、需要の関数形がデータに適合しているかの確認である。(1.1) 式では線形を仮定したが、この他にも自然対数や累乗項からなる需要関数など、様々な関数形の候補が考えられる。こうした多くの候補から当該商品の需要を考えるうえで、データの観点により最適な関数形を選択する必要がある。

第二に、計量経済学でいう内生性の問題である。ここでの内生性の問題とは、説明変数pと誤差項εとの間の相関関係にある。[41] 一般的な回帰分析手法として知られている最小二乗法（Ordinary Least Squares）では、pとεの間に相関関係がないことを前提にしている。仮に両者に相関がある状態で (1.1) 式に最小二乗法を適用すると、β_1（および他のパラメータ）の推定値は真の値からずれてしまう（バイアスを持つ）ことが知られている。

具体的には、需要者が購買に際して重要な要素と考える変数が分析者には観察されない可能性があり、そうした観察されない重要な要素（例えば販売店員の感じの良さや商品の見栄えの良い陳列の仕方など）は誤差項εで捉えられることになる。そうした観測されない要素に優れた商品ほど価格を設定する力があるとすれば、説明変数pと誤差項εの間には正の相関関係が予想される。このとき需要

40　本書では「需要者」と「需要家」とを同義で用いる。
41　他の変数としてx、yも内生性の問題があり得るが、ここではこれらの変数について内生性の問題はないとして扱う。

関数を最小二乗法で推定すれば、β_1は過大に推定される。つまり真の値であるβ_1が負となるのであれば、需要の価格感応度は不必要に小さく推定されることになり、SSNIPテストは市場を小さく画定する方向へのバイアスが働くことになる。こうしたバイアスを解消する方法として、操作変数法という手法が存在する。[42]

ここまでは同質財を仮定したが、差別化された財についても需要関数の推定を行うことが可能である。ただしこの場合には、需要関数が（1.1）式のように一本ではなく、差別化された財の数だけ存在することになる。例えば当該商品が仮にN個あるのであれば、推定すべき需要関数もN本存在する。

差別化された財の需要関数の推定には、産業組織論においていくつかの手法が提案されている。代表的なものとしては、N本の需要関数の間に対称性を仮定するAIDS（Almost Ideal Demand System）モデル、需要者の購買意思決定の過程に外生的な制約を加える多段階予算（Multi-stage Budget）モデル、そして効用関数を特定して推定を行う離散選択（Discrete Choice）モデルがある。[43]

〈費用関数の推定〉

需要関数推定の次に必要となるのが、費用関数の推定である。

企業の生産費用（とりわけ限界費用）に関するデータを公表資料から見出すのは困難な場合が多い。しかし企業の競争形態について何らかの現実的な仮定を設ければ、理論的なマークアップを計算できる。モデルがデータに十分に適合していることを確認したうえで、価格からその計算されたマークアップを差し引けば、限界費用を推定することが可能である。

（1.1）式で用いた同質商品における需要関数を例に取ろう。ある企業iの限界費用c_iは、数量競争

$$c_i = p + \frac{q_i}{\beta_1} \qquad (1.2)$$

（クールノー競争）を前提とすれば、（1.2）式のように求められる。

右辺第二項の絶対値（β_1が負の値であることに注意）が価格と限界費用との差であるマークアップとなる。企業iの生産数量q_iおよびpをデータとして得ることができ、β_1に（1.1）式で得られる推定値を当てはめることで、限界費用c_iを計算することができる。この限界費用を用いて、仮想的独占事業者が価格を5％引き上げたときにどれだけの利潤の増加が見られるかを具体的に計算すれば、企業結合ガイドラインにあるＳＳＮＩＰテストを行うことが可能になる。

〈SSNIPテストの実務と産業組織論との乖離〉

もちろん需要関数および費用関数を推定する時間がない場合には、競争当局は簡便な手法でＳＳＮＩＰテストを済ませることがある。例えば企業の内部資料や需要者へのヒアリングを通じて、価格上昇に伴い当該商品からどれだけの需要量が振り替えられるのかを推測することが一例として挙げられる。

これらの手法は簡便であり、需要関数の形状についておおよそのあたりを短期間でつ

42　この先の議論は技術的になるため、本書では扱わない。さらなる議論に関心がある読者は計量経済学の教科書を参照されたい。また具体的な事例への応用に関心のある読者は、Davis and Garcés（2010）や大橋（2014a）を参照。

43　これらのモデルの解説は、大橋（2014b:49-65）を参照。

けるには良い方法と評価できるだろう。しかしこうした簡便な手法には、サンプリングの仕方や回答の信頼度など、データの質に対する疑問が残る。[44]

前述のように、厳密な形でSSNIPテストを行おうとする場合に感じられることは、需要・費用関数を推定した段階で、もはや市場画定を行う必要はないのではないかということである。市場画定を行う過程で得られる需要や費用に関する情報を用いれば、市場を画定することなく当該合併が価格を上昇させる懸念があるか否かについて相当程度の判断材料を得ることができるからだ。

実際に、需要関数の推定では当該合併に関わるすべての商品を使って分析を行っており、それらの購買する商品の選択肢[45]の間で需要者が代替する程度を、連続値（交差弾力性値）として推定できる。交差弾力性値が得られているとき、あえてその交差弾力性に閾値を導入して同じ市場に属するか否かの二者択一に情報を集約することは、企業合併における競争減殺を判断するうえでの有用な情報を、いわば捨てていることになる。

こうした点が「市場画定不要論[46]」の背景にある考え方となる。この考え方は、経済学的にはほとんど反論のないところだろう。競争法実務における経済学の浸透を深めていくことで、市場画定の取り扱いを日本でも論点にすべきだ。[47]

なお、需要・費用関数の推定に代わる手法で、経済学的なアプローチにより近い考え方を取り入れた方法として、価格上昇圧力（Upward Pricing Pressure：UPP）分析がある。これは製品差別化された市場において、当該商品の価格が合併によって上昇するための条件を、企業の利潤最大化の仮定から導出したものである。

$$(p_2\text{-}c_2)\frac{\partial q_2}{\partial q_1} < E_1 c_1 \qquad (1.3)$$

例えば二つの企業1、2があり、それぞれが一つの商品のみを販売しているときに、合併によって企業1が販売する商品の価格が下落する十分条件は、(1.3) 式で与えられる。

企業1の販売数量 q_1 に対する企業2の販売数量 q_2 の感応度（転換率〈Diversion Ratio〉ともいわれる）をデータで確認することによって、合併による企業1の効率性向上 E_1 が合併後の価格下落のためにどの程度必要とされるのか、その値は現実的と考えられるのかを判断できる（UPP以降の議論は、Davis and Garcés (2010) を参照）。

②価格と市場構造に関する定量的分析

1996年9月4日にStaplesはOffice Depotの買収を発表した。StaplesとOffice

44　アンケート調査における質問項目の並べ方や問い方によって、回答結果が異なる可能性があるなどといった点（武田、2012:52）。
45　通常、購買しないという選択肢も含まれている。
46　Farrell and Shapiro (2010), Kaplow (2010) を参照。
47　なお、デジタル・プラットフォームでの取引が典型であるように、財・サービスに価格がつかず、情報と物々交換されている場合はSSNIPテストを直接使うことはできない。さらにプラットフォームが様々な市場をつなぐエコシステムを形成しているときにも、SSNIPテストを単純に使用することは相応しくない。この点は第9章で論じる。

$$\ln p_{it}=\theta_i+f(competition)+\sum_t \theta_t \cdot D_t+\xi_{it} \quad (1.4)$$

Depotは、OfficeMaxと並び、米国における有力な大型事務用品小売チェーンであった。1997年にFTCは、当該買収に対する仮差し止め請求を行った。FTCとStaples／Office Depot両社のエコノミストはともに、Staplesの価格設定を説明するために概ね(1.4)式にある計量分析を行った。

この式のp_{it}は店舗i、時点tにおける商品の価格（コピー紙やボールペンなど様々な商品価格の加重平均値）であり、D_tは時点tに1を取り、それ以外は0となるダミー変数である。θ_iは店舗iの特性を捉えるパラメータであり、計量経済学的には固定効果と呼ばれるものである。θ_tは推定すべきパラメータ、ξ_{it}は誤差項である。右辺第二項は市場構造を表す変数である。

この変数について、Staples／Office Depot側は店舗iから半径5、10、20マイルの同心円内にある競合企業の有無、およびその企業数を対数変換することで変数が市場構造を表すとした。FTC側はMSAと呼ばれる大都市統計地域（Metropolitan Statistical Area）を取り上げ、その地域に入る競合企業数を対数変換して市場構造の変数とした。実証分析をしたところ、合併による価格の上昇効果は、FTCでは4・0％と結論づけたのに対して、Staples／Office Depot側は0・8％という結果を提出した。

この手法はSCPパラダイムにおいて、市場構造と市場行動・市場成果との関係を実証的に解明する分析として利用されたものと同じである。[48] しかし本章でも述べたように、SCPパラダイムが用いられなくなったのは、市場構造が市場行動・成果を決めるという因果関係が成立しないことが、その後の産業組織論の発展過程で明らかになったからに他ならない。具体的には、（1.4）式における市場構造を表す説明変数 $f(competition)$ は内生変数であり、したがって誤差項 ξ_{it} と相関がないものとして最小二乗法を用いることには問題がある。この点は *FTC v. Staples*（1997）では審理における限られた時間のなかで争点にはならなかったようだが、産業組織論の学問的な系譜においてはきわめて重要な論点であることを、本節で説明した[49]。

本節では市場の競争性を判断するうえで、市場シェアを見ることが妥当ではない点を論じてきた。では、どのように市場の競争性を判断すればよいのであろうか。次節では、判断の際に依拠すべき概念を説明することにする。

3―産業組織論における市場支配力の考え方

独占禁止法において中心的な概念として市場支配力がある。市場支配力とは、競争を実質的に制限する能力を指し、その能力が行使されることで、「競争価格」（競争状態における価格）を相当程度上

48　日本においても、2012年のヤマダ電機によるベスト電器の株式取得計画に関する審査においては、ここで紹介した（1.4）式のような分析が用いられた。

49　データセットは異なるものの、内生性を調整した結果、Staples と Office Depot との合併は認めるべきだったとの示唆を Manuszak and Moul (2008) は得ている。

図表1－4　市場支配力とマークアップとの関係

販売価格－限界費用	＝	(競争価格－限界費用)	＋	(販売価格－競争価格)
マークアップ (市場支配力)		マークアップ① (正当な市場支配力)		マークアップ② (不当な「市場支配力」)

回る販売価格が設定できる。そのとき販売価格と限界費用との乖離は、競争価格と限界費用との乖離を上回ることになる。

価格と限界費用との乖離をマークアップと呼んだが、ここで販売価格と競争価格の二つの価格が定義されることで、それぞれに対してマークアップが定義できる。この点を示したのが、図表1－4である。

市場支配力は、市場を支配して競争を阻害するというニュアンスを感じる言葉だろう。だが、市場に少数の企業が存在する寡占では、競争的な市場でもマークアップが正の値を取ることがある（図表1－4のマークアップ①）[50]。この場合には、競争状態でも上記の定義における市場支配力が行使される。つまり、市場支配力が存在することそれ自体が市場に競争性がないことを意味するわけではなく、よって競争政策の問題にもならない。

問題となり得るのは、競争状態における水準を相当程度上回るマークアップ②（図表1－4）を企業が得ている場合である。このとき初めて競争政策上の問題になる。

マークアップを得ていること自体が問題だとする識者の見方には、競争的な市場は完全競争であるとの前提がある。しかし、現実の市場が完全競争に近似していることは少ない。多数の売り手・買い手が費用なく自由に取引に参加でき、情報が市場参加者全員に公平かつ完全に流通しているために、取引価格に影響を与えることができないという完全競争の前提は、現実の多くの経済活動にほとんど当てはまらないといえる。例えば、少数の企業が製品差別化された財・サービス市場で競争する寡占の場合には、マークアップが競争的な状況でも正の値を取る（マークアップ①）。あるいは、供給能力に制約がある場合には、その制約のシャドープライス分だけ高いマークアップを競争価格で稼ぐことが可能になるだろう。

競争政策が問題にするのは、こうした正のマークアップを取る「競争価格」ではなく、販売価格が「競争価格」を上回る場合（つまりマークアップ②が存在するとき）である。そうした現象が生じるのは、例えば競合企業を市場から排除したり、競合企業と協調したりといった不当な方法を使った結果、価格をつり上げて「競争価格」よりも高いマークアップを得るときと考えられる。本節では、経済学的な観点から市場支配力を論じ、問題となる「市場支配力」とは何かについて論じてみたい。

理論的な考え方の有用性

産業組織論が「市場支配力」を問題視するのは、不当に獲得されたマークアップによって消費者が犠牲になることを懸念するからである。犠牲となる消費者には二つのタイプが存在する。まず容易に想像がつくのは、市場支配力の有無にかかわらず商品・サービスを購入する消費者である。このタイプの消費者（便宜的にタイプAと呼ぶ）は、市場支配力が存在することによって「競争価格」以上の

50　寡占においてマークアップが0になるのは、同質財におけるベルトラン競争である。

支払いを余儀なくされることになる。

もっとも、「競争価格」とは理論上の概念であり、現実に観察される価格は市場支配力が行使された結果の価格であるから、タイプAの消費者が市場支配力によって高い価格を支払っているという意識を持っていない可能性もある。[51]

もう一つのタイプ（タイプBと呼ぶ）の消費者は、「競争価格」であれば購買していたが、市場支配力によって価格が上昇した結果、購買を断念せざるを得なくなった消費者である。先ほどのタイプAの消費者の議論と同じく、現実には「競争価格」がついたことはないので、タイプBの消費者も自らが市場支配力による犠牲になっているという意識がないと考えられるだろう。

企業がある市場で市場支配力を持つに至ったのは、需要に比して供給量を抑えることができたからに他ならない。商品・サービスに対する一定の需要があるなかで供給量を減ずれば、その商品・サービスの価格が上昇するのは、アルフレッド・マーシャル以来の需要と供給の原理による。価格が上昇するにもかかわらず、当該商品・サービスを購入するタイプAのような消費者が存在するのは、代替するものが市場に乏しいからである。[52]

さて、社会厚生の観点からすると市場支配力の問題は、タイプBの消費者の存在にある。競争的な価格であれば、より多くの生産が行われ、タイプBの消費者もその商品・サービスを購入して便益を享受できたにもかかわらず、市場支配力が行使された結果、タイプBの消費者が購買できなかった分だけ、生産活動と消費活動の機会が失われたことになるからだ。

もっともタイプAの消費者も市場支配力の行使によって被害を受けているに違いないが、タイプA

の消費者の被害額はそのまま企業利潤の増加分で相殺されるので、社会厚生の観点からは何ら変化がないと見なせる。別の言い方をすれば、仮に政策的に当該企業に対して課税し、タイプＡの消費者の被害分を金銭的に補填することができるのであれば、タイプＡの消費者における市場支配力の問題は解消できることになる。

経済学の標準的な教科書では、しばしば効率性の問題を重視し、社会全体の付加価値（パイ）の増減を重要な課題とするが、その理由は、このパイである社会厚生を分配することが政策的に可能であるという考え方が背景にあるからだ。

分配の問題を政策で容易に解消できるのであれば、社会厚生の最大化に努めて効率性を重視するという見方は、それほど不自然ではない。他方で、２０１０年代のグローバル化・デジタル化の進展は、経済成長をもたらす半面、格差を助長させたとの指摘がある。こうした陰の側面は、新型コロナウイルス感染拡大でさらに深刻の度を増している。本書では、主に効率性の視点から競争政策について論

51　なお、インターネットの比較サイトを通じて、他の競争事業者の価格を探り「競争価格」を推測することは可能かもしれない。もし、消費者が比較サイトを使える状況にあるのであれば、市場支配力を一定程度打ち消すだけの競争圧力が既に存在していると推測される。

52　ある市場における商品・サービスと他の商品・サービスとの間の代替の弾力性が小さいということである。もちろん、当該商品・サービスの製造販売技術が特殊なものでない限りは、中長期的にはその市場への参入が期待できる。

じるが、今後は分配についても競争政策としての考え方を示していく必要があるだろう。

「競争価格」というベンチマーク

ここまでの議論において、二つの重要な点を明らかにした。一つは、市場が競争的でも市場支配力が存在し得る点（マークアップ①の存在）。もう一つは、競争政策で問題になるのは、「市場支配力」の行使という点である。

競争的な市場がマークアップを有するかどうかは、「競争価格」というベンチマークをどのように仮定するかに依存する。前項にて競争価格に「」を付したのは、競争価格が市場競争の仮定によって異なり得ることを示すためだ。例えば、市場が完全競争であることを仮定したものが図表1－5である。[53]

完全競争とは、前項でも簡単に触れたように、企業が市場支配力をまったく行使できない市場状態を指し、価格は需要と供給とが一致するところ（図表1－5における需要曲線と供給曲線との交点）で決まる。[54] 企業が競争価格を上回る販売価格をつけるためには、生産量を競争がある状況よりも減らす必要がある。

こうした市場支配力の行使は、競争価格であれば購買しただろうタイプBの消費者を生み出す。企業の市場支配力の行使によって購買できない消費者が出てくることは、社会的な損失であり、その損失を死荷重（deadweight loss）と呼ぶ。

前項で指摘した消費者Aと企業との間の分配の問題は、政策的な所得移転などで仮に解消可能であるとしても、死荷重の部分の損失は取り戻すことのできない社会的な損失であり、その定量的な大きさは図表１－５上のアミかけした面積に相当する。

しかし現実の市場は、おおよそ完全競争とかけ離れていると考えるのが一般的である。市場で取引される商品・サービスが品質や性能で差別化されていたり、あるいは売り手と買い手との間に情報の非対称性があったりする場合には、競争的な市場でも図表１－６のように、ある程度の市場支配力が残る。

この「競争価格」は、需要関数と費用関数の双方によって影響を受ける。例えば、より多くの消費者がインターネットの比較サイトを使うなどして、価格に対して感応的になる（需要の価格弾力性が高まる）と、この「競争価格」は低下することになる。また、企業の限界費用が何らかの理由で上昇すれば、「競争価格」も引き上げられることになる。

図表１－６において、競争価格は完全競争での価格よりも高いという意味で、市場支配力（その結果としての正のマークアップ①）が存在する。しかしこの市場支配力に不当性はない。競争的な価格においても、財の差別化などの理由から、健全な市場支配力が存在するからだ。[55]

市場支配力に不当性が疑われるのは、実際に観察される「販売価格」が競争価格を上回っている

53　作図の便宜上直線となっているが、以下の議論には影響を与えない。

54　在庫や生産過程で発生する不良品の存在などを明示的に考慮していないが、そうした点を考慮しても、本質的な議論は変わらない。

図表1－5　市場支配力と死荷重

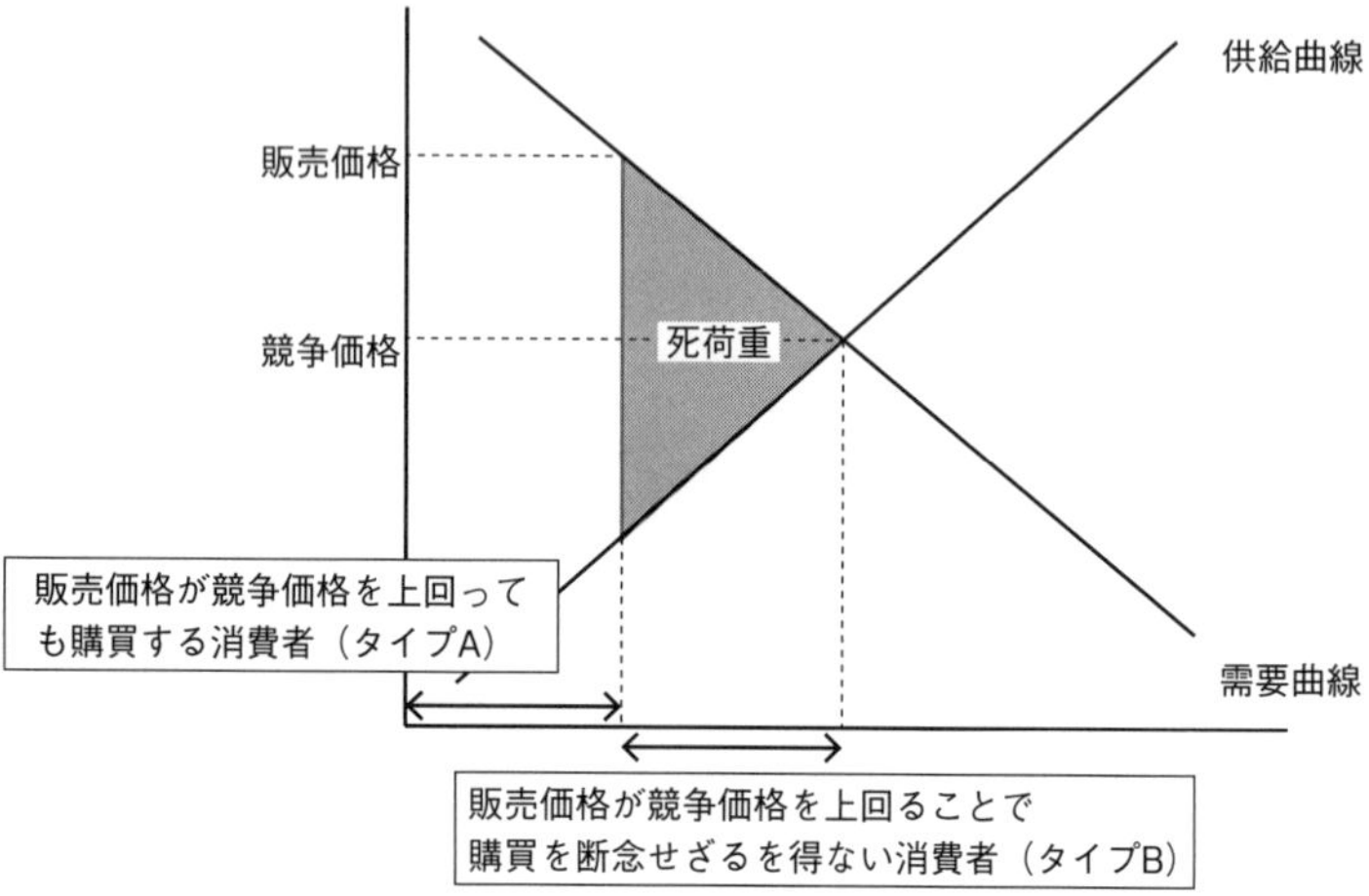

図表1－6　競争価格が完全競争の価格と異なる場合

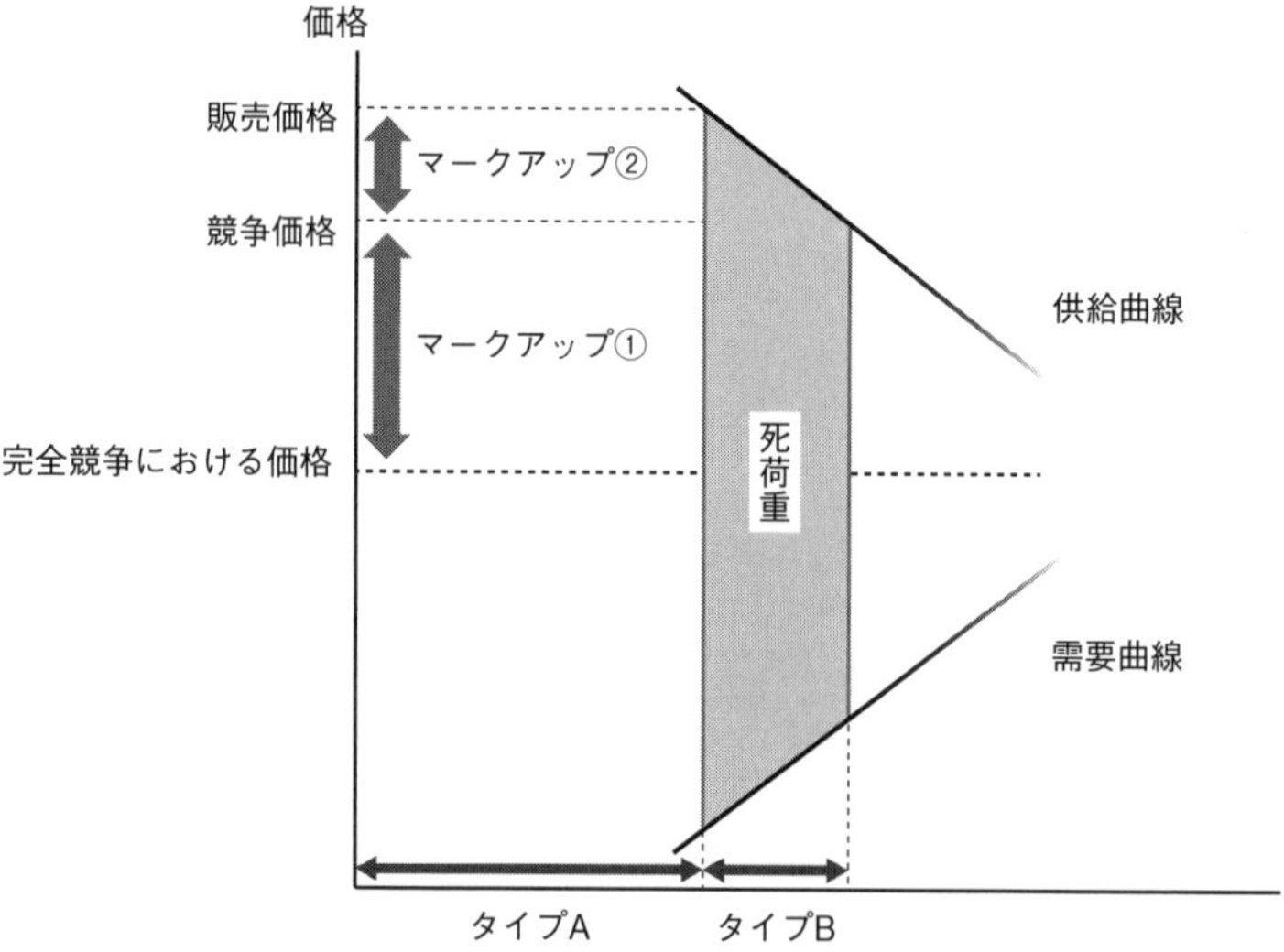

（マークアップ②が正の値で存在する）ときである。このとき獲得された「市場支配力」による死荷重は、図表1－6のアミかけした部分ようになるはずである。競争的な市場環境における寡占市場では、販売価格と競争価格との差であるマークアップ②が「市場支配力」となり、競争政策として対応を求められることになる。

理論と現実とのギャップ

競争政策として対応が求められる市場をどのように見出すべきか。この問いは、どのように「競争価格」の水準を識別するかという問いに置き換えられる。

「競争価格」とは、前提として仮定される市場競争によって異なる。対象となる市場が完全競争の仮定を満たすのであれば、「競争価格」は限界費用と等しくなる。あるいは、同質財でも数量競争（クールノー競争）しているのであれば、「競争価格」は第2章で紹介するように、限界費用と需要の価格弾力性の関数となる。[56]

55　長期にわたるデフレにおいて、日本の企業が安値競争に陥り、付加価値に見合った価格設定ができていないのではないかという議論がなされた。ここでの価格設定力とは、マークアップ①を指していることになる。当時の政策議論については、例えば経済産業省（2013:5-24）を参照。

56　HHI（最大値が1となる市場シェアを二乗し、市場にいるすべての企業で足しこんだもの）を需要の価格弾力性（ε）の絶対値で除したもの。なお、本章の（1.3）式でも同じ公式が用いられている。

つまり、消費者の選好を決める需要側のパラメータと企業の生産・費用構造を決める供給側のパラメータを何らかの形で推定することができれば、その推定値を用いて「競争価格」の水準を識別することができる。これが構造推定である。

販売価格が仮に「競争価格」と異なっていたとしても、販売価格の背景にある経済モデル（需給構造）を推定できれば、その経済モデルを構成する推定されたパラメータを使って、市場競争が適切に機能していたならば、ついていたであろう「競争価格」を、現実には観測できない仮想現実（counterfactual）として導出できる。

データで捉えることができない「競争価格」に対する知見が得られるというのは、構造推定が強みとするところである。

なお、このシミュレーションが妥当な「競争価格」を捉えているとするためには、以下の二点が確認される必要がある。①推定された経済モデルが現実の経済主体の活動と近似する点、②「競争価格」の決定において、経済主体が直面する外生的な条件は、現実と同じだとの仮定である。

もちろん、これらの点は誘導推定においても確認されるべきもので、構造推定に特別な要件ではない。構造推定のさらに詳しい内容は、第Ⅲ部にて事例とともに説明する。

4 ― まとめ――マークアップが市場支配力を決める

本章では、産業組織論の紹介から出発し、産業組織論が伝統的なアプローチであるＳＣＰパラダイムを捨てて、ミクロ経済学やゲーム理論に依拠する構造推定に軸足を置くようになった歴史的な背景を振り返った。また、実務における市場画定の手法が、産業組織論における構造推定の手法を必ずしも取り入れていない点も指摘した。

競争政策の観点から、市場支配力の存在や行使は、市場シェアで判断されるべきではなく、マークアップの存在で判断されるべきだが、他方で、市場支配力が行使されてマークアップが得られていたとしても、市場競争が阻害されているわけではないことも強調した。製品の差別化や寡占といった市場構造であれば、競争的な価格が限界費用を上回ることもある。

こうした場合には、マークアップの有無で市場の競争性を判断することはできず、現実の販売価格が理論的な「競争価格」を相当程度上回っているか（図表１－４におけるマークアップ②が存在するか）どうかが論点になる。経済の寡占化とマークアップの関係、そして産業組織論における分析視座について第2章でさらに考察を深めたい。[57]

57　本章では、消費者や企業などの経済主体が経済合理的に行動することを前提とした。しかし第9章で論じるように、とりわけ電子商取引においては、消費者に提供される情報が何かしら歪められることがあれば、消費者の購買行動も本人が自覚しているか否かにかかわらず、変容させられることになる。こうした状況の下での競争価格とは何か、そして社会余剰とは何かについては、まだ学術的にも十分に議論が尽くされていない。本書を超える論点であるものの、検討がなされなければならない重要な留意点として記載する。

第2章　経済の「寡占」化と競争政策のアプローチ※

企業の市場支配力が高まっているとの指摘が海外を中心になされている。市場支配力の拡大に対して最初に懸念を表明したのは、米国オバマ政権時に大統領経済諮問委員会（Council of Economic Advisers：CEA）が発表した報告書（CEA, 2016）であろう。2016年5月に公刊されたわずか17ページにすぎない報告書において、CEAは以下の三つの指標を取り上げて、米国経済の市場支配力増大に対して警鐘を鳴らした。

①産業別利潤が1997〜2012年の15年間に上位50社に集中している、②資本の投資収益率が上位10％の企業群において1990年半ば以降急速に高まっている、③企業の参入・退出が1990年代に入って徐々に減少している、という三点である。

なお、CEAは、これらの指標は必ずしも市場支配力の拡大の証拠とまではいえず、あくまで暗示にすぎないとの慎重な評価を下したが、米国の多くのシンクタンクは、CEAに同調する形で相次いで同様の報告書を発表した。[58] こうした動きを受けて、IMFが2019年4月に発表した「世界経済見通し」において世界的な市場支配力の高まりを指摘したことは、序章に記したとおりだ。

市場支配力は販売価格と「競争価格」との乖離であるマークアップとして定義できることを、前章で説明した。このマークアップは、正当なマークアップ（図表1－4のマークアップ①）と不当なマークアップ（同マークアップ②）に分解でき、競争的な市場においても寡占の場合には前者が正になり得ることも指摘した。

本章では、こうした前章での理論的な土台に立って、近年における世界的な市場支配力の高まりについて、内外の文献を俯瞰しつつ、その背景および解釈を論じることにしたい。

本章の構成は以下のとおりである。まず第1節にて、海外諸国と日本におけるマクロレベル、すなわち経済全体での寡占化の動向をいくつかの指標から明らかにする。海外諸国の動向はＩＭＦ（2019）での分析を参照し、日本については同じ手法を用いたNakamura and Ohashi（2019）での分析を紹介する。そのうえで、日本では、海外の先進諸国と同様に市場シェアの集中化は見られるものの、マークアップの動きが大きく異なる点を指摘する。第2節では、前節で紹介する指標の背景にある仮説を、米国について分析したPhilippon（2019）を参照しつつ論じる。

第3節では、マクロ的視点と産業組織論の視点の違いについて解説する。この節において、産業組織論は経済全体を論じるマクロ的視点からの分析と違い、特定の市場や産業における寡占化に注目する点を改めて強調する。

※　本章は大橋（2020d）を全面的に改稿した。

58　早い時期に公表された報告書・声明にAmerican Antitrust Institute（2016）やRoosevelt Institute（2016）がある。

この視点の違いはアプローチの違いも生み出すことを第4節で論じ、マクロ的視点からの「生産関数アプローチ」と、産業組織論での「需要関数アプローチ」の違いを議論する。前者は供給モデルの代表である生産関数を推定するのに対して、後者は供給モデルに加えて需要関数も推定する手法である。

ともに構造推定の手法であるものの、「生産関数アプローチ」では、生産関数を推定することを通じてマークアップの値を得ることが可能なのに対して、「需要関数アプローチ」では需要関数も推定することから、モデル化を通じてマークアップ①とマークアップ②を識別できることを説明する。第5節は、「市場支配力」を識別する手法として「需要関数アプローチ」の重要性を再度確認しつつも、一国経済の「寡占」化を分析する手法を開発することの重要性についても触れる。

なお、本章で述べるように、マクロ的視点では、市場支配力とは単にマークアップの存在（マークアップ①と②の和）を指しており、産業組織論が競争政策上の問題と考える「市場支配力」（マークアップ②）は、より限定的な不当性のある市場支配力となる。この二つの市場支配力（あるいは対応する二つのマークアップ）が明示的に区分されて論じられていないことが、マクロ的視点と産業組織論との間の対話を難しくしている。最後に、第5節において、「需要関数アプローチ」を踏まえた産業組織論の新たな研究の方向性に触れる。

1　経済の寡占化に関する指標

本節では、三つの指標を用いて各国経済におけるマクロレベルでの寡占化の状況を紹介する。まずＩＭＦ（2019）で取り上げられた海外主要27カ国（17ページ注12参照）における指標の動向を観察し、次に、同じ手法を用いて分析したNakamura and Ohashi（2019）を引用しつつ、日本の指標について説明する。

海外諸国における指標の動向

ＩＭＦは、２０１９年４月「世界経済見通し」の第2章「企業の市場支配力の高まりとマクロ経済への影響」[59]において、世界的に市場支配力が高まっていると指摘した。この指摘は、概ね以下の三つの指標に依拠している。

第一は、市場の集中度である。集中度として一般的に用いられているのは、上位Ｘ社集中度（Concentration Ratio：ＣＲ（Ｘ）。Ｘは正数）とハーフィンダール・ハーシュマン指数（Herfindahl-Hirschman Index：ＨＨＩ）である。前者は、ある画定された市場におけるシェアが最も高い企業か

59　第2章のタイトルは、"The Rise of Corporate Market Power and its Macroeconomic Effects"。

図表２−１　上位４社集中度の比較

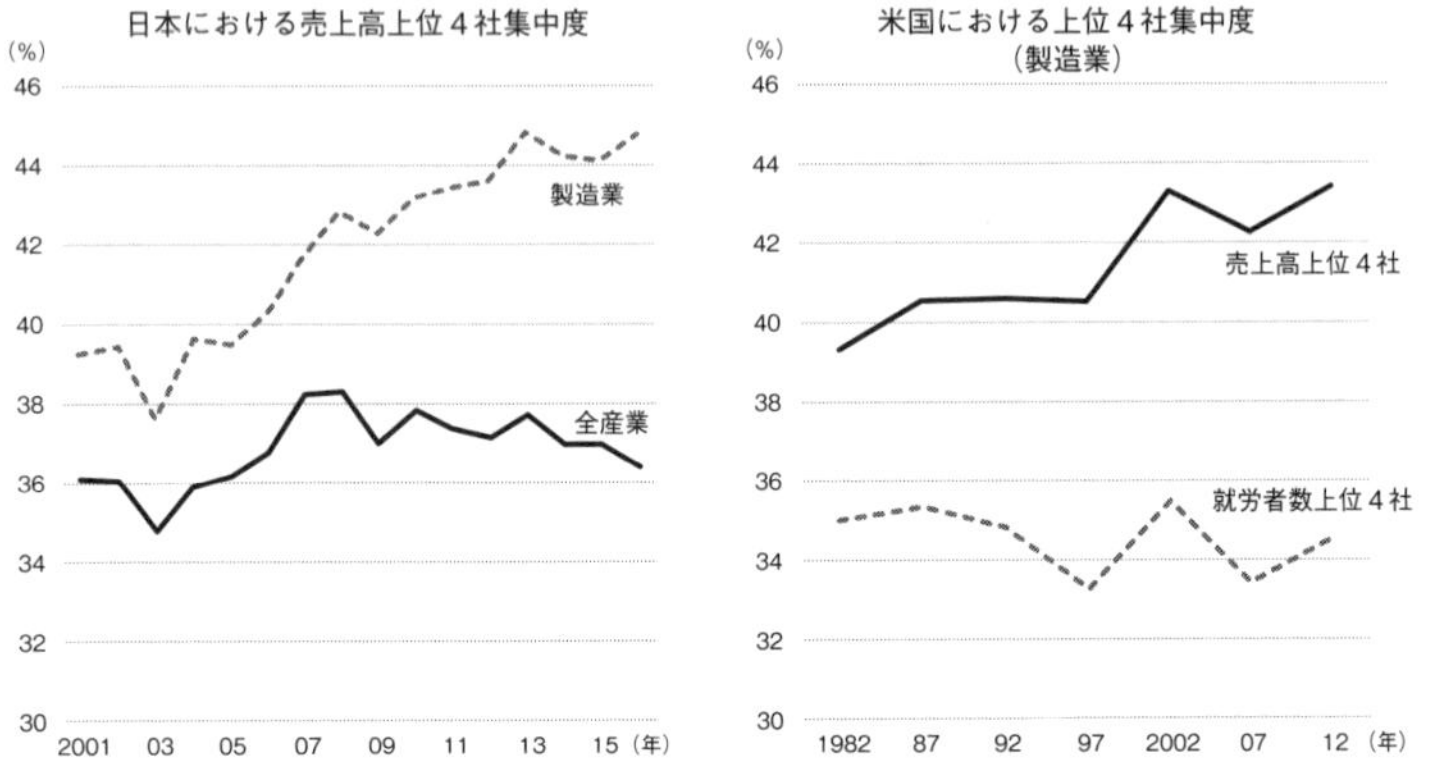

出典：Nakamura and Ohashi (2019)、Autor, et al. (2020; Figure 4) をもとに作成

ら上位X社までの市場シェアの和を指す。ＨＨＩは、市場内すべての企業の市場シェアを二乗して和を取ったものである。[60]

Autor et. al (2020) は、米国の各産業セクターを画定された市場と見なして、ＣＲ（４）とＣＲ（20）およびＨＨＩを計算している（図表２−１の右図にＣＲ（４）を売上高と就労者数について示した。どの指標を取っても各産業分野で集中度が高まっている傾向にある）[61]。なおＩＭＦ（2019）[62] では、世界27カ国のＣＲ（４）とＣＲ（20）の比を見ることで、若干ながらも企業の販売額の集中が進んでいることが示されている。

二番目の指標は、財務・会計データを用いたものである。この指標について、ＩＭＦ（2019）では、利子支払い前・税引き前利益額（ＥＢＩＴ）を営業収益や売上高で除したものが用いられている。この指標を「利潤率」と呼ぶと、利潤率は時系列的な分散が大きいものの、２０００年以降上昇傾向にあることが見て取れる。[63]

第三の指標は、マークアップである。ＩＭＦで示される

$$\mu_t=1-\alpha_t\,(\phi_t)^{-1} \qquad (2.1)$$

マークアップは、生産関数から推定されている。この生産関数アプローチによると、時点tでの一国における平均マークアップ率μ_t（価格に占めるマークアップの割合）は、可変的な投入量に対する生産量の平均弾力性ϕ_tと販売額に占める可変的な投入費用の平均割合α_tを用いて、（2.1）式のように表せる。[64]

De Loecker et. al (2020) では、米国上場企業のデータを用いることで、１９８０年に21％だったマークアップ率が２０１６年には61％まで上昇したと報告している。ＩＭＦ（2019）[65]では、世界27カ国において２０００年～15年の間にマークアップ率が６％

60　マーケットシェアが１００％である独占の場合のＨＨＩは、１００００となる。活動する企業数が増えたり、企業数が一定の場合で企業ごとのシェアが均一化するとＨＨＩは減少する。

61　なお図表２－１の右図によると、米国では販売額ベースで作成した指標の方が、被雇用者数ベースで作成したものよりも集中度が強く表れており、この点は、少ない被雇用者数で大きな販売額を生み出している企業が少なからず存在することを示唆する。

62　ＩＭＦ（2019：Figure 2.2, panel 3）を参照。

63　ＩＭＦ（2019：Figure 2.2, panel 2）を参照。

64　正確には、企業iにおける投入量に対する生産量の弾力性ϕ_{it}と販売額に占める投入費用の割合α_{it}を用いた$\alpha_{it}(\phi_{it})^{-1}$を、対象とする市場・産業にいるすべての企業について足し合わせた加重平均が$\alpha_t(\phi_t)^{-1}$となる。なおDe Loecker et. al (2020) ではマークアップ率を限界費用に占める価格の割合としているため、本章での定義に合わせて式を変形している。

図表2－2　日本におけるHHI

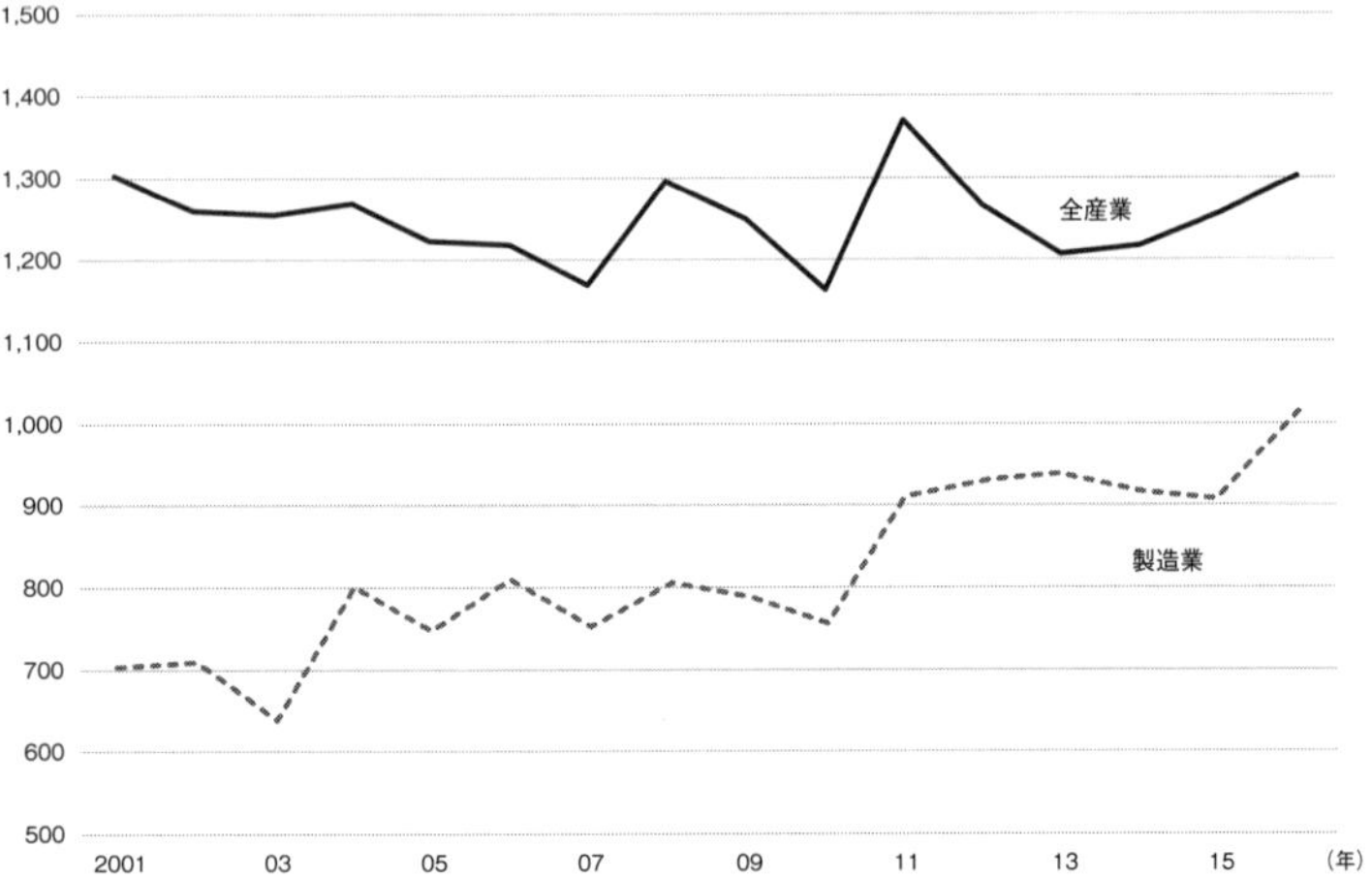

出典：Nakamura and Ohashi（2019）をもとに作成

上昇したと分析する。

これら三つの指標は、上場企業に限られているとはいえ、近年の米国および世界各国において、市場支配力が高まっているとの主張に対して、裏づけを与えているように見える。これらの指標が市場の競争性とどのように関係しているかは、第3節で議論することにしたい。その前に、日本におけるこれらの指標の動向に触れておきたい。

日本における指標の動向

日本の現状はどうだろうか。Nakamura and Ohashi（2019）では、ＨＨＩとマークアップ率について２００１～16年の動向を明らかにしている。各産業別の売上高で加重平均を取ったＨＨＩを示したのが図表２－２である。[66]

ここでは全産業でのＨＨＩとともに、製造業についても示している。この図表によると、製造業のＨＨＩはこの15年で３００程度上昇しており、シェア

図表２－３　マークアップ率の推移

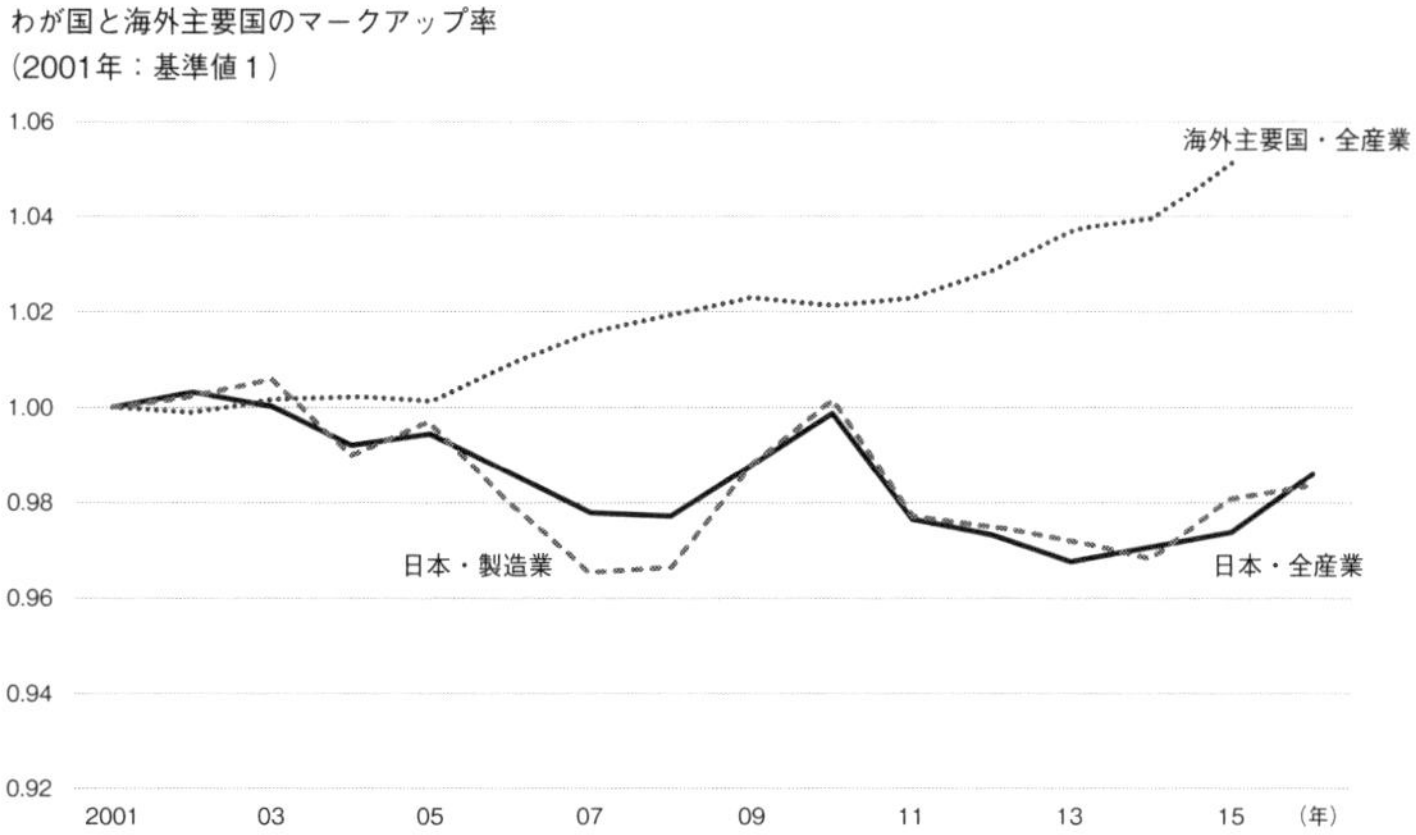

出典：Nakamura and Ohashi（2019）、IMF（2019; Figure 2.2）をもとに作成

の集中が製造業で進んでいることが分かる。[67] なお、日本のＨＨＩの水準は、Autor et. al（2020）の水準と比較すると約２００ポイント低い値になっている。

図表２－３では、日本におけるマークアップの推移をＩＭＦ（2019）との比較で示している。先に紹介した「生産関数アプローチ」を使い、なるべく比較可能なデータを用いてマークアップ率を推定している。具体的には、Nakamura and Ohashi（2019）では企業活動基本調査を用い、売上原価から労務費を差し引いたものを可変的な投入費用として生産関数を推定している。[68]

65　ＩＭＦ（2019：Figure 2.2, panel 1）を参照。
66　ＣＲ（４）については図表２－１の左図に示している。
67　なお、非製造業のＨＨＩはあまり変動していない。
68　結果の頑強性を確かめるために、売上原価に販売および一般管理費を加えたものを用いた定式化でも推定している。この場合も、本節で説明した定性的な結果に大きな差は見られなかった。

図表２－３に表れている特徴は、海外主要国ではマークアップ率がこの10数年間で上昇しているにもかかわらず、日本ではむしろ下落しているという点である。図表２－３はＩＭＦ（2019）と同様に、サンプル初年を１として指数化している。この図表に表れているように、マークアップの企業間格差は海外主要国では高まっているのに対して[69]、日本ではそのような傾向は見られず、この点においても海外諸国での議論がそのまま日本に当てはまるわけではないことが分かる。[70]

２　指標の背景にある仮説

海外主要国と日本とでは、市場集中度が減少せず、どちらかというと高まる傾向にある点は概ね共通している。他方で、マークアップ率は海外と日本ではまったく異なる動きを見せている。海外主要国にてマークアップ率が高まる現状に対する説明として、Philippon（2019）を参考にすると以下の二つの仮説を提起できる。[71]

> 仮説１：国内市場の競争性が低下している
> 仮説２：企業の生産性が向上している

この二つの仮説は必ずしも互いに背反しない。経済の寡占化という観点で見ると、国内市場の競争性が低下することでマークアップが上昇しているか（仮説１）、生産性が高まることによってマークアップが上昇しているか（仮説2）、が大きな対立軸になる。

両仮説の背景には、様々な理由が考えられるだろう。例えば、仮説1の背景には、GAFAMと総称される巨大IT企業が競争制限的な行為を行うことで、新規参入が妨げられて、マークアップが上昇しているのかもしれない。[72] Philippon（2019）は、フランスの通信産業を例に挙げつつ、市場競争の欠如がマークアップ率の上昇を生んでいるとの論を展開している。

また仮説2の背景には、価格比較サイトや電子商取引の普及、無形資産の活用による生産性の向上、あるいは巨大IT企業などのスーパースター企業による生産性の向上が考えられよう。

市場集中度は他国と同様に高まっているにもかかわらず、なぜ日本のマークアップはこの15年間、ほぼ不変なのだろうか。先の仮説に沿って考えると、市場集中度が高まる一方で、国内市場の競争性

69　IMF（2019：Figure 2.5, panel 1）を参照。
70　IMF（2019）では、上位10％の企業の平均マークアップとその他の企業のマークアップを比較すると、その格差が拡大していることが示されている。同様の傾向が日本では観測されないことが、Nakamura and Ohashi（2019）で示されている。
71　Philippon（2019）は市場集中度の動きに対して六つの仮説を提起している。本章では市場集中度ではなく、マークアップの動きに着目することによって、Philippon（2019）の仮説を統合・集約した。
72　本書では取り上げないが、Philippon（2019）が触れていない仮説1の一つの論点として、共通株主問題（様々な業界における競合企業同士の株が、機関投資家が共通株主として保有することによって競争が制限されるという現象）が指摘されている（Azar et. al, 2018）。

に変化がなく、また生産性も向上していないのでマークアップが変わらないということになる。

市場集中度の高まりを日本経済平均で見たときには、競争阻害など市場競争を制限することによって生じているようには見えず（つまり仮説1が該当しない）、また勝者にシェアが集中してスーパースター企業が誕生して生産性が向上したようにも見えない（つまり仮説2が該当しない）。

日本の特異な状況を説明できそうなのが、人口減少の影響である。人口減少による内需の縮小は、当初は供給過多の状況を生み出すものの、中長期的には企業の退出や合併による再編・集約を引き起こし、市場集中度を高めることになる。他方で、市場規模が縮小するなかでの市場集中度の高まりにおいて、さらなる内需の縮小を招くような価格の引き上げは行われにくい。

すなわち寡占化が進行するも、販売価格を上げられないことが、日本における特異な現象を生じさせているのではないか。この点は、Philippon（2019）では検討できていない日本に特有な論点と考えてよいだろう[73]。

市場規模の縮小は、新型コロナウイルス感染拡大における活動自粛の長期化を通じて、世界が直面する課題となっており、人口減少に直面する日本の課題が、世界的な課題として共有されるようになったと考えられる。人口減少と寡占化について第Ⅲ部で取り上げるが、本書の各所でもその競争政策への影響に触れていきたい。

なお、個別の市場・産業では、前述した経済全体の動きとは異なる現象が見られる。とりわけ競争政策で関心が持たれてきた三つの分野（公共調達、移動通信、電力）は、それぞれに競争政策上の論点を含み、競争制限的な行為も指摘されてきた。これらについては第Ⅱ部で述べることにする。

日本において市場集中度が高まっているのに生産性が伸びていない理由の一つとして、海外の巨大ＩＴ企業が日本市場を席巻しつつも、国内で売り上げをあまり計上せずに海外に移転している点も指摘できるだろう。本書ではこうした移転価格と呼ばれる現象を直接には扱わないものの、デジタル化に関わる競争政策の論点を第Ⅳ部で取り上げる。

これより、ややテクニカルな論点を取り上げたい。それは、マークアップ率の計測方法についてである。これまで取り上げたマークアップ率は「生産関数アプローチ」による。このアプローチでは、正当な市場競争によって生じるマークアップ（マークアップ①）と、競争上不当な行為から生じるマークアップ（マークアップ②）との区別ができないことを指摘した。本書が基礎とする産業組織論では、両マークアップを区別できる手法として「需要関数アプローチ」を提起している。

３―マクロ的視点と産業組織論

経済の寡占化を定量的に観察するにあたり、第１節では三つの指標を取り上げた。市場集中度（具体的にはＣＲ（Ｘ）とＨＨＩ）、利潤率、そしてマークアップ率である。これらの指標は、興味深いことに前章で触れたＳＣＰパラダイムで用いられた指標に他ならない。

73　なお Rossi-Hansberg et. al (2020) は、地域ごとに分割した米国市場においては、本章で紹介した米国平均の姿とは違って集中度が低下する現象を指摘し、地域市場では競争が激しくなっているとする。

ＳＣＰパラダイムでは、一定の取引分野における企業数や市場集中度といった市場構造が、利潤率という市場成果を不当に高めるとの認識の下で、多くの統計分析が生み出された。しかし、価格が上がって利潤率が高まれば、それにより参入が促されて企業数が増え、市場集中度が下がる。つまり、市場成果が市場構造に影響を与えることになり、ＳＣＰパラダイムが想定していた因果関係が成立しなくなる。これによって、産業組織論がＳＣＰパラダイムに見切りをつけ、新たなパラダイム（ＮＥＩＯ）へ移行するきっかけになったことを、前章で説明した。

同じく第1章では、財務データの問題にも触れた。財務会計は経済学の概念とは異なっており、また研究開発などにかかる費用についても企業によって会計上異なる扱い（仕訳）がなされることを指摘した。De Loecker et. al (2020) が提唱した「生産関数アプローチ」におけるマークアップ率についても、その算出において「販売額に占める投入費用の割合」を財務データから計算している点で、ＳＣＰパラダイムへの批判と同じ指摘が当てはまることが分かる。

さらに、「生産関数アプローチ」における解釈上の問題として、推定されたマークアップ率のうち、どれだけが「市場支配力」によるものかが分からないという点がある。前章の第3節で述べたように、完全競争であればマークアップ率はゼロだが、現実の市場の多くが完全競争の仮定を満たさないことを考えれば、競争価格は限界費用から乖離し、競争があってもマークアップ率は正となる。

このとき「市場支配力」が行使されているか否か、つまり、販売価格と競争価格が乖離しているか否かをどう判定できるかが、「市場支配力」を計測するうえでカギになる。

必要なのは、不完全競争における競争価格であるが、この競争価格は現実には観察できないために、

$$\mu_{it}=\theta_t\,(\eta_t)^{-1} \qquad (2.2)$$

現実を近似するモデルを作成することで、競争価格をシミュレーションする必要がある。
そして、この不完全競争における競争価格は、需要の価格弾力性の影響を受けるはずだが、「生産関数アプローチ」には需要側の情報がそもそも使われていないために、不完全競争における競争価格は明らかにされず、したがって前章の図表1－6のようにマークアップを①と②に分解することは不可能である。

ＮＥＩＯの産業組織論は、マークアップ率を「需要関数アプローチ」にもとづいて推定する。このアプローチによると時点ｔにおけるマークアップ率μ_{it}は、需要の価格弾力性をη_t、市場の競争度をθ_tとすると、(2.2) 式のような「ラーナー指数」として表される。

ラーナー指数には需要側の情報として価格弾力性値η_tが含まれており、不完全競争での価格づけがモデル化されている。

二つのアプローチ――「生産関数アプローチ」と「需要関数アプローチ」――の違いを明らかにすることは、各アプローチの解釈上の限界を明らかにすることにもなる。この点は、これまで文献で明示的に指摘されていないが、両アプローチの強みと弱みを明らかにするうえで有益と思われる。次節で説明を試みたい。

4 ─ 生産関数アプローチと需要関数アプローチ

De Loecker and Warzynski（2012）で提起され、ＩＭＦ（2019）や De Loecker et. al（2020）でも用いられた「生産関数アプローチ」では、企業の費用最小化問題を解くことでマークアップ率を導出している。

投入要素（例えば、労働と資本）が完全競争市場で調達され、またその投入量が生産量に応じて可変的に変わると仮定したときに、生産関数から推定される投入量に対する生産量の弾力性値と、販売額と投入費用を財務データから入手することで、マークアップを求めることができるというのが、(2.1）式の直観的な説明になる。

ここで押さえておくべき点は、「生産関数アプローチ」は価格形成プロセスを明示的にモデル化しているわけではないという点である。つまり、価格形成がどのような競争モデル（例えば、完全競争やクールノー競争）であったとしても、このアプローチから推定されるマークアップは影響を受けないという点が、「生産関数アプローチ」の強みであるといえる。

その半面、得られたマークアップがどのような経済学的なメカニズムから生じているのかはブラックボックスとなっている点が、弱みになる。

例えば、ある国におけるマークアップが相対的に高い場合に、その原因が需要の価格弾力性の大きさに依存するのか、「市場支配力」の存在によるのかは、「生産関数アプローチ」からうかがい知ることはできない。なぜならばマークアップは、販売額と投入費用という財務データによって決定されており、販売額や投入費用が経済学的にどのように決まっているかはモデル化されていないからである。つまり「生産関数アプローチ」は、ＳＣＰアプローチと同様の弱点（第1章第2節）を抱えていることになる。

産業組織論がラーナー指数として提起する「需要関数アプローチ」は、企業の利潤最大化問題から導出されている。標準的なミクロ経済学にもあるように、費用最小化の下で利潤最大化がなされていることを思うと、「生産関数アプローチ」は「需要関数アプローチ」の必要条件と考えることができ、「需要関数アプローチ」の方がモデルの制約が強いことが分かる。

他方で、「需要関数アプローチ」はその名のとおり、需要側の情報を用いる点にその特徴がある。(2.2) 式を取れば、需要関数が価格弾力的である（つまり、需要の価格弾力性 η_t が大きい）ほど、マークアップ率 μ_{it} は小さくなる。こうした経済学的なメカニズムは、「生産関数アプローチ」からは見て取れない。

「需要関数アプローチ」のもう一つの特徴は、市場の競争度 θ_t がマークアップ率 μ_{it} の構成要素に入っている点である。市場の競争度は、産業組織論の寡占理論を基礎としており、例えば、同質財市場が完全競争であれば $\theta_t=0$、独占やカルテルであれば $\theta_t=1$、そしてクールノー競争と呼ばれる数量による寡占競争であれば、θ_t はＨＨＩを基準化した指数[74]となることが知られている。

需要の価格弾力性 η_t は、価格 p_t と販売数量から構成される市場データを用いて推定できるパラメータである。このとき、(2.2) 式を書き下すと (2.3) 式となる。

$$\frac{p_t - mc_t}{p_t} = \frac{\theta_t}{\eta_t} \qquad (2.3)$$

そこで、市場の競争度θ_tが分かれば、ラーナー指数から限界費用mc_tが分かり、逆に限界費用mc_tが分かれば、市場の競争度θ_tも推測することができる。

需要関数アプローチの一例をここで取り上げておこう。Genesove and Mullin（1998）は、１８９０～１９１４年の米国砂糖市場を取り上げて、市場支配力の有無を分析した。砂糖はサトウキビから作られる同質財であり、その限界費用は労働費用（c_0）とサトウキビの価格（P_w）の関数$c_0+1.075P_w$で表されることが、技術的に知られている。需要の価格弾力性を推定し、そこにラーナー指数を使うと、市場の競争度θ_tの値を推定でき、その推定値は０・０１と完全競争ときわめて近いことを明らかにしている。

逆に商品の特性（同質財か、製品差別化された財か、あるいは製品差別化されている場合は、品質による差別化か、品質以外の次元での差別化か）や、企業の戦略変数（価格で競争するベルトラン競争か、数量で競争するクールノー競争か）などといった側面から、現実と近似するような妥当な市場競争度$\tilde{\theta}_t$を見出し、現実のマークアップ率が$\tilde{\theta}_t$から得られるマークアップ率[75]とどの程度異なるかを比較することで、市場の競争性を評価する方法もある。

このとき、「$\tilde{\theta}_t$から得られるマークアップ率」とは、競争価格におけるマークアップ①に相当するものであり、現実のマークアップ率との乖離が正であるならば、現実のマークアップ率とマークアップ①に相当する競争価格でのマークアップ率との差が、マークアップ②に相当することになる。

このように「需要関数アプローチ」では「生産関数アプローチ」と比較して、追加的なモデル上の仮定を要するものの、そこに現実に妥当する仮定を置くことができれば、需要関数と限界費用関数のパラメータη_i、mc_iの推定値から（2.2）式を使って、競争価格を求めることができる。この競争価格と現実に観察される価格が有意に異なるのであれば、そこに市場競争への阻害行為がある可能性を疑うべきだろう。

5　まとめ——市場シェアの集中化だけを見て競争阻害と判断すべきではない

コロナ禍以前から国際的に話題になっている経済の寡占化は、マークアップの存在自体に注目するものであり、競争制限行為から得られる不当なマークアップ（マークアップ②）の存在を確かめたものではない点を、本章では説明した。さらに、このマークアップ②が有意に存在するか否かを確認するには、「需要関数アプローチ」を用いるべきということを、技術的な観点から明らかにした。「生産関数アプローチ」ではマクロ経済における生産関数を用いてマークアップ率を推定するのに対して、「需要関数アプローチ」では、産業や市場の差異とそれに伴う需要の異質性を考慮すると、マクロ経済というよりも、各産業や市場といったミクロ的な需要関数を定式化せざるを得ない。そのた

74　市場シェアの最大値を1としてＨＨＩを再計算したものを「ＨＨＩを基準化した指数」と呼んでいる。
75　簡単化のため、ここでは需要の価格弾力性η_iは事前に推定済みであるものとする。

め、マクロ的視点からすると、「需要関数アプローチ」が適用しづらかったといえるだろう。

しかし、米国を中心とする海外におけるマークアップ率の上昇が、財・サービスの品質向上などに伴う生産性の向上に起因するのか、あるいは市場の競争阻害行為に起因するのかによって、その経済学的な含意はまったく異なる。同様に日本におけるマークアップ率の低迷は、市場の競争性にもとづくものか、生産性の低迷にもとづくものかの判断を明確にするうえでも、「需要関数アプローチ」は有用なはずである。

マクロ的視点から「需要関数アプローチ」を適用するには、一国全体を平均的に代表する個人[76]を仮定して需要関数を推定する「トップダウン」の方法か、あるいは個別の市場や産業の需要関数推定を積み重ねてマクロ全体の含意を構成する「ボトムアップ」の方法かの、いずれかが考えられる。

第1章でも述べたようにＮＥＩＯが誕生して30年以上が経過するなか、個別のケーススタディにおける精緻な定量分析から得られる知見を横断的に積み上げて、一国経済の状況を理解するという「ボトムアップ」の方法はうまくいっていない。

今後の産業組織論として、マクロレベルでの経済の「寡占」化に対する研究に貢献するためには、「トップダウン」の方法を探るべきではなかろうか。もちろん、この「トップダウン」も過去のＳＣＰパラダイムに単純に戻ることではなく、新たなマクロ的な視点を取り入れることが不可欠だろう。

この点は本書で扱う範囲を超えたプロジェクトとなるために、産業組織論における将来の研究の方向性として書き留めておくことにしたい。

さらに、デジタル市場における多くの財・サービスのように無料である場合に、本章での手法がどのように使えるかも重要な課題である。この場合には、他の市場取引などからの収益を内部補助とすることで無料としているケースや、検索エンジンのように、利用者が自らの情報を提供することの等価交換として無料でサービスを利用するケースなどが考えられる。こうしたデジタル市場における価格づけについては、第９章で触れることにする。

「需要関数アプローチ」を用いてマークアップ②を特定することは、現在の産業組織論の推定レベルとデータの利用可能性からいまだ限界があるものの、個別の産業を眺めてみると、競争政策の観点から様々な論点が浮上していることも事実である。第Ⅱ部では、競争政策で注目される代表的な産業を取り上げて議論してみたい。

76　需要関数の推定パラメータに異質性を取り込めば（例えば、ランダム係数（random coefficients）を使えば）、代表的な個人を仮定するだけで、多様な個人の嗜好を反映した需要関数を推定することができる。この点について例えば、Nevo（2000）を参照。

第Ⅱ部

競争政策が注目する産業分野

人口減少とデジタル化が進むなかで、競争活性化が求められる業種は大きく様変わりし、また、競争活性化のために求められる方策も変化している。ここでは三つの業種に焦点をあてて、それぞれの業種において競争政策が直面している課題を明らかにしたい。

まず、公共調達を取り上げ、旧来型の産業の代表として建設業に注目する。政府が主に発注する土木工事を念頭に置く。建設業は入札談合が繰り返され、それに対応する形で価格のみによる一般競争入札が拡大適用されてきた。ところが、人口減少の著しい地方を中心に、建設業が立ち行かない状況が生まれている。自然災害が頻発化・激甚化するなか、地域インフラを維持しつつ、競争的な環境を保つために必要な入札のあり方を論じる。

次に、デジタル化にとって欠かせない二大産業――移動体通信と電力――を取り上げる。近年、移動体通信では端末と通信サービスの完全分離、電力では発電・小売部門と送配電部門が法的に分離されることになった。価格の低廉化を目的の一つとして推進されたこれらの政策であるが、アンバンドル化や垂直分離が常に競争を促進する効果をもたらすわけではない。バンドル化・垂直統合とアンバンドル化・垂直分離*には、双方に競争政策上のメリットとデメリットがあることを議論する。

補論として、電力産業に関連して地球温暖化対策に触れる。環境政策は一般的に競争政策に対立すると見なされがちだが、日本の再生可能エネルギー施策の検証を通じて、効果的な地球温暖化対策に競争政策の視点が有益である点を指摘する。

第3章　公共調達における競争政策※

1980年代から始まる世界的な規制緩和の流れのなか、公的部門の民営化や業務の民間委託を通じて、民間活力を公的部門で生かそうとする取り組みが続けられてきた。こうした取り組みは、公共入札を通じて行われるのが一般的である。実際に、国や地方自治体などの公的部門は、土木・建築といった公共工事から、文具・コピー用紙や事務業務の代行といった物品役務などまで、実に様々な財・サービスを入札によって調達している。

政府調達がその国の経済に与える影響は大きく、経済協力開発機構（OECD）加盟国では、国内

＊　アンバンドル化とは、例えば移動体通信では端末と通信サービスとの完全分離を、垂直分離は、電力であれば法的分離を指す。他方でバンドル化とは端末と通信サービスのセット販売を、垂直統合は発送電の垂直一貫体制を意味する。

※　本章は大橋（2012e, 2014c）を全面的に改稿した。

77　OECD（2019）を参照。

総生産（ＧＤＰ）の8～19％[77]、発展途上国ではそれを上回る割合で、政府調達がなされているといわれている。世界銀行や国際連合などの国際機関による調達も含めれば、公的部門による調達は世界的に莫大な額に上る。

公共調達が入札で行われる理由は、調達過程における透明性が高いと考えられているからだ。さらに、調達する財やサービスに関して、発注者よりも受注者の方が情報を持っている場合に、入札を適切にデザインすることによって、良いものをより安く調達するＶＦＭ（Value for Money）の観点から、入札は発注者にとって望ましい調達方式となり得るのである。

この点を明らかにするために、混雑空港（日本では例えば、羽田空港）における発着枠の配分を取り上げてみよう。混雑空港では、その空港へ離着陸を希望する航空会社の需要が、空港が有する供給量を超過していることから、自由な離着陸を許されず、何らかの方法で発着枠を配分する必要がある。仮に発着枠数を超えて航空会社が離着陸をするようになれば、混雑空港における航空管制の処理能力では対応しきれず、乗客乗員や空港周辺住民の安全に関わる深刻な事故を引き起こしかねないからだ。

日本では、航空会社から対価を徴収することなく混雑空港の発着枠の配分を行っているが[78]、この配分方法では政府の恣意性が入る余地があるのではないかとの指摘が長らくなされてきた。

発着枠の配分を入札によって行うと、発注者が恣意的に落札者を決めることができず、説明責任の点で透明性は高まる。さらに、入札が適切にデザインされることによって、その発着枠から最大限の利益を稼ぎだす見込みのある企業が、他の応札企業の入札額よりも高い額で落札することが予想されるために、発注者は最も効率的に利活用できる企業に最大の落札額で発着枠を配分できる。

これは、発注者の財政を支援することになるばかりではなく、最も高い価値を認める企業に発着枠を配分できるという点で、社会的にも望ましい効果を生む。経済学者が中心となって、混雑空港の発着枠に対して入札の導入を提言してきた理由がここにある。また同様の理由で、放送帯域の配分も入札を用いるよう主張されることが多い。[79]

もっとも、入札が適切にデザインされないと、透明性や競争性、さらには説明責任の観点からも入札がうまく機能しないことになる。これまでも公共調達の入札契約においては、受注者が談合し、発注者も結託に加担するといった事件があった。あるいは、海外では買い占めが起きたり、適正対価以上に高い価格で電波帯を落札したりした結果、必要な投資ができずに倒産して利用者が迷惑を被ったこともあった。

本章では、公共調達制度における競争政策について、現状の問題点と今後のあるべき姿を論じる。公共調達の対象は公共工事と物品役務の大きく二つに分類されるが、競争政策の観点から見た原理・原則は共通している。本章では、公共調達における歴史も長く、知見の蓄積も厚い公共工事について主に論じることにしたい。

78　国内線については、有識者会議の場を使って配分の透明性を高めている。国際線については、国土交通省の判断根拠は公開されていない。

79　電波周波数の割り当てについては、価格を落札決定の一要素とする総合評価落札方式（本章第2節で説明する）に類似する方式が導入された。

第1節では、公共工事の調達制度の変遷を簡単に振り返る。第2節では、競争性の観点から公共工事に対する二つの通説を取り上げて、経済学の観点から批判的な検討を行う。第3節では、地域インフラを維持するための今後の公共調達制度のあり方を考察する。第4節は地域の多様性に対応した入札方式の必要性に加え、そのために政策担当者の裁量が良い意味で生かされるべき点を指摘する。最後に事例として、医療用マスクなどの物品役務の調達について触れる。

なお、本章で扱う談合は、カルテルの一形態である。カルテル全般における公取委の執行状況や経済学的なメカニズムについては、第8章に委ねることにしたい。

1 ― 公共工事調達制度の変遷と課題[80]

国の発注方式を定める会計法は、制定当時の1947年から一般競争入札を基本原則とし、地方公共団体もそれにならって発注方式を定めてきた。しかし、長らく一般競争入札が行われることは稀であり、例外的な発注方式とされた指名競争入札が運用上の基本とされた。

指名競争入札とは、発注者が入札参加者となる業者を事前に指名して、その選ばれた業者だけが入札に参加できる仕組みである。この入札方式は、指名という発注者の行為を通じて手抜き工事を未然に防止できるといった利点がある半面、恣意的に指名を運用することによって[81]利害関係者の介入を招くなど、談合の温床となり得る、との指摘がなされてきた。

こうした懸念が1980年代以降に事件として現実のものとなり、また海外事業者にも国内市場を開放すべきとする日米協議や関税及び貿易に関する一般協定（GATT）の意向も踏まえて、1994年に公共工事分野に一般競争入札が本格導入されることになった。ここでの一般競争入札とは、事前に決められた予定価格を上限として、最も低い額を入れた入札者が自動的に当該工事の落札者となるという最低価格自動落札方式である。[82]

緊縮財政の下で公共工事のコスト縮減の流れが強まるなか、一般競争入札の適用を拡大することで価格競争を促し、1992年には10兆円を超えた公共事業費を適正化することも目論まれていた。

しかし、その後の20年間で、建設投資額は半分以下に減少したものの、建設事業者数の減少は緩慢であり、建設市場規模の縮小に産業構造の再編が追いついていない（図表3－1）。他方で、カルテル摘発に占める入札談合の割合は、近年においても目立った減少は定常的に見られていない。[83]以下で述べるように、一般競争入札の拡大による建設事業者の減少は、地方の中堅規模で顕著であり、地域のインフラ維持に対する懸念の高まりにつながっている。こうした懸念に対する解決策の方向性については、第3節で検討したい。

80　本節の内容は、公正取引委員会事務総局（1997:396, 537-538）、建設通信新聞（2020）を参考にしている。
81　恣意的な運用には、例えば、発注者の天下りを受け入れる業者により頻繁に指名の機会を与えるなどが考えられる。
82　一般競争入札の類型には総合評価落札方式も含まれる。
83　図表8－1を参照。

図表3－1　建設投資額は大きく変化したが、業者数の減少は緩やか

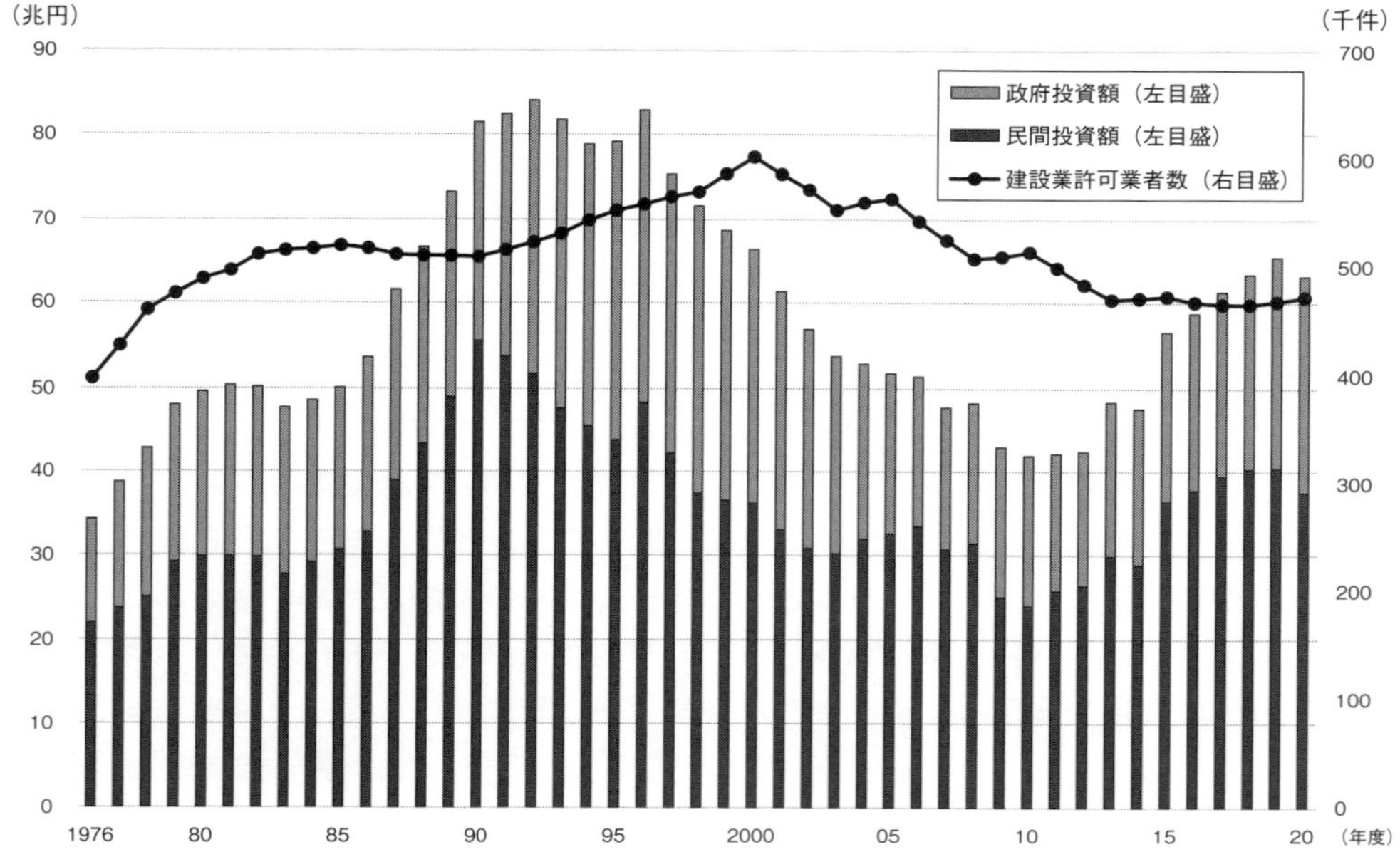

注：建設投資額については、2017年度までは実績、2018年度・2019年度は見込み、2020年度は見通し。建設業許可業者数は各年度末の値
出典：国土交通省（2020a, b）より作成

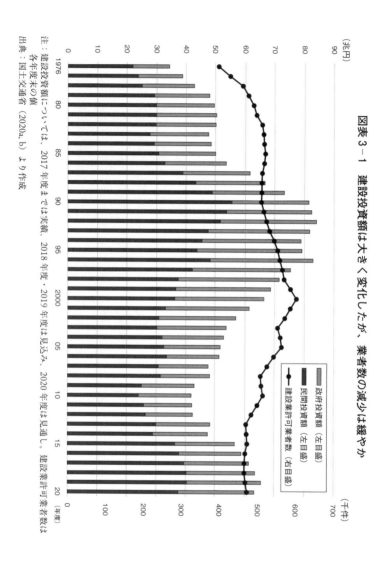

2―日本の公共調達における通説

本節では、競争性の観点から公共調達に関する論点を、通説という形で二つ取り上げて議論してみたい。一つ目の論点は、落札額あるいは落札率（落札額を予定価格で除したもの）から経済学的に入札の競争性を推察することが可能か否か、という点である。二つ目は、入札契約制度のあり方がその競争性にどのような影響を与え得るかである。

通説１　高落札率は談合の証拠である

談合疑惑における落札率が概ね90％を超えるものが多かったことから、この値を超える落札率では、談合の可能性が濃厚とするマスメディアの論調をしばしば耳にする。落札率の分母である予定価格は、実際の工事価格の平均値を反映しているとされる。予定価格を作成するときに用いられる工事価格の分布に歪みがなければ、ほぼ半数の工事が予定価格を超過することになる。

そのように考えると、90％を超える落札率は高水準とは必ずしも言い難いと思われる。予定価格が実績工事価格よりも過大に算出されていることが前提となって初めて、高い落札率が談合の証拠となるための必要条件を満たすことになる。それでも、どのくらいの落札率を談合の証拠とするのかについては疑問が残る。談合を落札率からいかにして特定できるのか、経済学的な観点から考察することは有益であろう。

ここでは談合を、複数の業者が結託して入札競争を制限し、超過利潤を得ることと定義する。そこで、入札において談合があるかどうかは、落札業者が不当に高い利潤をその入札から得ているか否かを調べればよい。問題は、落札によって得られる落札者の利潤を知ることが困難な点にある。実際に、特定の工事に費用がいくらかかるのか、第三者には正確に分かりかねることが多い[84]。

工事費用は、落札者が実際に調達する人的・物的なコストだけにとどまらない。調達した生産要素をいかに効率的に利用して工事を施工するかも、費用に大きな影響を与える。工事施工の効率性は建設業者の間で大きく異なるばかりか、同じ業者でも繁閑期によって工事費に差が出ることが知られている[85]。このような理由から、落札業者の費用を把握することは困難であり、したがって落札による利潤がいくらであるか、確証を持って知ることはなおのこと難しい。

落札した工事案件が手間やコストがかかる工事案件であれば、平均落札率が90％でも競争的な入札になることがあり、その場合、落札業者は適正な利潤が確保できない可能性がある。他方で、落札業者にかかる費用が相対的に低い工事案件であれば、60％の平均落札率でも競争性を欠く入札になる可能性があり、落札業者は高い利潤を上げることができる（図表3－2）。

つまり、高い落札率は、競争性がないことの必要条件にはなり得るが、十分条件にはならない。

それでは、入札データから競争性の有無をまったく特定できないかというと、必ずしもそうではない。入札データには通常、落札業者に関する情報のみならず、入札者の情報もある。落札額だけでは談合を特定できないとしても、入札額も併せて分析できれば、談合の有無についてある程度のことを知ることができる。

図表3－2　落札率から入札競争を推し量ることの問題

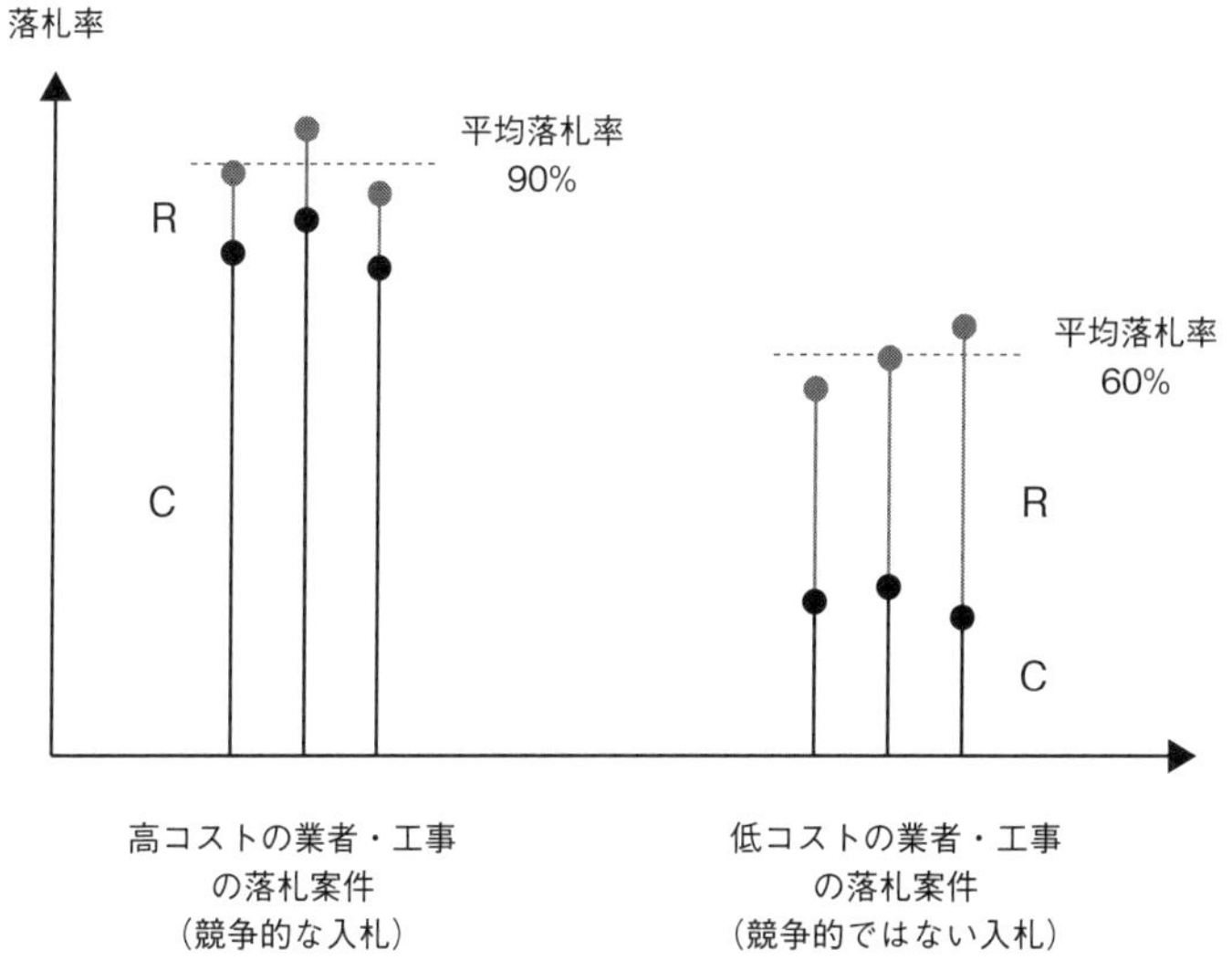

談合を維持するためには、談合から得られる超過利潤を談合参加者にうまく配分するメカニズムが必要である。メンバーが不平不満を持つ談合は長続きしない。談合のある入札には、たいてい事前に決められた落札業者と「サクラ」である業者が参加する。サクラは、入札を競争的に見せるための存在だ。そこで当然、サクラは落札額よりも高い額で入札することになる。[86]

84　ここでは、入札にかかる工事の費用は、各業者の間で独立（independent private value）であると仮定する。各業者間に共通する費用が存在するときには、議論がやや複雑になる。またここでは、簡単化のために動学的な状況は考えていない（動学的な状況が重要となるケースとして、例えば、今期落札することで来期に受注できる工事量が影響を受ける場合〈Jofre-Bonet and Pesendorfer, 2003〉が考えられる）。

85　例えば、Porter and Zona（1993）は、繁忙期ほど労務単価が高くなる点を指摘している。

図表3－3　入札データから談合を判定できるか？
（6業者、費用が施工期間の長短で表されるケース）

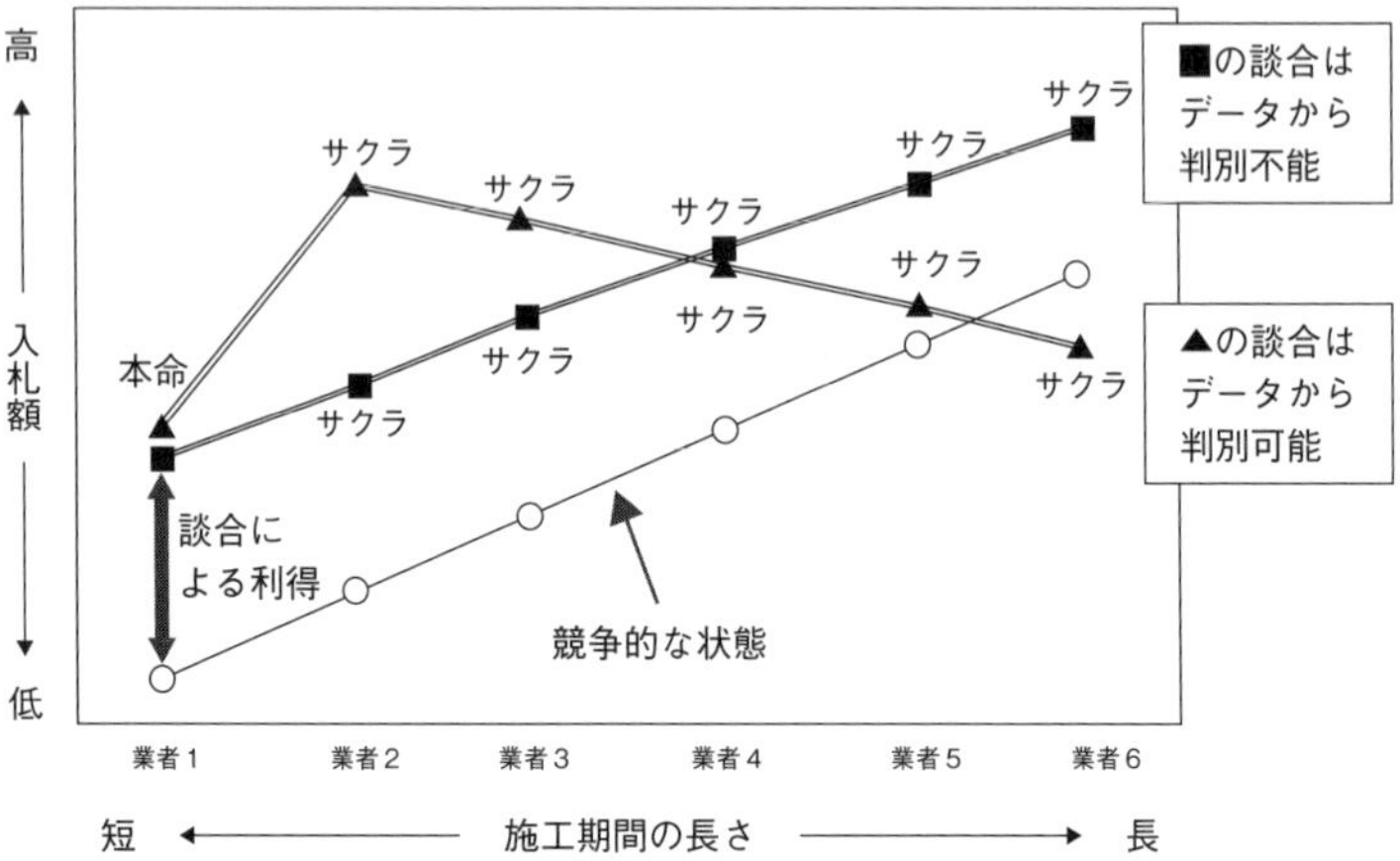

出典：大橋（2012e：図表1）をもとに作成

入札が競争的かどうかは、入札額から見て取ることが可能である。もし入札が競争的であれば、入札額はその札を入れる業者の費用を反映しているはずである。例えば、業者の費用を反映する変数として、施工期間の長さを取り上げてみよう。

同じ工事を行うのに、施工期間が短い業者ほど、より効率的に安い費用で完工できると仮定する。すると、他の費用条件を所与とすれば、競争的な入札では、施工期間の短い業者は、そうではない業者と比べて低い入札額を入れるはずである（例えば、図表3－3の○）。

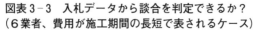

しかし、入札が談合で決まっているときには、サクラの入札額は必ずしも業者の費用を反映する必要はない（例えば、同図表▲）。サクラは、あらかじめ決められた業者を落札させるために、落札額以上の入札をすれば、それで事足りるからである。

そこで経済学的には、入札額が工事費用と相関しているかどうかが、談合を特定する際のポイントとなる。[87] 例えば、図表3－3の▲のような分布で、施工期間と入札額との間に一部でも負の相関があるとすれば、入札が競争的ではないのではないかとの疑念が出てくる。[88]

ここでは、簡単化のため、施工業者の費用構造を施工期間という一つの指標に代表させて議論を展開したが、施工業者の費用は他にも様々な変数の影響を受けることが予想される。

例えばOhashi（2009）では、三重県における公共工事データから、入札参加者の本店と工事現場を特定した。八つの管区ごとに行われる入札案件について、応札企業の入札額を被説明変数とし、本店と工事現場との距離を説明変数とした回帰分析を行ったところ、負の関係が得られたと報告している。

工事に用いる重機や資材を本店に格納している場合、工事現場まで距離が長いほど運搬費用がかかり、採算を取るための入札額は、他の条件を所与とすれば、運搬費用に応じて高くなるはずだ。そう

86　どのように落札業者を決めるかについては、様々な形態があり得る。海外の司法例では、ある一定期間におけるマーケットシェアを均一にするような談合（テキサス州における学校牛乳配達の談合〈Pesendorfer, 2000〉）や、地域分割をすることにより落札者を決める談合（シンシナティにおける学校牛乳配達〈Porter and Zona, 1999〉）がある。この章では、Bajari and Ye（2003）を参考としている。

87　この点は、Abrantes-Metz et. al（2006）において、カルテルでの価格はコストに対して感応的ではないとの分析結果に通じている。

88　もちろん、施工期間の長い特定の業者が戦略的に低い入札額を入れている可能性はある。しかし、そのような行動が落札業者以外の多くの事業者にも見られている場合は、注意を要するだろう。

した現象が見られない点は、談合の整合的なエビデンスと見なせる。もちろん、他の条件を所与とするためには、施工業者の費用に影響を与えると考えられる他の要素も変数としてコントロールする必要がある。図表3－3のような二次元ではなく、多次元の空間を扱う重回帰分析が求められることになる。

談合の識別が本当に難しくなるのは、サクラの入札額が、その入札業者の費用を勘案して決定されるときである。サクラの入札額が、図表3－3の■のような分布をしていると、具体的に個々の業者の費用額を知らずして、ここで議論した統計的な手法で談合を見抜くことができなくなる。

入札における競争性を定量的に判別する手法は、いまだ発展の途上にある。例えばKawai and Nakabayashi（2019）は、先の図表3－3とは異なる方法で入札額から談合の示唆を得ようとしている。最も低い入札額をb^1とし、n番目に低い入札額をb^nとしよう。日本では、落札額が予定価格を上回る場合は再入札が行われることになるが、このときKawai and Nakabayashi（2019）は、1回目の入札と再入札で、b_2-b_1とb_3-b_2を比較している。すると、b_3-b_2は左右対称の分布形を持ち、例えば1回目の入札で2番目に低い入札者が再入札では3番目に低い入札者になることがかなりの確率で起こる[89]のに対して、b_2-b_1は偏りのある分布であり、1回目の入札で最も低い入札者が、再入札でも最も低い入札額を提示していることが明らかになった。この点は、最も低い入札者を落札者にしようとする談合が行われているとの仮説と整合的である。[90]

通説2　価格のみの一般競争入札制度は万能か

品質が既に確定している規格品（例えば、鉛筆やコピー用紙）においては、価格競争を促すことで、より安い調達ができるはずであり、価格のみの一般競争入札が適していると考えられる。

しかし、品質が必ずしも決まっておらず、調達後に確定する場合には、価格が安いことのみをもって、良い調達と結論づけるのは拙速である。例えば建設業は、単品・受注生産であるとともに、その成果物の品質評価は容易ではない。インフラ構築物の不具合は、すぐに顕在化することは少なく、時間をかけて現れるからだ。

一般競争入札による価格競争は、価格を安く調達できても、成果物の品質が悪ければ、良い買い物とは言い難いだろう。価格のみならず品質も同時に調達する場合には、価格のみの一般競争入札での調達が相応しいか検討が求められる。

価格に加えて品質確保も考慮したVFMを達成する入札制度には、何らかの形で事前に判断可能な品質の指標[91]を明示的に入札のなかで取り込む必要がある。その手法が、総合評価落札方式（Scoring

89　なお前述した傾向は、2回目以降に行われる再入札で見られるだけではなく、b_{n+1}-b_nの分布の対称性は1＜nにおいても頑強に見られる現象であることも報告されている。

90　他にも例えばIshii（2014）は、沖縄県のデータを用いて、入札額の数字の並びに注目して談合の可能性を裏付ける試みをしている。

Auction）である。

総合評価落札方式とは、一般競争入札の一つであり、価格に加えてそれ以外の要素（例えば、品質の技術評価）も考慮する調達方式である。この入札方式は、赤字覚悟のダンピング受注に対する対策としても有効とされ、一定の品質が確保できていなければ、価格が安いのみでは落札が難しい状況を作り出した。[92]

Lewis and Bajari（2011）は、カリフォルニア州の高速道路建設の入札において、工期が短い分だけ技術点（価格以外の要素点）を加点する総合評価落札方式を採用した場合と、加点せずに落札価格のみで判断する一般競争入札を採用した場合を比較している。工事期間が短ければ、それだけ高速道路の利用者の負担を抑えることができる点で、総合評価落札方式には望ましい側面がある。

この比較によると、総合評価落札方式を採用した方が、工期が30～40％短くなり、落札額の増加分を加味しても、高速道路の利用者にとって総合的にメリットがあるとの結果が示された。

価格以外の要素も加味した入札方式である総合評価落札方式は、価格のみによる一般競争入札の問題点を克服する一つの方法である。価格以外の要素である技術評価は、発注者の主観によるところもあるが、技術評価をすることで、受注者側にも価格以外の創意工夫を働かせる余地が広がることが期待される。[93]

3―公共工事における今後の調達制度のあり方

限られた財源のなかで最適な公共サービスを提供するためには、公共サービスの提供主体の創意工夫を促すことを通じて、質の向上とコストの軽減を図れるような調達の仕組みが求められる。公共調達については、第1節で述べたように、公共工事の入札談合などの問題が発生するたびに、形式的な対症療法がとられてきた。例えば、随意契約や指名競争入札の件数を形式的に削減し、価格のみの一般競争入札を拡大・拡充してきた[94]。

他方で、人口減少が進む地方において、価格のみによる一般競争入札の拡大は、以下で述べるように負の側面も生み出している。入札制度は、効率的な調達を行いつつ、健全な事業者を育てるという

91　例えば、施工方法や施工体制など工事期間中にも確認可能な指標が考えられる。
92　理論としてはAsker and Cantillon（2008, 2010）を参照。
93　評価者によって異なる技術評価が与えられるとすると、その不確実性が入札行動を歪ませることにもなる。この点をフロリダ交通局のデータを用いて分析した研究としてTakahashi（2018）がある。
94　入札談合が札入れ会場で対面で行われているとの指摘もあり、電子入札も同時に進められてきた。電子入札は遠方地域からの入札者の参入を促すとともに成果品の品質も高めていることが、インドやインドネシアの事例から明らかにされている（Lewis-Faupel et. al, 2016）。

二つの政策目的のバランスの上に成り立つことを考えると、公共工事における事業環境にも目配りがなされるべきである。

建設業の重要な役割の一つに、「地域の守り手」としての役割がある。豪雨や大雪、地震などの災害時において、機械や人材が現地にあって直ちに活動が開始できること、そして地域の地理に詳しいことは地域建設業者の強みである。他方で、地方において従業員10人以上の建設業者の数が減少しており、また建設業者の建設機械保有台数も減少傾向にある。そうしたなか、地球温暖化の影響もあって日本では自然災害が頻発し、その被害は激甚化する傾向にある。

地元において災害対応を行えるだけの安定的な経営基盤と担い手を地域建設業者が確保することは、その地域に住む人々の暮らしの維持に直結する問題となっている。

「地域の守り手」とは、地域にとってはいわば保険のような役割である。自然災害は24時間、時を選ばず襲ってくる。そうしたいつ起こるか分からない自然災害に対して、迅速な初動と、早期の復旧に対応するための体制を常に維持することが求められる。

こうした日頃の体制維持に対して、これまで直接に十分な金銭的な手当てはなされてこなかった。その代わりをしてきたのが、指名競争入札であった。「地域の守り手」としての役割を担う地域建設事業者を優先的に指名して工事の機会を与えることで、その体制維持を費用面から支えていたのが、指名競争入札に本来求められていた役割であった。

しかし前述のとおり、指名競争入札が悪用されて度重なる談合事件が起きた。談合事件に対応した累次の入札契約制度の改革のなかで、指名競争入札の運用は発注者の恣意性を排除する形で形式化されると同時に、価格による一般競争入札へと置き換わっていったのである。

一般競争入札に表れるような経済の市場化・自由化が進むと、採算性の悪い地域へのサービス供給の維持（一般に「ユニバーサルサービス」ともいわれる）がきわめて難しくなるというのは、経験則としてよく知られている。日本でも、例えば航空分野の自由化が進むにつれて、離島航空路線の維持が難しくなり、補助金を上積みして交付しない限り、航空会社は離島航空路線を運行しなくなった。電気通信サービスでは、離島・過疎地域における固定通話サービスの提供は、市場から切り離されたユニバーサル基金をもとに運営されている。

入札への参加や不参加を事業者自らの意思で判断できる一般競争入札では、事業者は儲かる入札にしか参加せず、儲からない地域のインフラ保全には参加しない。とりわけ人口減少の局面にある地域経済においては新設インフラの需要も乏しく、既存インフラの維持管理は大きな収入とはなりにくい。

入札制度を考えるうえで肝心な点は、発注者や受注者が裁量を持つかどうかではなく、裁量がどのように行使されているかである。

市場拡大期には、一般競争入札でも採算性の高い工事から内部補助を通じて、採算性の低い事業を支えることで、「地域の守り手」としての役割を果たすことが可能だった。しかし人口減少に直面する地域経済では、同様のスキームで事業性を成り立たせることは難しい。

入札談合が依然としてカルテル摘発の高い割合を占めているなか、裁量権の悪用を最大限回避しつつ、地域ごとに発注者や受注者に裁量の余地を与えることが、人口減少の局面では必要だろう。人口減少における競争政策のあり方については、改めて第7章で論じたい。

4―まとめ――良い裁量にもとづく調達が地域の多様性を生み出す

日本の入札契約制度は、規模や地域・業種などの外形的な要件に属する企業はみな同質であることを前提として形成されてきた。例えば会計法にもとづき、入札では予定価格を作ることとされており、通常の工法を用いて発注者が定めた仕様どおりのものを建設すると仮定した場合に、必要となる経費を基準に予定価格が設定されている。

しかし、資材価格や労務単価などその時々の需給に応じて事業者ごとに経費が変化するものであることを考えると、歳出予算の限度内で契約するための上限として予定価格を用いて、この価格から一円でも上回る入札額は無効にするという考え方は、事業者の収益構造における異質性を無視しており、経済学的にも合理的とは言い難い。とりわけ地域建設業者は、その取り巻く事業環境が地域によって大きく異なっているばかりでなく、自然災害が起こった際には被害の大きさや時期によっても事業が影響を受ける。

こうした異質性を勘案するときに、標準化された財の調達に相応しい価格のみの一般競争入札が適当かどうか、検討する必要がある。価格以外に地域の状況に応じた品質評価も問われるような財・サービスの調達に関しては、総合評価落札方式や契約交渉を伴う調達手法（Bajari, et. al 2008）の方が、望ましい資源配分をもたらすことが知られている。

公共調達の根本的な問題は、発注者に良いものを安く調達する（ＶＦＭ）誘因が、民間企業による調達と比較して働きにくい点にある。民間企業の場合は、調達費用の削減は利益率の向上に直結することから、VFMの向上につながる調達に対して担当者に昇給などの形で報いることが当然と考えられるが、公的部門においてはVFMの向上が報奨の対象にはなっていない。

これまでの公的部門における発注は、VFMを向上させることを発注担当者の誘因づけにしておらず、逆に発注裁量を制約し、規則に厳密に則った入札を行うことを要請してきた。こうした入札方式の典型が、価格のみによる一般競争入札（最低価格自動落札方式）であり、この方式では、発注者が知恵を絞って良いものを調達しようにも、そうした意欲を発揮する余地は乏しい。また、予定価格を事前公表する地方自治体が多く見られるのも、同様の考え方にもとづくからだろう。

自治体の職員が予定価格という秘密情報を持っていると、収賄や汚職を生みやすくなるという点から事前公表する自治体が多いとされるが、他方で事前公表することによって、予定価格に近い価格を入札する事業者の誘因を促したり、あるいは予定価格から自動的に計算される最低制限価格に多くの事業者が札入れをすることで複数の落札額が生じ、くじ引きが頻発したりする。くじ引きで落札者が決まるという現状は、アイデアや提案力で勝負したい事業者のやる気を大きく削ぐことが懸念される。[95]

どの国も最適な入札方式について頭を悩ませながら試行錯誤を続けている。日本も価格のみの一般競争入札から、品質を明示的に評価する方式や発注者の裁量を生かす方式などを導入しながら、より

95　最低制限価格の存在は、他方でカルテルの逸脱に対する制裁に対して制約が加えられることになるので、カルテルをやりにくくすることも指摘されている（Chassang and Ortner, 2019）。

良いＶＦＭを達成するための公共調達のあり方を模索していく必要がある。

本章では、独禁法でも摘発事例が多い建設業に注目した。次章では、同様に競争政策で話題になっている通信産業を取り上げてみたい。

事例　パンデミックにおける公共調達――医療用マスクの試行錯誤から学べること

新型コロナウイルス感染拡大のなかでは、資金繰りに苦しむ中小企業などに対して政府が収入支援をする「持続化給付金」や、感染収束後に観光・運輸・飲食業を対象に補助金の支出によって需要喚起を目指す「Ｇｏ Ｔｏ キャンペーン」など、パンデミック（世界的大流行）によって傷ついた経済を回復させる政策が打ち出されている。

こうした政策を行うための行政事務を民間事業者に委託するために、入札が行われている。これらの入札は、業務遂行に求められる迅速性に加えて、事業規模も大きいことから、その入札手続きや調達内容の透明性に対して、国民やメディアの注目を浴びることになった。ここでは、本章でこれまで議論した公共工事から少し離れて、緊急性の高い大規模な物品役務の調達から学べる経験として、医療用マスクを事例として取り上げて論じてみたい。

新型コロナウイルスの感染拡大によって、２０２０年前半は医療用のマスクや防護服が大幅に不足した。２０２０年4月15日付の日本経済新聞朝刊2面によると、医療用サージカルマスクが約2億7０００万枚、N95マスクが約１３００万枚不足していたという。

厚生労働省は、2月25日に事務連絡として、「新型コロナウイルスに関連した感染症の発生に伴う

図表3－4　医療用マスクの優先供給スキーム（都道府県に備蓄がない場合）

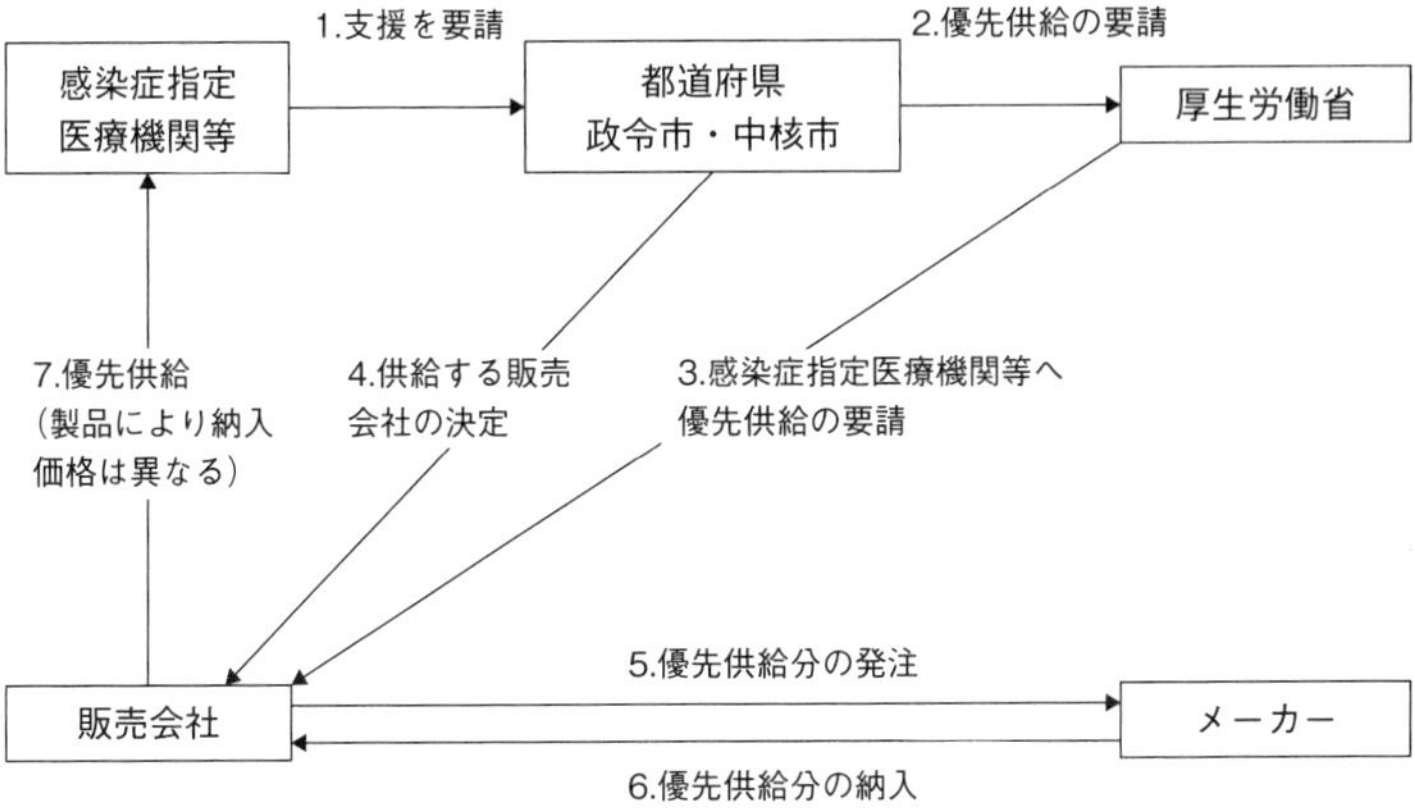

出典：厚生労働省（2020）をもとに作成

医療用マスクの安定供給について（協力要請）」を発出し、医療用マスクの優先供給の要請を受けつけた。

この要請は、二つのスキームに分かれていた。

まず都道府県（政令市・中核市を含む）に備蓄がある場合（スキーム①）は、都道府県に医療用マスクの販売会社が納品を行い、都道府県等から備蓄とともに感染症指定医療機関等に医療用マスクを放出するものであった。

一方で、都道府県等に備蓄がない場合（スキーム②）は、感染症指定医療機関等に販売会社から直接、医療用マスクを優先供給するものであった（図表3－4にスキーム②を示した）。

しかしこのスキームは、緊急性が最優先のなかでは機能しないことが即座に明らかになった。その理由は、販売会社を仲介させると、販売会社と購入者（スキーム①では都道府県等、スキーム②では感染症指定医療機関等）との間で入札が始まり、緊急性が高いほど販売会社が相対的に強い価格交渉力を持つことから、医療用マスクの納品価格が高騰してしまうからである。

入札という市場を通じた調達では、医療用マスクを迅速に医療機関に供給することができず、国はマスクメーカーから直接、医療用マスクの買い上げを行い、各医療機関に無償配布を行うという措置をとらざるを得なかった。

ここから学べることは、緊急性を伴う大量の公共調達を入札によって行う場合、受注者の価格交渉力を抑える要素を入札制度のなかに織り込む必要があるという点である。

医療用マスクのような規格化された財の調達であれば、先の議論によると価格競争が適当かもしれないが、短期的には価格の高騰は避け難い。価格の高騰は参入を誘発して、中長期的に価格は沈静化に向かうものと思われるが、マスクが国民の生命を守るものであることを考えると、販売会社と購入者との間に、国が上限価格を導入することも有力な案だっただろう[96]。

第4章　携帯電話市場における競争政策
――アンバンドリングの効果

日本が他国と比較して生産性向上に停滞が見られる原因[97]の一つに、ICTを十分に活用できていない点が挙げられてきた。そこで新型コロナウイルス感染拡大とそれに伴う「三密」（密閉、密集、密接）の回避は、日本におけるICT導入の遅れを挽回するチャンスと捉える向きがある。例えば、在宅勤務の拡大は、長時間の職場勤務や通勤混雑といった、日本が長年課題としてきた労

96　もちろん上限価格が低すぎれば、入札が不調に終わる可能性もある。また感染拡大の防止のために納品をなるべく早く行いたければ、Lewis and Bajari（2011）が論じたように、落札日から納品日までの時間的な短さを品質として評価する総合評価落札方式を採用することも考えられる。

97　生産性の国際比較は、労働生産性にもとづいてなされることが多い。しかし、労働生産性は労働以外の生産要素の投入量からも影響を受けることから、すべての生産要素の投入量を勘案した全要素生産性（TFP）を用いて国際比較がなされることが望まれる。他方で、生産関数の残差として表される現状のTFPには、無形資本や生産要素の稼働率などデータ整備が十分ではないために捕捉できない側面が多く、解釈には注意が必要である。大橋（2018:6-13）も参照。

働環境を変えるきっかけになる。また学校閉鎖が続いたなか、児童生徒1人にタブレット1台を支給するというGIGAスクール構想[98]も実現に向けて動き出し、遠隔教育の素地が作られ始めている。

こうしたICTの利活用を考えるうえで、通信インフラの整備は欠かすことができない。本章では、主に携帯電話市場[99]に注目しながら、移動体通信の競争政策を議論したい。

移動体通信は、生産性向上や新たな事業機会の創出をもたらす社会基盤として、今やなくてはならない存在である。振り返ると、固定電話に縛られていたコミュニケーションの場を開放した点で、移動体通信は私たちの生活様式を変えた革新的なイノベーションといえる。

また、「超高速・大容量」に加えて「超低遅延・多数同時接続」を可能とする5Gの登場によって、ヒトとヒトだけではなく、モノとモノとの通信（IoT）技術が実現し、工場の自動化や自動運転等の可能性が広がるなど、新たな経済成長への芽も育っている。

移動体通信が社会経済に不可欠なツールとなるなか、携帯電話の契約数は1億8000万台[100]を超え、飽和状態に近づいている。他方で、世帯の消費支出に占める移動体通信費の割合が上昇を続けており[101]、家計を圧迫している。

日本では、携帯大手3社（NTTドコモ、KDDI、ソフトバンク）の寡占構造が、競争を失わせていると長く指摘されてきた。競争が働かず料金が高止まりすることになれば、広く普及した移動体通信の利便性は減退することになる。機能不全といわれるモバイル市場で競争が息を吹き返し、利用者が低廉な料金で多様なサービスを享受できるようになれば、幅広い産業分野に生産性向上のメリットが行きわたるのではないか。その点から競争政策への期待は大きい。

本章の構成は以下のとおりである。第１節では、日本の携帯料金が高止まりしているとの指摘の背景を探る。公表されているデータを紹介し、高止まりしているかどうかを明確に指摘することが難しい点を明示する。第２節では、携帯料金の値下げを巡る経緯のなかで注目された、端末代金と通信料金の完全分離について、産業組織論の観点から議論する。第３節では、番号ポータビリティ（Mobile Number Portability：ＭＮＰ）制度を例にスイッチングコストについて議論し、第４節では、携帯電話市場におけるその他の政策課題を整理する。第５節は、本章の議論を踏まえ、携帯電話市場における競争評価の必要性について言及する。

98　ＧＩＧＡ（Global and Innovation Gateway for All）スクール構想とは、２０１９年度からの５カ年の集中期間に、小中学校において１人１台端末および高速大容量の通信ネットワークを整備するという政策。
99　本章では、「携帯電話」という用語を「移動体通信」「モバイル」と同義として用いる。携帯電話市場の競争性が注目される主な理由は、電波の希少性などから電波の割り当てを受けられる事業者に限りがあり、通常の財・サービス市場と違って自由な参入による市場競争が確保しにくいためである。
100　総務省（2020a:6）。
101　総務省（2020a:8）。

1―「携帯料金は4割下げられる」

２０１８年8月当時の菅義偉官房長官のこの発言をきっかけとして、携帯電話市場の競争性に大きなスポットライトがあたった。同年4月に周波数割り当てを受けた楽天モバイルの新規参入が話題となり、長年続いてきた移動体通信事業者（ＭＮＯ）[102]大手3社の寡占にいよいよ風穴があけられるとの期待が生まれた。[103]その後も２０２０年6月には、「大手3社の利益率は20％を超えて高止まりしており、大幅な引き下げの余地がある」との同氏の発言があり、携帯料金に対するさらなる値下げ圧力が高まった。

そもそも4割下げられるほど、日本の携帯料金は国際的に見て高いのか。この点を数字で確認することは意外に難しい。その理由に、携帯電話の利用料金は、①プランが多種にわたること、②利用形態が多様であることの二点がある。これらの点をスマートフォンに焦点をあてて、以下でやや具体的に見てみよう。

ＯＥＣＤ調査と総務省調査

国際比較で用いられる代表的なデータは、ＯＥＣＤによるものである（ＯＥＣＤ調査[104]）。特定の携帯電話会社の特定プランを取り上げて、通信頻度を高中低[105]に変化させたときの料金を国際比較したものだ。

図表4－1　突出して高い日本の携帯電話通信料

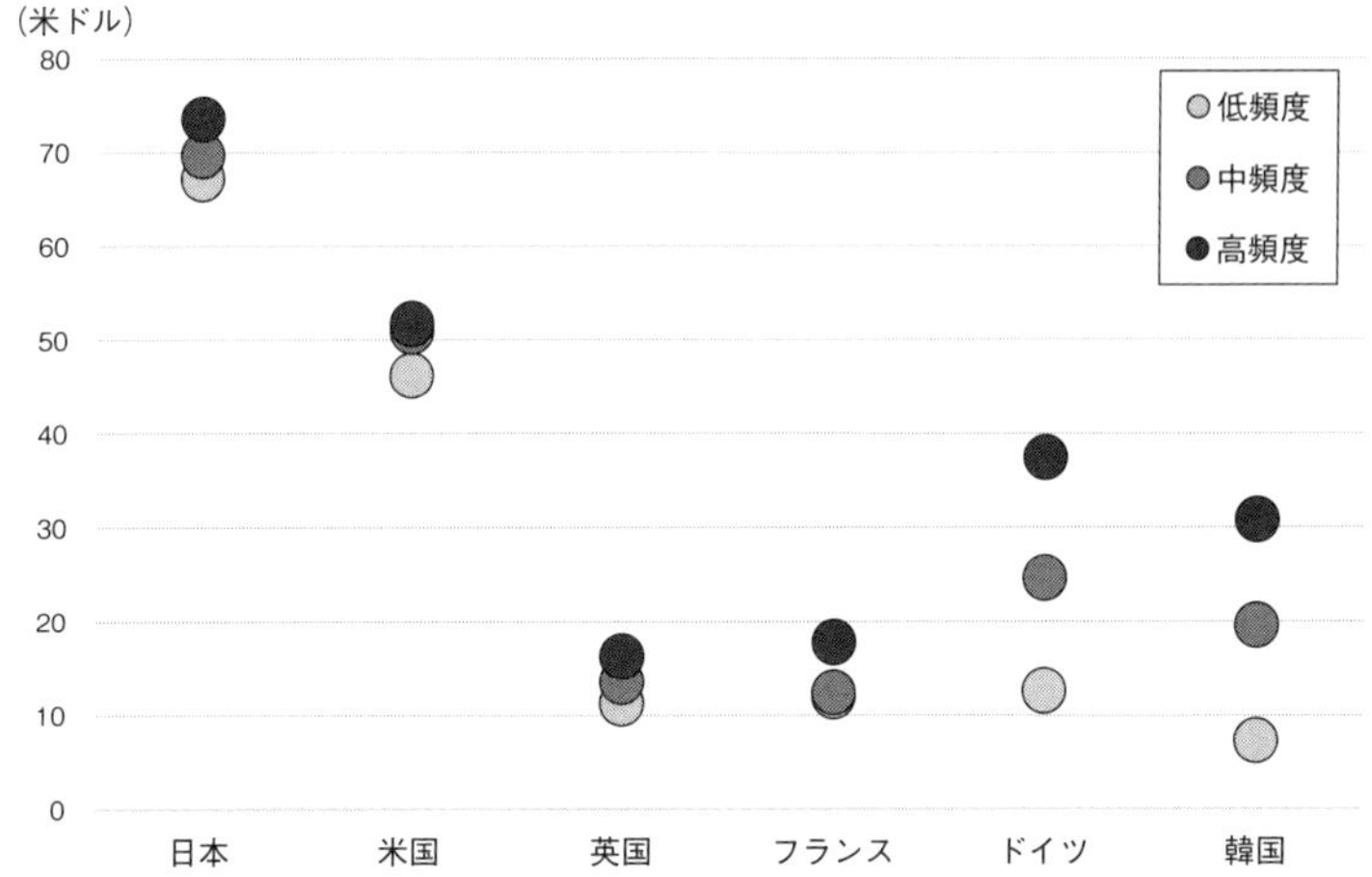

注：高頻度、中頻度、低頻度の1カ月間の利用量とOECDの平均額は次のとおり。高頻度；900通話と2GBのデータ量（36.77米ドル）、中頻度；300通話と1GBのデータ量（29.78米ドル）、低頻度；100通話と0.5GBのデータ量（22.46米ドル）

出典：OECD（2017a）

最新（2017年）のOECD調査において、日本ではKDDIが提供する「電話カケ放題プランS」「データ定額3（3G）」「誰でも割」が特定プランとして指定されており、このプランに対して、三段階の通信頻度を当てはめたときの料金が示されている（図表4

102　MNOとは、Mobile Network Operatorの略であり、総務省から割り当てられた周波数帯を使って、自前の基地局を介して回線網を形成する事業者のことを指す。

103　楽天モバイルは2019年10月に携帯電話サービスの提供を開始すると標榜したが、試験運用にとどまり、2020年4月に正式に開始した。

104　OECD（2017a）。

105　通信高頻度は（通話900回＋データ通信2GB／月）、中頻度は（通話300回＋データ通信1GB／月）、低頻度は、（通話100回＋データ通信0・5GB／月）となっている。

－1）。一般的に、利用形態に応じて最適なプランは異なるはずだが、ここで指定されているKDDIのプランは通信頻度によって料金がほぼ変わらず、利用形態に対して最適なプランなのかは精査の余地がある。

こうした留意事項をとりあえず脇に置いて図表を見ると、日本の料金はOECD平均のほぼ2倍近くになっており、菅氏の発言と整合的なエビデンスであることが分かる。

OECD調査の問題点に応えるデータとして、総務省が行っている「電気通信サービスに係る内外価格差調査」（総務省調査）[106]がある。東京を含む世界の6都市[107]において、通話時間・データ通信量の利用モデル[108]に応じた日々の支払い額を比較したものである。

令和元年度の調査結果によると、各都市におけるシェア1位のMNO事業者が提供する料金プランは、東京の支払額がすべてのデータ容量において高い水準となる。ところが、シェア上位3社のMNO事業者が提供する料金プランのうち、最も安い一般利用者向け新規契約（ただしプリペイドは除く）で比較すると、東京は20GBでは高い水準だが、2GBや5GBでは中位程度の水準である。さらにICT総研（2020）によると、シェア上位3社のMNO事業者における平均月額料金は、最安プランに注目する総務省調査と違い、すべてのデータ容量で日本は中位となる（図表4－2に20GB／月、図表4－3に5GB／月を示した）。

最も安いプランで料金比較をした点で、特定プランを指定するOECD調査よりは、総務省調査やICT総研の調査には一日の長がありそうだ。しかし後者の調査でも、シェア上位3MNO事業者の最安プランで見るのか、あるいはその平均値で見るのか、さらにはシェア1位のMNO事業者のもの

図表4-2　携帯電話通信料の国際比較（20GB）「総務省・ICT総研調査」

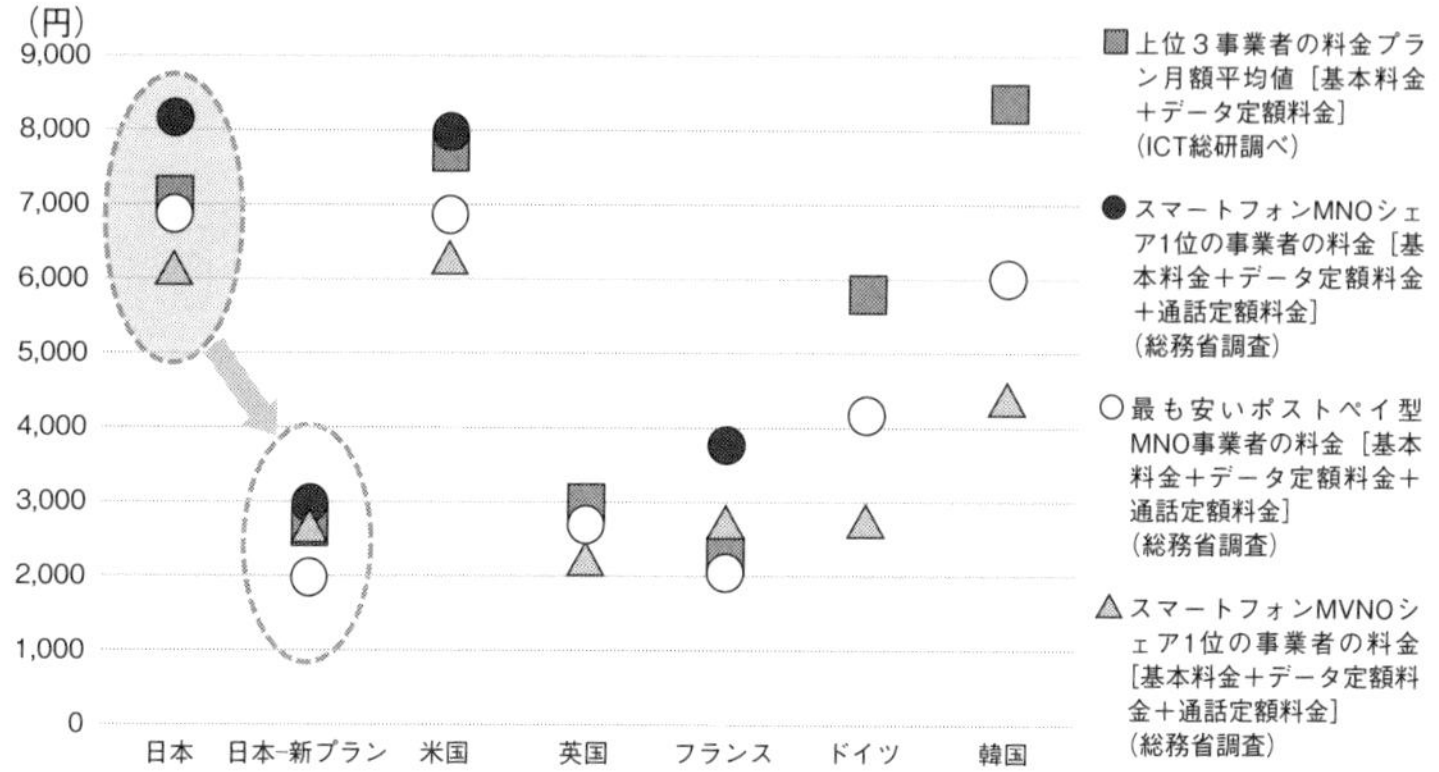

注：データ容量20GB/月について表示（2021年2月24日時点）。日本の2020年末以降の新料金は各社発表資料より作成。海外の上位3事業者の料金プラン月額平均値はICT総研（2020）より作成。他は総務省（2020b）より作成。ICT総研のデータは国別であるが、総務省調査は各国の主要都市のデータにもとづく

出典：ICT総研（2020）、総務省（2020b）、モバイル通信各社のホームページをもとに作成

で見るのかで、国際比較の結果が異なってしまう。ここにモデルケースにもとづく現行の国際比較の限界がある。

現行調査の課題

紹介したOECD調査や総務省調査などは、携帯電話会社から料金表を入手し、それにもとづいて想定される利用モデルケースにおける料金を為替レート換算して各国・各都市を比較したものである。この利用モデルケースが現実の利用実態を反映しているかどうかは不明であり、その点を明

106　総務省（2020b）。

107　東京に加えて、ニューヨーク、ロンドン、パリ、デュッセルドルフ、ソウルの6都市。

108　日本の利用の実態をもとにしたモデル（通話は月65分、メールは利用月108通、データ通信量は月2GB／月5GB／月20GB）で比較している。

図表4－3　携帯電話通信料の国際比較（5GB）「総務省・ICT総研調査」

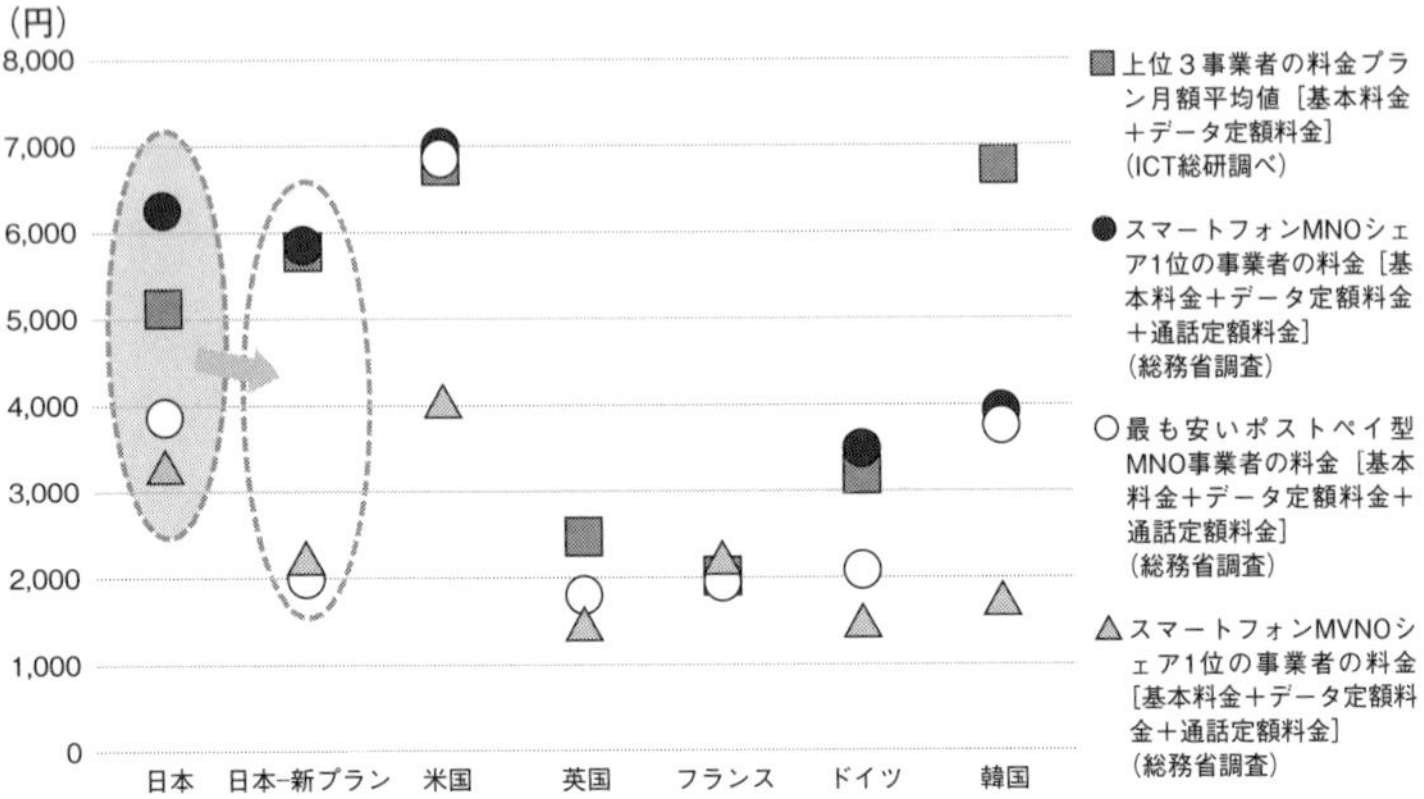

注：データ容量5GB/月について表示（2021年2月24日時点）。日本の2020年末以降の新料金は各社発表資料より作成。MVNO新プランは5GBの設定がないため、8GBの料金を使用。海外の上位3事業者の料金プラン月額平均値はICT総研（2020）より作成。他は総務省（2020b）より作成。なおICT総研のデータは国別であるが、総務省調査は各国の主要都市のデータにもとづく

出典：ICT総研（2020）、総務省（2020b）、モバイル通信各社のホームページをもとに作成

らかにしようとすれば、需要側のデータを入手する必要がある。

利用形態の異なるユーザーがどのプランを選択したのか、プランの選択前後で利用形態がどのように変化したのかなどの需要側のデータが明らかになれば、OECD調査で前提となる特定プランが代表的なのか、そして総務省調査で仮定される最安プランが実際にどれだけ選択されているのかを検証できる。

さらに、OECD調査と総務省調査の双方ともに通信品質は国内外で同一と暗黙裡に仮定しているが、ICT総研（2020）によると、日本の通信品質は海外でもトップクラスとされる。利用者が通信品質を評価しているのであれば、品質調整済みの価格指数を用いて国際比較をするのが適切だろう。通信品質の適切な指標を用いることができれば、日本の品質調整済みの通信料金は、国際比較で料金が高いプランでも国

際平均に近づくだろう。

なお、日本における携帯電話料金の議論では、国民の8割以上[109]が保有しているMNOに焦点があたっている。他方で、携帯電話料金を考えるうえでは、MNOから通信回線を借りて安価な料金サービスを提供する仮想移動体通信事業者（Mobile Virtual Network Operator：MVNO）の役割も重要である。

この点に関連して、図表4－2および図表4－3にシェア1位のMVNO事業者の通信料金も示している。日本のMVNOの価格は、新プラン前では米国（ニューヨーク）についで高く、6カ国平均で見ても高止まりしているといえる。競争政策の観点からは、MVNOの競争活性化を通じて、MNOの価格引き下げの圧力とする政策の方向性も十分に検討に値するだろう。日本における携帯電話市場の一つの理想の姿として、高い通信品質を求める消費者はMNOを選択し、価格を重視する消費者はMVNOを選択するといった、品質に応じた市場の住み分けを考えてもよい。

このように、日本の「携帯料金は4割下げられる」ことの明確な根拠は必ずしも明らかではなく、また、携帯料金を引き下げるための政策手法についても議論の余地がありそうだが、2018年8月を契機に、携帯電話の通信料金値下げに向けた議論が精力的に行われた[110]。2020年9月に菅義偉政権が誕生すると、携帯電話料金の引き下げを政権公約として、同年10月に「アクション・プラン」

109　MNOの契約数は全体の86・6％（2020年6月末）。https://www.soumu.go.jp/main_content/000707579.pdf を参照。

（総務省、2020f）を総務省が発表するなど、MNO大手3社を中心にさらなる料金値下げを迫った。

これを受けてMNO3社は2020年10月から次々と新料金プランを発表し、それに続いてMVNO（例えばmineoやIIJ）も新プランを発表している。今後も新プランの発表は続くと思われるが、2021年2月24日時点の新料金プランを5GBと20GBについて、図表4－2および図表4－3にまとめている（「日本－新プラン」）。

これらの図表によると、新料金プランの価格低下は20GBで顕著であることが分かる。図表4－2では4つの指標すべてで、日本の新料金プランは軒並み50％以上の料金値下げとなっており、シェア1位のMNO・MVNO事業者の料金は、最も安い水準となっている。

こうした低廉な料金水準を一時的なものとしないためにも、2018年8月以降に議論し、「アクション・プラン」に整理された競争促進に関わる論点の実効性をしっかり検証する必要がある。「アクション・プラン」に盛り込まれた論点は多岐にわたるが、その一つが端末と通信サービスとのバンドリングの解消であり、「スイッチングコスト」の低下を通じた市場の流動化であった。本章では、これらの政策的な論点について、産業組織論の観点から論じることにする。

2―問題とされた端末と通信サービスのバンドリング

私たちが携帯電話を使うためには、通信サービスとともに、端末が必須である。スマートフォンの登場以降、機能の高度化と相まって、端末代金が高騰したことから、端末と通信サービスの販売をセット（バンドリング）にして、携帯代金を割引提供することが販売代理店で常態化した。

典型的には、複数年の通信契約と抱き合わせることで高額な端末を「実質ゼロ円」にし、その後の通信料金を高めに設定することで、コスト割れする端末代金にかかる費用を回収していた。このビジネスモデルは、通信料金に端末代金の相当額を上乗せする点で、日本における通信料金高止まりの有力な理由の一つと考えられた。[111]

ここで論点となるのは、端末と通信サービスがバンドリングされることによって、利用者の負担する「コスト」がどうなるのかという点である。

先に述べたとおり、携帯料金の値下げを巡る政策論議では通信料金に焦点があたっていたが、利用者は通信料金のみならず、端末代金も併せて負担する。消費者の当初費用を引き下げ、代わりに契約期間中の通信料金を引き上げることで、事業者が初期赤字を補填するのであれば、アンバンドル化

110　具体的には、総務省に「モバイル市場の競争環境に関する研究会」が設置された。「ICTサービス安心・安全研究会　消費者保護ルールの検証に関するWG」と共同で、「モバイルサービス等の適正化に向けた緊急提言」（2019年1月17日）を公表したのを皮切りに、中間報告書（同年3月14日）、最終報告書（同年12月25日）が相次いで発出され、携帯料金低減に向けての法改正へとつながった。

111　端末と通信サービスのバンドリングについては、利用者間の公平性に対する課題も指摘されていた。同じデータ通信容量プランであるにもかかわらず、通信料金の実質的な割引が、販売促進活動に重点が置かれた端末の利用者に限定され、利用者間で不公平感を生み出したとの指摘があった。

（端末代金と通信料金の完全分離）によって通信料金は適正化されるかもしれない。

一方、端末代金は「実質ゼロ円」というコスト割れの価格からは引き上げられることになるだろう。そこで端末と通信サービスをアンバンドルすることで、消費者がトータルとしてメリットを受けるのかどうかは、アンバンドルが市場の流動性をどれだけ高めるのかにかかっている。

またバンドリングの効果は、価格だけにとどまらない。例えばフィンランドでは、3G携帯端末と2年間の通信契約のバンドリングを1997年に禁止し、独立系の携帯端末販売事業者にメリットを与えることで、価格の透明性を確保しようとした。

しかし、このアンバンドル化によって、独立系が販売する端末の既存通信事業者へのネットワーク接続の品質が悪化する事態が頻発し、利用者の不満が逆に高まったという。結果として、バンドリングが2005年に復活することになった（Hazlett et. al, 2018）。このフィンランドの事例は、アンバンドル化を行うときには、品質確保についても政策的な目配りが必要な点を示唆している。

前述のとおり、バンドリングが端末代金と通信料金の総和の低廉化[112]につながるかどうかは、市場の流動性がどの程度高まるかに依存する。次節では、この流動性を決めるスイッチングコストについて論じたい。

3―スイッチングコストと市場競争

自由化された市場において、競争は、消費者が自由意思にもとづいた選択を行えるような環境を整えることによって成立する。選択したいサービスが何らかの理由で自由に選べないとき、そこには「スイッチングコスト」が存在する。スイッチングコストが存在するのには、いくつかの理由がある。

第一に、スイッチすることに取引費用がかかる場合である。通信プランを変えるには、ショップに行くだけではなく、そこでの待ち時間、手続きにかかる労力など新たな取引費用がかかる。また機種変更時のデータ移行にかかる手間も、取引費用に相当するだろう。

二つ目の理由は、スイッチすることが新たな「学習」を伴う場合である。携帯電話の機種を変えると、以前の機種では普通に使っていた機能を新たに覚え直したり、移行できないデータを入力し直したりする必要があるなど、改めて「学習」することに時間や労力を費やさざるを得ない。この「学習」の手間は、先の取引費用にも含まれる概念である。

第三として、スイッチングコストを高めるような経営戦略の存在である。同じキャリアを継続的に契約してもらうために、リベートや特典を顧客に与える行為がそれに相当する。こうした3つのスイッチングコストの存在により、顧客は特定のキャリアやプランに囲い込まれることになり、利用者の選択を通じた競争が機能しづらくなる。

人為的なスイッチングコストをできる限り減らし、利用者が異なる携帯機種、異なる通信プラン、

112　フィンランドの例を踏まえると、価格の比較は通信品質を加味した品質調整済み価格とすべきだろう。しかし、本章第1節でも触れたように、通信品質に対する適切な指標がないので、ここでは通信品質を捨象して価格比較の議論を進める。

異なるキャリアになるべくスムーズにスイッチできる環境を整えることが、市場競争の活性化に資することになる。[113]

スイッチングコストを考えるうえで、まず分かりやすいのは、手数料の存在である。モバイル市場において、事業者を乗り換えるときに発生する手数料には、概ね以下の①〜③がある。

①解約手数料：既存事業者との契約を解除するときに発生する手数料である。拘束期間中に解約する場合の違約金[114]もここに含まれる。次に、乗り換える先の事業者とでは、②新規契約手数料が発生する。最後に、③ＭＮＰにおける転出手数料があり、ＭＮＰ予約番号を発行するときに発生する。

ＭＮＰは、スイッチングコストを低下させるための目玉の政策として、２００６年10月に実施されたものである。従来、異なる事業者への乗り換えによって変更せざるを得なかった携帯電話番号を、ＭＮＰによって一定の手数料を支払うことで持ち出せるようになったのである。

日本でのＭＮＰの実態

北野ら（2010）は、ＭＮＰの導入当初にアンケート調査を行い、利用者の携帯電話会社・通信プランの変更情報とＭＮＰの利用有無のデータを用いて、携帯電話会社を変更しない利用者にスイッチングコストを乗り越えて変更を促すためには、どれだけの金銭的な誘因が必要なのか、そしてＭＮＰによってスイッチングコストがどれだけ低下したかを、離散選択モデルに依拠する構造推定を使って分析した。[115]

それによると、ＭＮＰが存在しない場合のスイッチングコストの値は、利用者の属性に応じて異なるものの、平均で２２００円程度であり、ＭＮＰによってこのコストが約20％低下したとの結論を得ている。ＭＮＰの導入によって携帯電話会社の変更確率は約３・０％上昇し、消費者余剰（利用者がＭＮＰ導入によって得るメリット）は月30円ほどに相当する。

この数字は、ＭＮＰ導入当初の、ＭＮＰに対する認知が高まり始めた頃の数字であり、現状と比較しても効果が小さく推定されている可能性がある点に留意が必要だろう。[116]

113　なお、理論的には、スイッチングコストの低下が価格に与える影響は、新規顧客と既存顧客との割合や、どれだけの消費者がスイッチを望むかなど、いくつかの条件に依存する。例えば、新規顧客のシェアが小さく、価格弾力性の低い既存顧客の割合が高いキャリアにおいては、スイッチングコストを下げることで新規顧客を獲得し、価格を低下させるよりも、新規顧客の獲得は切り捨てて、既存顧客だけに特化し、結果として価格が上昇するようなことも理論的な可能性としてあり得る（Viard, 2007:149-50）。

114　違約金の上限は２０１９年10月１日から１０００円となっている。

115　消費者zはプランＡかプランＢの二つのうち、いずれかのプランしか消費できないものとする。このとき、プランＡを選択している消費者zにとって、プランＡからプランＢへのスイッチングコストとは、以下の二つの定義があり得る。消費者zがプランＢをより好んでいる場合には、①プランＢを選択せずにプランＡを選択し続けるために、消費者zが受け取るべき最少金額。また、消費者zがプランＡをより好んでいる場合には、②プランＢを選択させるために、プランＡを消費する消費者zが受け取るべき最少金額。いずれの場合も、プランＡを選択している消費者zが、仮にプランＢを選択した場合に達成される効用はどれだけかを知る必要がある点で、仮想的（counterfactual）な状況を推定・計算する必要がある。北野ら（2010）では、この仮想的な状況からＭＮＰがもたらしたスイッチングコストの低下幅を推定している。同様の手法は、Shum（2004）も参考。

なおViard（2007）は、無料電話のポータビリティが導入されたことによるスイッチングコストの低下が価格にどの程度の影響を与えたかを分析し、米国において少なからず（最大で5％程度）価格を引き下げる効果があったことを報告している。

日本でのMNP転出手数料は、自らの携帯電話番号を新たな機種に移行できる権利に対する支払いとして整理され、支払い主体はMNP利用者とされた（したがって、利用者負担料金と呼ばれた）。しかし、MNPが使われることで、モバイル市場の流動性が高まり、市場競争が活性化することを思えば、MNPの受益者は、MNP利用者だけではなく、携帯電話利用者全体であり、さらには、携帯電話の加入を考えている潜在的な利用者を含む国民全体といってもよい。

潜在的な利用者もMNPの恩恵を受けることを考えれば、MNPにかかる手数料の負担をMNP利用者に課してきた日本の制度は、一般的にMNPの転出手数料が無料である海外[117]と比較しても特異である。通信料金のより安価なMVNOに転出して市場が流動化しているなかで、MNP転出手数料による収入（年間約159億円[118]）がMNOに入る姿も健全とは言い難い。

他にも、日本では移転元事業者からMNP予約番号の発行を受け、その番号を持って移転先事業者に転入を申し込むツーストップ[119]を採用しているが、移転元事業者の顧客引き止めを可能とするなど、市場の流動化に反する競争阻害行為を容認してきている。

新規契約数も頭打ちとなるなか、移動体通信市場の競争活性化を促進するためには、既存契約者の事業者乗り換えを促す必要がある。そのためには、先の①～③にある事業者変更に伴う手数料をはじめとするスイッチングコストの低下が不可欠となる。

なお「アクション・プラン」によると、２０２１年度よりＭＮＰ転出手数料の原則無料化やオンライン手続きの24時間化などを行うこととされ、早くも事業者は対応を始めている。こうした流動化を促すための市場環境整備が、料金値下げをしっかり根づかせるための王道といえるだろう。

次に、バンドリングがスイッチングコストにどれだけの影響を及ぼし得るかを、理論的な観点から考えてみたい。

バンドリングがスイッチングコストに与える影響

バンドリングがスイッチングコストに与える影響を考えるときに、バンドリングが持つ機能を二つに分けて考えることが有用だ。

機能の一つは、消費者の選別（スクリーニング）である。バンドルを希望する消費者と希望しない

116　なお、競争政策の経済効果を定量分析した総務省（2010）によると、２００６年から２００９年12月までの携帯電話市場における競争政策の直接効果の過半をＭＮＰが占めており、その消費者余剰の貢献分は3年間で約３９０億円に上るとされている。

117　総務省（2020e:110）での国際比較では4カ国が取り上げられており、米国・英国・フランスでは無料、韓国では70円とされている。

118　総務省（2020e:129）。

119　総務省（2020e:110）で取り上げられている4カ国では、移転先事業者のみでＭＮＰ手続きが貫徹するワンストップか（米国・フランス・韓国）、ツーストップでも顧客引き止め行為を許さないか（英国）のいずれかである。

消費者をうまく切り分けて、それぞれの顧客層に対して希望するバンドル／非バンドル商品を提供できれば、それは価格差別化と同様の機能を果たすことになる。[120]

この場合、消費者は自らが希望する財・サービスをバンドルの形で提供されているにすぎないので、スイッチングコストを高めているとは言い難い（Adams and Yellen, 1976）。

他方で、バンドリングが消費者をスクリーニングしているのではなく、消費者を囲い込んで他の選択肢を与えないようにしている場合には、スイッチングコストを高めている可能性がある。

特に大手キャリアにおいて、携帯端末と通信サービスが別々に販売されることがほぼなく、常に端末補助によるセット販売がされている場合（純粋バンドリングという）[121]、それによって消費者が囲い込まれる懸念が大きい。結果として、通信サービスと端末販売のそれぞれの市場において成熟した競争が行われず、通信サービス・端末専業の企業が、市場から排除されてしまう（Choi and Stefanadis, 2001; Nalebuff, 2004; Whinston, 1990）。

こうしたスイッチングコストを高める戦略は、囲い込んだ消費者に対して高い通信料金を課して余剰を搾取することが可能となるので、競争政策上も問題と見なせそうだが、バンドリングが社会厚生に与える影響はやや複雑である。なぜならば、囲い込みが必ずしも消費者の厚生を下げるとは限らないからである。

バンドリングが社会厚生に与える影響

バンドリングは社会厚生にも影響を与える。しかし、その影響の与え方は、前述のスイッチングコストの多寡と必ずしも対応しない点で複雑である。

まず、バンドリングが社会厚生に与える影響は、消費者がどの程度バンドリングの囲い込みを予測しているかに依存する。囲い込まれることによって、例えば、通信料金が引き上げられることを消費者が予見している場合には、そのデメリットを見越して、企業が事前に割引や特典の形で十分な補塡を提供しなければ、消費者は囲い込みには応じないと考えられる。

こうした経済合理的な消費者によって社会が構成されているときには、バンドリングが消費者余剰に与える悪影響は大きくない（Farrell and Shapiro, 1988）。

他方で、消費者がそこまで先を見通せず、目先の損得しか考えないのであれば、囲い込まれることによる市場支配力行使の悪影響を消費者が被ることになり、バンドリングによって消費者余剰は低下することになる。

また、バンドリングされることで、消費者は端末と通信サービスをまとめてワンストップ[122]で購入できることに利便性を見出す可能性もある（Stigler, 1968; Armstrong and Vickers, 2010）。消費者の財・

120　第二種価格差別と呼ぶ。
121　バンドリングされた財・サービスのみを販売する形態を純粋バンドリング（pure bundling）、バンドリングされていた異なる複数の財・サービスを、個別でも販売することを混合バンドリング（mixed bundling）と呼ぶ。モバイル市場は混合バンドリングの世界だが、個別に販売される財・サービスが事実上の選択肢にならないような不利な価格づけとなっていることから、実態上は純粋バンドリングと見なせる。

サービスを探索するコストが高い場合には、ワンストップでの購買を可能にするバンドリングは取引の効率性を高める意義があるからだ。

ただし、モバイル市場に関しては、インターネットでの購買も可能となるなか、ワンストップでの効率性の向上効果が大きいとは言い難い。そこで、バンドリングが競争政策において問題視されるのは、スイッチングコストが高まり、バンドリングによって消費者余剰が低下する場合と考えられるだろう。

こうした理論的な可能性を実証的に裏打ちした実証研究は、現在までのところ多くない。通信分野に限ると、Pereira et. al（2013）や Prince and Greenstein（2014）が、通信サービス・インターネット接続・テレビの有料配信の三つのサービスをバンドル化した「トリプル・プレイ」について定量分析を行っているが、ともに消費者の会社間選択の流動性を分析したものにとどまっており、スイッチングコストや消費者余剰への影響を捉えるまでの分析にはなっていない。

有料ケーブルテレビチャンネルのバンドリングを分析した Crawford and Yurukoglu（2012）は、バンドリングによる消費者余剰の増加を見出したが、スイッチングコストへの含意は未解明だ。今後、さらに定量的な分析の蓄積が求められる分野である。

4―その他の課題

日本のモバイル市場においては、端末と通信サービスのバンドリングに加えて、様々な問題が指摘されてきた。以下では主だった論点のなかでも、産業組織論として扱うのに適当な三つを取り上げて簡単に解説する。

バンドリングによる適正対価のシグナル欠如

先に述べたように、バンドリングされることによって、アンバンドルされた端末のみの市場、通信サービスのみの市場が発達せず、端末・通信サービス各々の適正価格が市場で形成されてこなかった。そのために、手ごろな端末代金、妥当な通信料金とはいくらなのかという市場価格の感覚が消費者に形成されない状況が、日本では長く続いてきた。[123] これは、次の二つの点で問題を生じさせている。

第一に、行動経済学的な消費者行動を適正化するメカニズムの欠如である。そもそも多くの消費者は、将来発生するコストを過少視し、現在の便益を過大視する傾向があることが知られている（専門的な用語で「双曲的割引率[124]」を持つことに由来する）。

端末価格が通信料金に将来上乗せされることが分かっていても、短視眼的な利益を追求してしまう

122　ここでのワンストップとは、端末と通信サービスを一度に契約できるという一般的な用語で用いており、ＭＮＰで登場したワンストップとは異なる意味である。

123　事業者があえて適正価格を分からないように表示する行為を、obfuscation（曖昧化。Ellison and Ellison, 2018）や foggy pricing（不透明価格づけ。Miravete, 2007）という。

124　割引率が近い将来では高く、遠い将来では低い双曲線の形状を持つことから命名された用語である。

消費者は、端末価格の「実質ゼロ円」という言葉に惹かれて購買に走りやすい。端末の適正価格が不明であれば、こうした行動経済学的な行動が引き起こされる懸念はさらに高まる。

第二に、適正な通信サービス料金が不明であることから、バンドリングで課せられる端末料金の適正性の判断ができず、消費者が通信料金への上乗せで負担する実質的な端末価格が独占的な価格になりやすい点がある。また、先の第一の点から、「実質ゼロ円」に惹かれて囲い込まれてしまった消費者にとっては、通信料金が独占価格であっても、次項で述べる高い違約金が課せられる拘束期間のなかにあっては、もはや手の打ちようがないことになる。

大手キャリアによるバンドリングが一般的な日本では、端末メーカー（市場シェアの5割以上はApple Japan）[125]が製造した端末をMNOが買い取り、それを販売代理店が利用者に販売する形が取られている。このバンドリングのおかげで、端末メーカーは自ら販売に対してリソースを割く必要がないばかりか、端末市場が存在しないので、実質的な競争にもさらされずに、端末をほぼ正規価格で販売できる。

このように考えると、バンドリングはMNOと端末メーカー双方にとってWIN－WINの戦略といえるだろう。端末価格や通信サービス価格の適切なシグナルを欠いていることから、直接的な不利益を被るのは通信サービスのみを販売するMVNOや端末専業メーカーである。こうした専業事業者の参入の欠如は、市場競争を阻害し、消費者の不利益につながりやすい点も認識されるべきだろう。

通信サービスプランによる囲い込み

ここまで、モバイル市場を純粋バンドリングとして議論してきたが、実際には混合バンドリングであり、端末・通信サービスそれぞれを別個に購入することが可能である。しかし問題は、別個で購入する選択肢が与えられているものの、その選択肢は明らかに料金が高めに設定されており[126]、事実上、選択肢となっていないという点である。そこで現状は、これまで論じてきたように、実質的な純粋バンドリングと見なせるだろう。

初期の低廉な端末費用を回収するために、通信サービスの契約期間は一定期間の拘束がかかっており、中途解約には違約金が課せられている。

さらに、本章の第1節でも指摘したように、通信料金の適正性を消費者が判断することが困難であることから、端末価格を「実質ゼロ円」とすることと同様の方法で、既存契約者に対しても更新に際して同じプランに加入すれば割引されたり、中古端末を高額で下取りしたりするなどして、他の通信会社への乗り換えを実質的に困難にする行為が指摘されている[127]。消費者には現状維持バイアスが働きやすいことにより、囲い込まれがちな状況が生み出されている点も留意すべきであろう[128]。

125　公正取引委員会 競争政策研究センター（2016:6）。
126　注123で触れた obfuscation や foggy pricing の結果である。
127　公正取引委員会（2018: 7）。

こうしたバンドリングの強化が、MVNOの参入を難しくし、通信料金の適正対価の指標を失わせた結果、バンドリングによる囲い込みをさらに強固なものにするという悪循環に陥っているように競争政策の観点からは見受けられる。

中古端末の国内流通の欠如

中古端末は新規端末よりも低廉であることが一般的であるために、中古端末が国内に流通すると新規端末の価格引き下げ圧力になる。加えて、中古端末市場の活性化は、通信契約とは別に端末を購入することが多いMVNOユーザーにとってメリットが大きく、MVNOの新規参入にも資する側面がある。[129]

そこでMNOによる中古端末の高額下取りは、中古端末を取り扱う事業者の採算性を低下させ、中古端末市場の形成を阻害することになる。また、新規端末にSIMロックをかけることで、MNO以外の通信サービスを利用できないようにすることも、MVNOの格安SIMの販売先を絞り、端末のみの市場が形成されることを妨げている。

総務省は、2019年10月に通信料金と端末代金の完全分離や、いきすぎた期間拘束を求める各料金プランの廃止などを盛り込んだ法改正を行い、また、総務省（2020d）にもとづいて通信プランによる消費者の囲い込みを禁止し、市場の活性化を目指す取り組みを進めている。他にも、消費者のキャリア間のスイッチングを促進するために、SIMロックの解除を進めるなど、競争促進策を推し進めている。

これらの取り組みは、「バンドル化の禁止」（アンバンドル化の促進）という観点で見ると、同じ方向を向いた規律であることが分かる。契約期間をバンドルして高額な違約金で拘束したり、旧端末の下取りと新端末の加入をセットにすることで残債を免除したりといった、バンドル化を禁止・制限しようとしているわけである。

こうした政策が、消費者のキャリア選択や端末・通信サービスの選択にどのような影響を与え、スイッチングコストの低下にどれだけ寄与するのかを定量的に評価することが求められる。そのためには、モバイル市場における需要側データの収集が不可欠である。

総務省が利用者に対してアンケート調査を行い、そこから現行制度に対する満足度の測定や不満をすくい上げる調査を毎年定点的に行っているが、利用者の行動データ（どのキャリアのどのプランをどれだけ使っているか、いつどのようなプラン変更をしたかなど）が不足しているのが現状である。従来のアンケート調査のような主観的なデータに、行動データの分析を加えることで、政策立案の精度が大きく向上することは間違いない。

128　消費者の認知バイアスについては第9章でも触れる。なお、消費者がスイッチをしたとしても、スイッチした先がその消費者にとって最適なプランなのかどうかは重要な実証上の論点である。
129　公正取引委員会（2016a:17）。

5―まとめ――バンドリングがもたらす競争効果をいかに識別するか

本章では、携帯電話市場の活性化にはＭＶＮＯの活性化が王道ではないかとの問題提起を第1節でしつつ、そうした論点をまずは脇に置いて、現在の政策課題に対して産業組織論の観点から考察を加えた。

まず、バンドリングは囲い込みのための一つの手段に理論的にはなることを、本章では議論した。一方で、バンドリングは、例えば、探索費用を低減させるような形での競争促進効果も持ち得る。バンドリングは、一概に競争政策上問題がある行為とはいえず、バンドリングがもたらす競争促進効果と競争阻害効果を丁寧に比較考量する姿勢が求められる。日本のモバイル市場においても、バンドリングがもたらす経済効果に対して、理論的な基礎を踏まえつつ、予断を持たずに定量的に明らかにする必要があるだろう。

なお、バンドリングの影響は、２０１９年10月の改正電気通信事業法による端末と通信プランとの分離販売前後の価格を比較するだけでは明らかにされない。なぜならば、２０１９年10月には消費税が10％に増税されていることもあり、法改正前後の価格変化が必ずしもバンドリングの効果のみを表しているわけではないからである。

バンドリングの効果を定量的に明らかにするためには、構造推定手法が有効だ。つまり、バンドリングが端末市場と通信サービス市場の双方に与えるメカニズムをモデル化したうえで、推定された根源的なパラメータ（消費者行動と企業行動を規定するパラメータ）の下で、アンバンドルした場合の仮想現実（counterfactual）をシミュレーションによって求める方法が考えられるだろう。

この構造推定手法によって、モバイル市場のバンドリングを分析するためには、通信プランごとの契約数に関するデータが必要となる。こうしたデータが入手できれば、プランごとの需要の価格弾力性を推定し、モバイル市場の流動性を高めるために、需要側に対する政策（情報提供を充実させるなどによって価格弾力性を高める政策）と供給側に対する政策（MNPやSIMロックの解除などをさらに深掘りする政策）の、いずれがどれだけ望ましいのかなどといった定量的な議論が可能になる。

従来、一体と考えられていた財・サービスがアンバンドル化され、新たな市場・産業が創出されている。[130]

ちなみに、公取委で最初にバンドリングの競争制限効果の可能性について指摘をしたのは、2016年12月に競争政策研究センターから出された「バンドル・ディスカウントに関する独占禁止法上の論点」であった。このレポートでは、2016年4月の電力自由化をきっかけにして、日本において新たな市場が広がり始めたというくだりが冒頭に記されている。次章では、電力のシステム改革について取り上げたい。

130　この点については、第9章でも論じる。

第5章　電力市場における競争政策
――システム改革の評価※

電気やガス、石油などのエネルギーインフラなくして、今や私たちの生活や経済活動は機能し得ない。なかでも電力は、国民生活や事業活動に不可欠な基盤である。ウェブ会議や遠隔授業、オンライン診療など対面活動のデジタル化が拡大するなかで、通信インフラと並んで、電力の安定供給や手ごろな価格に対するニーズは高まっている。社会の電化が浸透するなかで、日本の生産性を高めるためには、電力市場が健全かつ効率的に機能することが求められている。

電力会社の送配電部門を別会社にする発送電分離が2020年4月に実現し、2011年の東日本大震災後から段階的に進められてきた電力システム改革が、一つの区切りを迎えた。この改革によって、地域における安定供給を義務づけながら、代わりに総括原価方式にもとづく規制料金をエリア需要家に独占的に課すことを許す旧来の電力供給システムは、終焉した。

規制料金は万が一、自由化による不利益を消費者が被った場合の安全装置として、当面の間残されることにはなったが、小売市場は完全に自由化され、新たな料金メニューを提示して顧客の獲得競争を行うのを阻んでいた障害が取り除かれたといえる。つまり、小売市場を取り巻く環境は、規制政策から競争政策へと舵が切られたのである。

福島第一原子力発電所の事故を受けて、それまで3割近くの電力供給を占めていた原子力発電がストップするなかで、自由化の下、供給不足による電力価格の高騰を避けるためには、新たな事業者の電力市場への参入を促して、競争を活性化する必要があった。

そして、新たな事業者を市場に参画させるためには、これまで、川上（発電部門）から流通（送電・配電部門）、川下（小売部門）まで、垂直一貫で供給されてきた電力システムをアンバンドリングして、参入を容易にする競争環境を整備することが急務となった。

具体的には、これまで自社内の川上と川下をつなぐことを主な役割としていた電力流通を中立化することで、新規企業も大手電力会社と同じく公平かつ合理的な条件で電力送配電網に接続できるようにすることが目指された。

需要家が大手電力会社と同等に、新規企業を選択できる環境ができれば、これら電力事業者の間でさらなる競争が促されるようになる。この点で、中立的な流通を目指す発送電分離は、公平・公正な競争環境を確保するための前提条件と考えられた。他方で、産業組織論では垂直一貫にメリットがある点も指摘されている。

本章では、発送電分離が電力の市場競争に与える影響を産業組織論の立場から論じ、電力市場の活

※　本章は大橋（2016a, 2020a）を全面的に改稿した。

性化につなげるための論点を考えてみたい。[131] 本章の構成は以下のとおりである。第1節では、電力システム改革の背景を説明する。第2節では、電力の財としての特性を指摘し、第3節にて、電力システム改革の最終段階である発送電分離の経済学的な効果について論じる。発送電分離に相当する「垂直分離」は、電力システム改革が狙う前述のメリットが存在する一方で、投資誘因やシステム協調の観点ではデメリットもあり得るため、丁寧なシステム・デザインが求められる点を強調する。第4節では、需要家の選択肢の拡大が競争的市場につながるのか否かについて定量的な観点から論じる。第5節では、発送電分離の功罪を整理し、残された論点に触れる。

1―電力システム改革の背景

日本で初めて電力を供給したのは1883年、現在の東京電力の前身である東京電灯である。電力産業の黎明期において、送配電と発電はそれぞれ強い規模の経済性を有していた。送配電については、二つの点で規模の経済性がある。

一つは費用面である。鉄塔を立てるための土地収用を含めて固定費用の比重がきわめて大きく、自然独占の性格を持っている。二つ目は機能面であり、送配電網の規模に広がりがあるほど、一台の発電機の故障などといった外生的なショックに対する頑強性が増すことから、規模に対して経済性を持つ。

電気を送ることで生じる損失（送電ロス）が無視し得ない状況では、発電と販売は同じ地域で行われることが経済効率のうえでも望ましい。そこで、日本では自国をいくつかのエリアに区切り、各エリアにて電力供給の地域独占を認めてきた。ただし、独占の弊害が起こらないように、料金などを行政が規制することで消費者に過度の不利益が生じない仕組みとした。

料金は、供給にかかる費用に一定の収益率を乗せた金額とした（総括原価方式）。また価格を下げる場合には、供給原価の査定[132]をあえて行わないことで、費用削減分のメリットを事業者が得られる仕組みとし、電気事業者に自発的な費用削減の誘因を与えることにした。

電力産業が誕生して１００年以上が経過する間に、電力事業の技術革新も進んだ。送配電ではいまだに規模の経済性が薄れていないものの、発電における規模の経済性は、高効率ガスタービンの登場によってほぼなくなったといわれる。

１９９０年代に入って電力価格の「内外価格差」（国内価格が海外価格に比して高いこと）が問題になると、欧米で先行していた電力自由化が日本でも話題に上るようになり、１９９５年から4回にわたって制度改革が行われた。発電部門への競争原理の導入や小売部門の段階的な自由化などの制度改革によって、２０１０年までに日本の電力料金は2割ほど低下した（図表５－１）。しかし、家庭向けの市場は規制されたままであり、震災前までの制度改革は不完全なものにとどまっていたといえ

131　なお、本章で取り上げるテーマは、数ある電力システム改革の制度変更の一部にすぎない。電力システム改革における最近の展望については、例えば、エネルギー・資源学会（2019）を参照。
132　価格の引き下げが実際の費用削減額に比して十分なものかどうかの判断をすること。

図表５－１　小売電気料金の推移

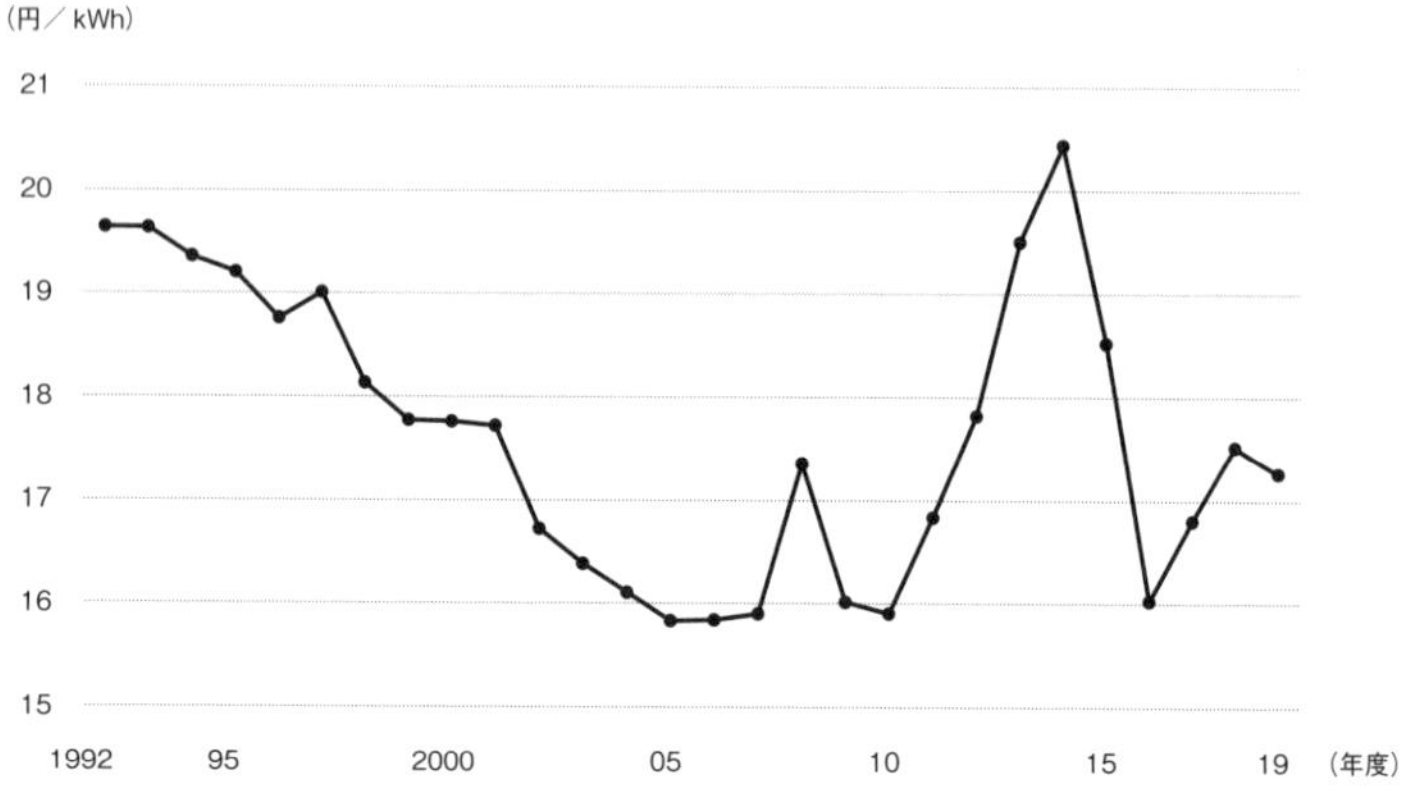

注：2016年度以前は旧一般電気事業者10社を対象。2016年度以降は全電気事業者を対象。
電灯料金は、主に一般家庭部門における電気料金の平均単価で、電力料金は、各時点における自由化対象需要分を含み、主に工場、オフィスなどに対する電気料金の平均単価。平均単価は、電灯料金収入、電力料金収入をそれぞれ電灯、電力の販売電力量（kWh）で除したもの。再生可能エネルギー賦課金は含まない。2019年度は2019年４月から2020年１月までの10カ月実績

出典：資源エネルギー庁（2019）、電力ガス取引監視等委員会（2019b）より作成

る。

震災後に始まった電力システム改革は、こうした制度改革の流れをくんだものだが、他方で、２０１１年３月11日に発生した東日本大震災とそれに伴う原子力発電所の事故への強い反省が背景にある。具体的には、震災で人的・物理的なダメージが比較的少なかった首都圏で、大規模な計画停電が約２週間にわたって行われたことの影響が大きかった。

この計画停電は主に以下の三つの論点を提起し、２０２０年４月までに至る電力システム改革へとつながった。①連系線を通じた広域融通が不完全にとどまり、計画停電が解消しなかった、②一般家庭で、大手電力会社以外から電気を購入したいとの意識が高まった、③首都圏の電力需要は大規模電源からの供給に依存していた点が明らかになり、分散型電源の導入拡大が求められた。

これらの論点は、その後の電力システム改革の方向性を強く決定づけることになる。具体的に①～③の論点に対応して、電力システム改革の三つのステージが設定された。

①は広域系統運用の拡大[133]、そして、②は小売全面自由化へとつながった。③は再生可能エネルギーの普及を促進するための固定価格買取（ＦＩＴ）制度[134]の導入とともに、再生エネの接続を公平に行うために、送配電部門の中立性を一層確保し、第三段階における法的分離を求めることになった。

ここで強調したいのは、震災前に電力供給量のほぼ30％近くを占めていた原子力発電所の稼働が止まり、震災後の少なくとも2年間は、夏や冬のピーク時に節電要請をしなければならないほど深刻な供給力不足だったにもかかわらず、自由化が断行された点である。

欧米での電力自由化は、供給力過剰のなかで施行され、発電設備の稼働率が上がることで価格の低廉化が期待された。反対に日本では、供給力不足で自由化すれば価格が上昇する局面であったが、小売部門における市場競争の導入と発電設備の稼働率の上昇によって、価格の上昇は抑えられるとの強い期待の下に、電力システム改革が進められた。

なお、この政策当局側の期待について、何かしらの実証的な裏づけがあったかと問われれば、その点ははなはだ心許ないといわざるを得ない。この点は、電力システム改革が経済学のロジックだけに

133　エリアをつなぐ連系線の容量拡大と運用の柔軟化が、２０１５年に設立された電力広域的運営推進機関によって進められた。
134　ＦＩＴ制度については補論で説明する。

もとづいて断行されたわけではないことを示しているように思われる。

2―電力の財としての特性

電力は公益性を強く帯びているため、多くの欧米諸国では国が事業を経営していた。他方で日本では、戦時中を例外として、民間経営にて行われてきた点にその特徴がある。現実には、電力の持つ公益性の高さから、料金水準や参入・退出といった経営に関わる多くの変数に行政からの規制が課せられてきた。

例えば、総括原価方式では、投下した資本の収益率が一定額を超えないように料金が規制されていた。この規制には、資本を増やすほど資本の収益率が悪くなって規制水準を満たしやすくなることから、企業は資本の過剰投資を行う誘因がある（Averch-Johnson 効果）。このように政府の規制は、被規制者の行動を歪めることも多い。

さらに、規制は被規制者のみならず、規制者自身の行動も歪めることがある。規制には被規制者の情報が必要であるが、そうした情報のなかには、被規制者しか知ることができないものも多く、結果として規制者は被規制者の提供する情報に依存して規制を行わざるを得ない、という現象（規制の罠）がその典型である。

需給調整のリアルタイム性

電力は、需給を瞬時に調整して一致させないと、最悪の場合には停電を引き起こしてしまう。そこで、安定的に電力を供給するために、需給調整は欠かせない機能である。もちろん、一般の財・サービスの市場でも需給を調整させる必要があるが、電力は他の財・サービスには見られない二つの特性を有している。

一つは、電気を蓄える費用がきわめて高い点である。電気を在庫できれば、電気の過不足を異時点間で配分することで需給を常に一致させられるが、大量の電気を蓄えられるような電池の商業化はいまだ見通しが立っていない。あえていえば、揚水発電や電気自動車（ＥＶ）を大型電池と呼べなくもないが、ダムの開発と活用を地球環境の保全の観点から積極的に進めるべきか否かは議論があり、ＥＶの普及はまだ道半ばである。

電力が持つもう一つの特性は、価格情報を需要側にリアルタイムに伝える技術が未発達という点にある。従来は、電力需要は価格に対して非弾力的といわれたこともあったが、震災後の実証実験から非弾力的ともいえないという実証結果が得られている。[135] しかし、その時々のリアルタイムの価格情報がうまく消費者に伝わらない現状では、需要は価格の変化に対応できず、結果として非弾力的とならざるを得ない。つまり、価格を引き上げても、需要は弾力的に減少するわけではない。この点は、電

135　例えば、Ito et. al (2018) を参照。

図表5－2　電力需要の弾力性が小さい場合、発電量の削減が大きな価格上昇を引き起こす

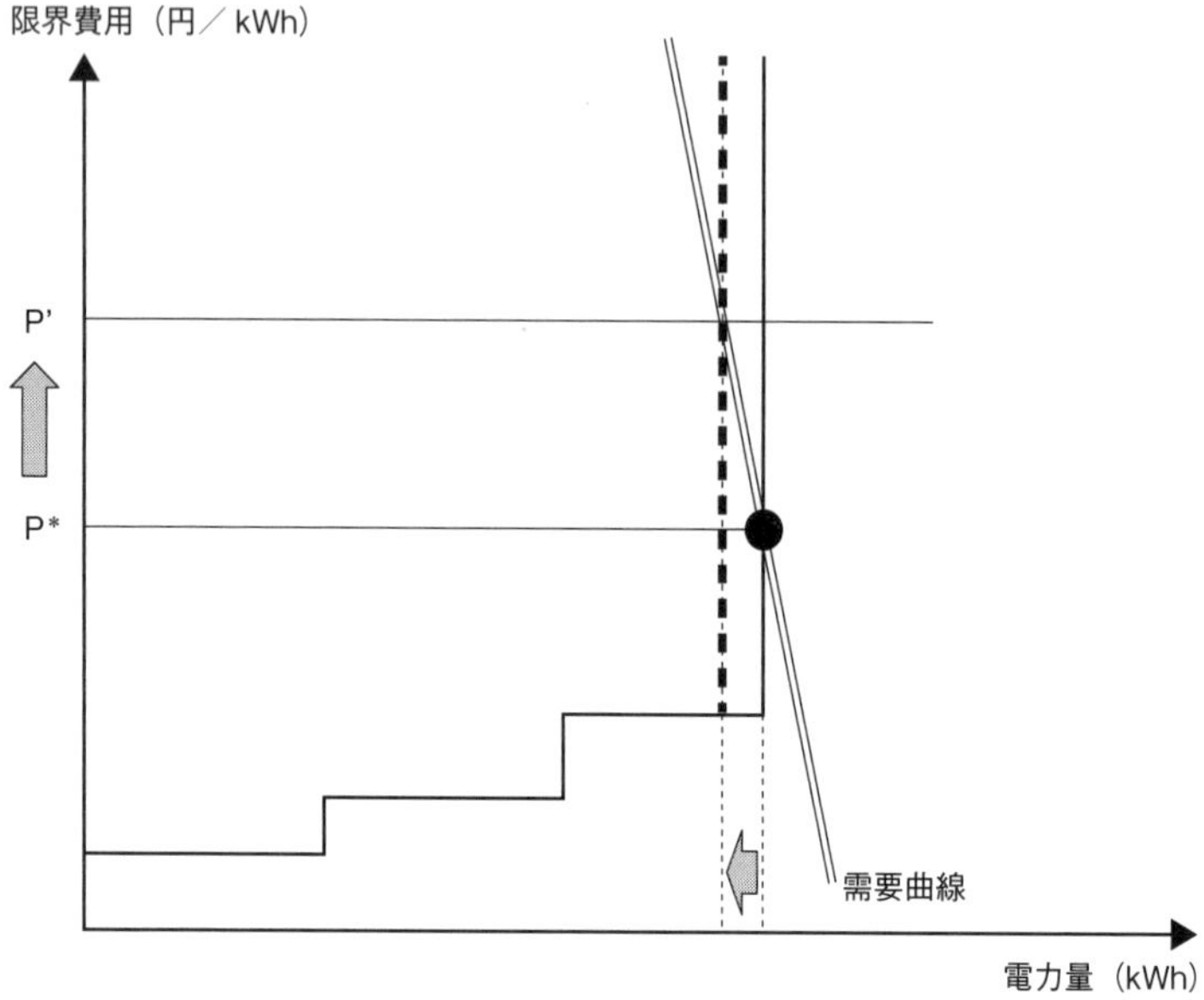

力市場における需給均衡の観点から次の項で説明する論点を生み出した。

需給調整における価格と数量の役割

電力供給には設備容量の制約があり、前述のように需要側でも非弾力的であることから、とりわけ電力逼迫時において、電力市場は市場支配力に対して脆弱な産業と結論づけられる。電力供給が逼迫している時点では、ほんの小さな発電能力しか持たない事業者であっても、供給が需要を限界的に満たす存在であるならば、その事業者はきわめて高い価格を卸市場や相対取引で要求することが可能になる。

しかもこの限界的な発電事業者が、自らの利潤を最大化しようとするならば、あえて供給を差し控えるという市場支配力を行使することによって、図表5－2

のP*からP'へと価格をつり上げることも可能である。つまり、価格が市場で自由に決まる世界では、特に需給逼迫時において、電力価格の決定が「市場支配力」によって歪められる可能性が高まる。[136]

需要と供給の双方が価格弾力性に乏しい場合、瞬時に需給ギャップを埋めて停電を避けるためには、需要量や供給量を直接コントロールして、需給を一致させる必要がある。例えば、需要量が供給量を上回る場合には、需要量を強制的に落とすとか、発電機からの供給量を強制的に増やすとかといったことが求められる。需要量が供給量を下回る場合も同様である。

しかも、需給ギャップがいつどれだけの規模で起こるのかを、事前に正確に予測することは困難である。天候の変化によって、例えば雲がかかって太陽光発電からの供給量が急に減少したり、あるいは風向きの変化で急に気温が上がってエアコンの需要量が増えたりと、電力の需給を一致させたくても不確実性が常に潜んでいる。

そこで、瞬時の需給調整を担う送電部門は、需給ギャップの不確実性に対応するために、事前に自らの権限で制御できる需要量や供給量を一定程度確保している。この、あらかじめ出力を調整できるように確保された電源等[137]のことを調整力という。次節では、調整力を発送電分離の観点から論じる。

136　需給逼迫時の価格上昇には、不当性がないケースもあるが、この文脈では不当性がある価格上昇として、「市場支配力」として表記している。

137　この「電源等」には、契約によって需要家の消費する電力量を制御できる状態にしてある負荷（需要）も含まれる。

3―発送電分離の経済学

２０２０年4月1日からは、大手電力会社を分割し、発電・小売部門の役員などの兼業を不可とする「法的分離」による発送電分離が始まり、送配電部門の透明性・中立性が高まることになった。発送電分離によって、送配電系統を共通インフラとして、発電・小売部門の事業者が自由に電力市場に参入できる素地が確保される。先行して分社化していた東京電力と、一貫体制を継続する沖縄電力を除く、9社の送配電部門[138]が新たな事業会社として分社化し、これまでの発電・送配電・小売部門の垂直一貫体制が垂直分離へと転換した。

企業は垂直一貫と垂直分離のいずれを企業組織として選択するのか。この問題を最初に提起したのは、ロナルド・コースであるといわれている。コースは21歳のときに学士論文として記した「企業の本質」（1937）において、「企業と市場との境界線はどこで決まるのか」という問題を提起した。

もし、古典派経済学が主張するように、市場が価格メカニズムを通じて効率的な資源配分を達成するのであれば、電力会社は自社で電気を調達するよりも、市場から購買した方がよく、垂直分離の組織体制をすべからく選択するはずである。ではなぜ、電力会社は垂直一貫を選んできたのか。

前節で触れたように、電力の財としての特異性は、瞬時の需給調整を必要とするところにある。停電を回避し安定的な電力供給を維持するためには、調整力を瞬時に利用できることがカギとなる。仮に、需要が突然大きく上振れして需要超過となった場合、需給超過を解消するのに必要な調整力を市場を通じて外部から調達しようとしても、そのときに必要な量を市場から確実に購入できるかどうかは明らかではない。

また、突発的な事象が起こった場合には、契約にもとづく相対や市場での取引と比較して、垂直統合の方が瞬時の対応を取りやすく、その点で需給調整における取引費用が安価で済む場合もあり得る。需給逼迫を回避するために万全な体制を取るのであれば、自社において発電部門や需要にアクセスできる小売部門を持つことが、調整力不足に伴う停電を確実に防ぐことができる点で安心できる。

産業組織論において、垂直統合のメリット（垂直分離のデメリット）として「取引費用の削減」を挙げるのは、この理由からである。

以上をまとめると、発送電分離には、送配電部門が中立化することによる発電・小売部門の競争促進というメリットがあるとともに、垂直統合された自社から送配電部門が調整力を自由に利用できなくなるというデメリットがあり、この相対的な大きさによって発送電分離が社会的に望ましい改革かどうかが判断されることになる。

垂直分離のデメリット：突発事象からの経験

他産業の事例において、垂直分離に伴うデメリットを明示的に示した論文の一つにForbes and

138　9社とは北海道・東北・北陸・中部・関西・四国・中国・九州電力に加えて電源開発である。なお、電源開発は配電を持たず変電所を持つので、送配電部門ではなく送変電部門と呼ぶのが正確である。

Lederman（2010）がある。この論文では、米国国内航空に注目し、乗継地（Transfer：T）を経由して出発地（Origin：O）から到着地（Destination：D）へ向かう旅程に注目して、ODを同一グループの航空会社を使う場合（垂直統合のケース）と、OTとTDとで異なる航空会社を使う場合（垂直分離のケース）における乗り継ぎに要する時間を分析している。そして、航空スケジュールに想定されていなかった天候の急変や空港の混雑によって、時刻表で予定されていた時間と比べて乗り換え時間がどれだけ遅延したかを調べた。

すると、突発的な事象に対して、垂直統合で運航されたフライトの方が、垂直分離で運航されたフライトよりも、有意に短い時間の遅延で済んでいることが分かった。

平時の契約に書かれていないような突発事象が起こった場合、その事象に合わせた様々な契約更改交渉（例えば、遅延に対する乗客の補填をどれくらいにして、どの社がどれだけ補填額を負担するのかなど）を要しない垂直統合の方が迅速な対応が可能なことが、如実に示されている。

同様のことは、電力事業においても当てはまる。特に2018年9月における北海道胆振東部地震や2019年9月に千葉県を襲った台風15号においては、送配電網の断絶によって需給逼迫が生じ、長期間の停電が発生した。停電復旧においては、発電と需要とが一体的に協調しながら平常へ復帰させていく必要があり、リアルタイムの需給調整には発送電が垂直一貫で運用されるのが効率的である。これらの自然災害を踏まえた報告書（例えば、総合資源エネルギー調査会、2019：41-45）では、災害時における一般送配電事業者と発電事業者・小売事業者との連携の重要性が強調されている。[139]

垂直統合における競争阻害行為

発送電分離における法的分離では、二つのタイプがある。持株会社の下に発電・送配電・小売会社を設置する「持株会社方式」と、発電・小売一体の親会社の下に送配電子会社を設置する「発電・小売親会社方式」である（図表５－３）。大手電力会社のうち、「持株会社方式」を取るのは東京・中部電力の２社、残りの８社は送配電部門だけ切り出し、発電・小売部門は一体会社のままの垂直統合型の組織形態を採用している。

ここで問題になるのは、新電力会社と大手電力会社の小売部門との間の電源へのアクセス機会の均

139　なお、他産業での垂直統合による協調性の重要性を示す事例として、間接ネットワーク効果がある。コンソールとソフトで構成される旧型のビデオゲームを取り上げてみよう。二つの非互換のコンソールA、B（例えば、任天堂とソニー）があり、それぞれのシステムは独立系のソフト開発会社がシステムに互換するソフトを提供するものとする。ソフト開発会社はどちらか一つのコンソールにしか提供できないものとする。このときコンソール会社としては、良い品質で様々なジャンルのソフトが自らのコンソールに提供されれば、それだけ顧客に支持される。しかし、ソフト開発会社は顧客に支持されるシステムに自らのソフトを提供したい。こうした「鶏と卵」の状況がある場合、コンソール会社は独立系のソフト開発会社の判断を待たずに、自らソフト開発会社を立ち上げて、自らのコンソールにソフトを提供することで「鶏と卵」を脱却することができる。これは垂直統合によって間接ネットワーク効果に伴う「鶏と卵」を打破する戦略であり、１９８０年代にソニー「プレイステーション」が取った成功戦略であることが、Clements and Ohashi (2005) に示されている。

図表5－3　法的分離においては発電・小売一体の事業形態

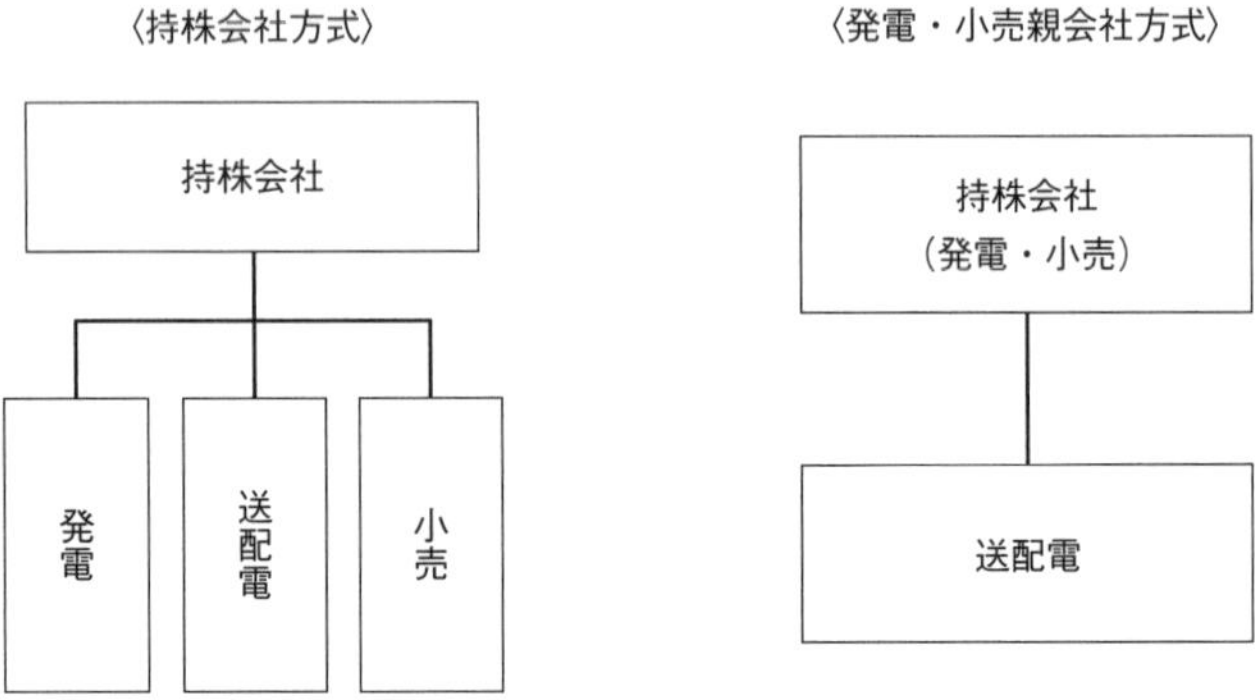

東京電力、中部電力

北海道電力、東北電力、北陸電力、関西電力、
中国電力、四国電力、九州電力、電源開発

等が確保されているかどうかという点である。

図表5－4のように、日本が有する電源の大半が大手電力の発電部門に所有されている現状において、大手電力会社の発電部門は、自社の小売部門を優遇して、新電力会社の電源アクセスの機会を制限する（例えば、新電力会社の大手電力会社からの調達量を制限する、自社小売部門への社内価格よりも高い価格で新電力会社に卸売をするなど）ことで、自社グループを競争上優位に立たせることが可能である。

こうした行為をSalop and Scheffman（1983）は、"Raising Rival's Costs"（競争事業者に対する価格引き上げ行為）と呼んだ。競争排除行為として、独禁法でも私的独占や不公正な取引方法として禁止している行為である。

送配電部門を中立化しても、発電部門が垂直統合した自社の小売部門を優遇するようでは、新電力会社が大手電力会社の小売部門との間で、競争上のイコールフッティング（同一条件）を確保することは難しい。他方で、社内価格と社外価格とを単純に比較することも時に難しいと思われ

図表５－４　電源の所有構造

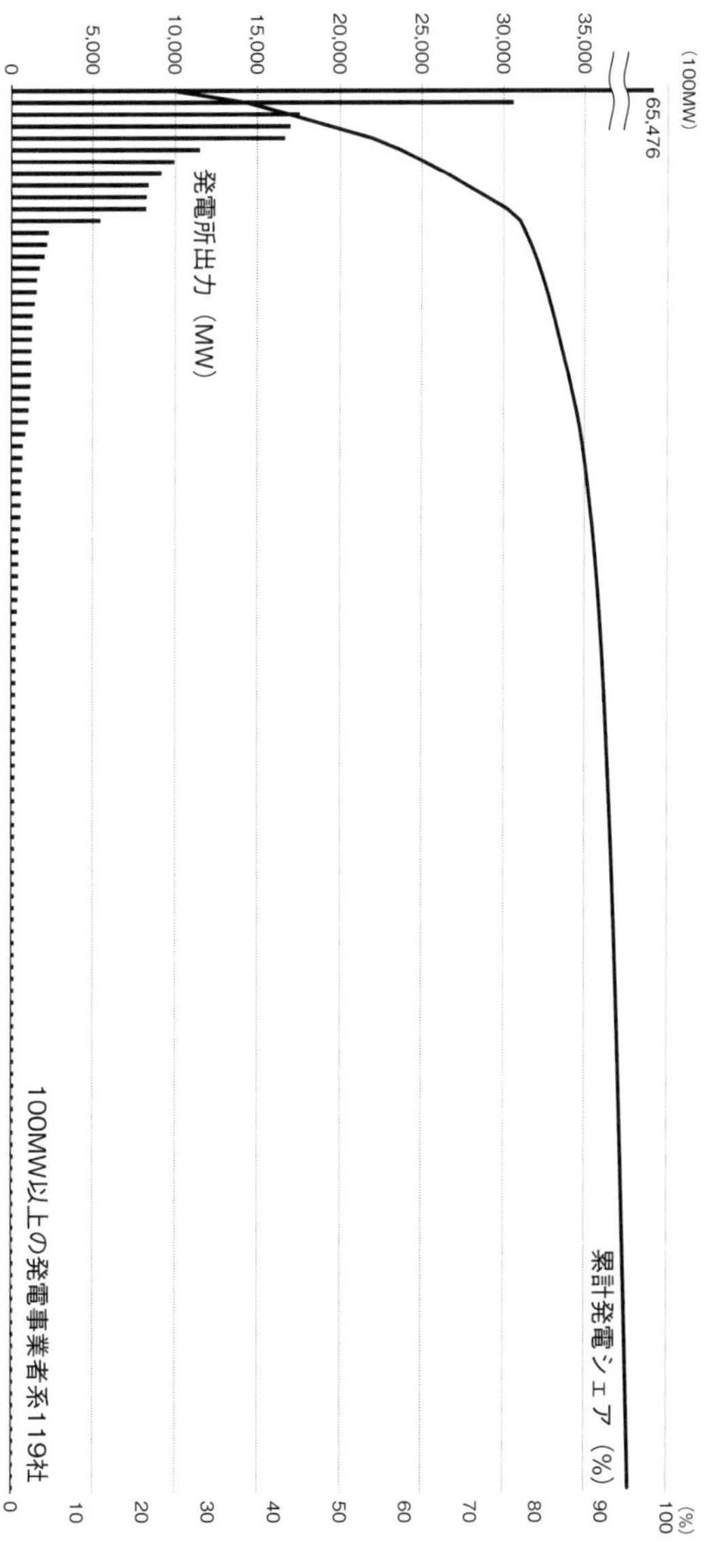

注：100MW 以上の発電事業者系 119 社を抽出
出典：資源エネルギー庁（2020a）より作成

る。なぜならば、一般に電力取引の契約条件は、取引規模や稼働率、契約期間、どのようなオプションを付与するかなどによって異なることから、社内・社外の取引単価の単純な比較は有効ではないと考えられるからだ。契約条件の違いを調整した下での取引価格の比較が求められる。

そもそも、小売市場の競争上のイコールフッティングの問題は、新電力会社から大手電力会社の小売部門による不当廉売の懸念が提起されて、政策的な課題として取り上げられた（電力ガス取引監視等委員会、2017:10）。

発電部門と小売部門との卸取引における社内価格が、社外価格よりも不当に低く設定されていると、調達コストとしての社外価格をもとに小売価格を設定する新電力会社は、大手電力会社に対抗する競争的な価格を提示することができない。発電・小売部門の卸取引における社内価格が発電コストを下回っておらず、社外価格と比較しても合理的に設定されているかどうかを行政が監視することに意義があり、これは公平・公正な競争環境を築くためにも有効な手段だ。

他方で、行政の監視が卸売価格のみならず、小売価格の監視とその妥当性のチェックにまで及ぶとすると、電力自由化をした意義について疑問符がつく。

小売全面自由化が開始された2016年4月以降、これまで単体で売られていた電力が、他の商材とバンドル化されて販売されたり、あるいはデータ取得や他のサービスへの囲い込みの手段として「おまけ」として廉価で販売されたりするなど、様々な販売方法が取られるようになっている。一言でいえば、電力の価格づけは、規制時代の「コストベース」から、市場競争による「価値ベース」へと移行していると評価できそうだ。

電力自由化のなかで重要な視点は、事前の意味での公平・公正な競争基盤を確保することであり、ある社の販売価格が他社よりも高いかどうかや、自社の供給コストと比較して低いかどうかという事後の意味での公平性を確保することではない。

小売市場の競争上のイコールフッティングを事前の意味で確保する有力な方法の一つは、大手電力会社の発電部門と小売部門を分離することである。[140]

本来、それぞれが独立した部門であれば、発電部門も小売部門も、自社か他社かを問わず、最も良い条件を提示する相手方を選んで取引するものと思われる。他方で、双方の部門が同一会社に属していると、必ずしも自部門のみの利潤にもとづいた取引を選択するとは限らない。例えば、発電部門は自社内の小売部門に対して社外よりも良い条件で電気を提供したり、あるいは小売部門が他社から購入するよりも劣る条件で自社内の発電部門から電気を購入したりすることがあり得る。

本節を踏まえると、発電と小売の両部門を分離することは、小売市場における新電力会社と大手電力会社の小売部門との公平・公正な競争基盤を確保するうえで、意義があるものと思われる。他方で、両部門が一体的に運用されることで災害時を含めて突発的な事象に対する需給調整が効率的に行われるとも考えられる。[141]

いずれの形態が望ましいのかは、電力市場を取り巻く競争環境や技術進歩（例えば、安価で大容量

140　なお、電力システム改革の初期段階で、大手電力会社の発電部門と小売部門の分離をいち早く提言したのは、公正取引委員会（2012）であった。

の蓄電池が商用利用されるようになるなど）にも依存することだろう。この点で、図表5－3のような発送電分離の形態が良い制度だったのかどうかは、今後も注視していく必要がある。

4―小売「全面」自由化に向けての政策議論

電力システム改革の第二段階である小売全面自由化は、戦後続いてきた一般電気事業制度を抜本的に見直すことを意味している。

小売全面自由化前は、大手電力会社以外の社が、規制部門（契約電力50ｋＷ未満）に対して電気を供給することができず、大手電力会社の地域独占が制度上認められてきた。その半面、独占の弊害から需要家の利益を保護するために、自らの供給区域における不特定多数の需要に対して供給義務が課せられ、料金は総括原価方式によって規制されてきた。

しかし、小売全面自由化で地域独占が解消されれば、地域独占を前提として大手電力会社に課せられてきた供給義務と料金規制は撤廃されるべき、ということになる。

他方で、地域独占性が実質的に残るなかでは、小売全面自由化と同時に供給義務と料金規制を廃止することについて、需要家保護の観点から消費者団体などから懸念が示されていた。

理由の一つは、料金規制を外すことによって小売価格が規制料金を超えて大きく上昇する可能性を恐れたためである。この懸念を受けた経過的な措置として、当面の間は、一般家庭（低圧）向けの規制料金が維持されることとなった（総合資源エネルギー調査会、2013:11）。

つまり、2016年から始まった小売全面自由化は、残された一般家庭分野を含む低圧まで自由化の範囲を広げたという意味では全面的だったが、完全な自由化にまで至ったものではないという意味で、現時点の状況は全面自由化への過渡期と位置づけるのが適当である。すべての小売電気事業者は、自由に料金メニューを低圧需要家向けに提示できるようになったものの、大手電力会社の小売部門は、自由料金メニューとともに、従来どおりの規制料金での供給も義務づけられたのである。

経過措置としての規制料金を解除するためには、消費者団体などが懸念した、規制料金が撤廃されたときに、電力価格が上昇する可能性があるのかどうかを確認する必要があった。

規制料金も廃止するという真の意味での小売「全面」自由化が行われた場合の電力価格はどうなるのか。小売「全面」自由化がいまだ行われていないなかではデータを探しても出てこない価格である。では、小売「全面」自由化という仮想現実（counterfactual）における価格（市場の成果[142]）をまったく評価できないかというと、そのようなことはない。電力価格が形成されるメカニズムをモデル化し、

141　2020年末から翌年初にかけて全国的に発生した需給逼迫は、発電部門のLNG燃料不足という情報が送配電部門や小売部門にうまく伝達できなかった点が事態を深刻化させたと考えられており、発送電分離における各部門の情報連携のあり方に課題を残した。垂直分離でのこうしたデメリットをデジタル化によって解決することで、垂直統合と同等の効果を発揮できる可能性があるものの、その具体化は今後の課題である。

142　第1章での「市場成果」と同様の意味で用いている。

そのモデルにおける仮定を変更したときに価格がどのように変化するかをシミュレーションすることで、仮想的な現実における市場の成果を評価できる。産業組織論における構造推定の手法である。

小売「全面」自由化において、小売価格がどれだけ変化するかは、三つの要素に依存する。需要の価格弾力性、限界費用、そして市場の競争度である。これは、第2章で紹介した価格形成のメカニズムを記述したラーナー指数[143]から明らかである。

ここでの需要の価格弾力性とは、小売市場において電力需要が小売価格に対してどれだけ弾力的かを示す指標である。地域独占だった日本においては、エリアごとの需要の価格弾力性を知ることが、まずは分析の第一歩となる。

この点を確認するために、Hortaçsu et. al (2017) に依拠しつつ、日本における需要家のスイッチング行動の実証的な分析を行った（電力ガス取引監視等委員会〈2019a〉。以下「とりまとめ」）。ここでは、二つの段階の意思決定からなる需要構造が推定されている。

消費者はまず事業者のスイッチを検討するかどうかの判断を行い、次にどのプランにスイッチするかを選択するという二段階での離散選択モデルとなる。この需要構造の推定値を使って、電力会社同士がクールノー競争を行うと仮定するときに[144]、ラーナー指数から各事業者の限界費用を導出できる。

そしてこの限界費用の妥当性の検証の後、「とりまとめ」では、大手電力会社の料金規制が外れた場合の自由料金の値を東京電力エリアと関西電力エリアの各々においてシミュレーションしている。2016年4月から2018年8月までの非公開データを用いてシミュレーション分析したところ、両エリアともに、料金規制を外すと価格が規制価格以上に上昇するという結果が得られた。

図表5－2でも示したように、電力需要の価格弾力性が小さいことが、電力市場における市場支配力の行使につながりやすい状況を生み出している。電力需要の価格感応度を高めるためには、消費者の事業者間スイッチングコストを低下させる必要がある。「とりまとめ」では、料金規制を外した場合に価格が上昇する理由として、消費者が事業者のスイッチを検討する機会に乏しいことを挙げており、電力価格の比較サイトを充実させるなどの取り組みも有効と考えられる。同時に第4章の通信市場でも取り上げたように、長期契約やバンドリングの存在、顧客の引き止めなどといった囲い込みの行為もスイッチングの障害となっている可能性がある。

電力市場における真の小売全面自由化を達成するには、こうした事業者間スイッチの障害を一つずつ検証して取り除くことが求められる。

143　時点tにおけるマークアップ率をμ_{it}、需要の価格弾力性をη_t、市場の競争度をθ_tとすると、「ラーナー指数」は$\mu_{it}=\theta_t(\eta_t)^{-1}$と表された。マークアップ率は価格と限界費用の差を価格で除したもの。よってラーナー指数を用いて、限界費用とη_t、θ_tの三つの要素が分かれば、価格が特定されることになる。

144　ここでは、電力会社間の競争がクールノー競争で近似できるものとして議論を進めるが、この市場競争度の仮定がどの程度の現実妥当性を持つのかは、別途検討が必要である。

5　まとめ――発送電分離の功罪はまだ明らかになっていない

本章では、電力システム改革の最終段階である発送電分離に焦点をあてて、電力市場の競争政策に関連する論点を議論した。送配電部門を中立化しても、発電部門と小売部門が垂直統合にあることで新電力会社といった競争事業者が公平な競争から排除される可能性を論じた。また、小売全面自由化における残された論点も指摘し、小売市場が完全自由化を達成するためには、定量的な観点を踏まえて、消費者のスイッチング行動を促すための措置が必要である点も指摘した。

加えて、発電・送配電・小売という垂直的な取引関係を内部に持つ大手電力会社を分割することが社会厚生上、望ましいのかどうか一概に言い難いことを指摘した。この点は、産業組織論でも既によく知られている点でもある。

垂直統合は取引コストを低減させる[145]とともに、不慮の事故が起きた場合に安定供給を確保するうえでも役立つことを本章で指摘した。他方で、垂直統合されると独立系の発電・小売事業者が送配電へのアクセスが困難になり、発電・小売市場における競争が鈍る可能性がある。

日本の電力システム改革における発送電分離が社会厚生上のメリットを生んだのかどうか、発送電分離のもたらすトレードオフを定量的に評価することが求められよう。

電力価格のみならず品質も内生化したうえで、垂直分離・統合の経済メカニズムを理論的に記述し、その効果に必要な需給構造の根源的なパラメータを推定しながら、理想的な垂直分離の状態を仮想的な現実として、シミュレーションすることが一つのやり方である。まだこうした分析がなされたことはないが、発送電分離の理解を深めるうえで有用だろう。

本章で議論しきれなかった論点として、電力という財の特性として求められる需給調整機能が発送電分離によってどう確保されるかがある。垂直分離して送配電部門が独立すると、発電部門が持つ調整力を送配電部門は自由に使えなくなり、市場から調整力を調達できる仕組みを設ける必要が出てくる。こうした点を踏まえて、日本でも送配電部門が調整力を調達するための需給調整市場が２０２１年度から順次開かれていくことになる。

電力システム改革は、経済性の観点（どれだけ安く電力を調達し消費者に届けるか）が論じられがちだが、自然災害が激甚化するなかで、調整力を確保して安定供給に備える視点も今後ますます重要になると思われる。[146] 第Ⅱ部の最後として、電力システムに係るもう一つの話題である地球温暖化に関して、補論という形で論じてみたい。

145　「二重の限界化」（Double Marginalization）の回避としても知られる。垂直的取引関係にある川上・川下双方の企業が市場支配力を有する場合、垂直取引を通じて市場支配力が「二回」生じることになるのに対して、両企業が垂直統合すれば、生じる市場支配力は一回である点を指している。

146　２０１９年までの安定供給に関する議論については大橋（2020c：第６章）が詳しい。

補論　地球温暖化対策における競争政策の視点
——再生エネ政策からの学び※

２０２０年10月26日、菅義偉首相は所信表明演説において、２０５０年までに日本の温室効果ガス（ＧＨＧ、Green House Gas）の排出を全体としてゼロにする、すなわち「カーボンニュートラル」の実現を目指すことを宣言した。

日本はパリ協定[147]の達成に向けて、これまで中期目標（２０３０年にＧＨＧを２０１３年度比26％減）の達成に取り組むとともに、２０５０年にＧＨＧを80％削減することで「脱炭素社会」の実現を目指すとする長期的な目標を掲げていた。それをさらに上回る高い目標が、菅政権において掲げられたことになる。

ＧＨＧ排出量を１００％減らす「カーボンニュートラル」とはどのような姿なのだろうか。新型コロナウイルス感染症が世界的に流行するなか、世界中で都市が封鎖され、経済活動は深刻なダメージを受けた。国際線旅客輸送数は２０２０年１月を境につるべ落としのような低迷を２０２０年前半に見せているように（10ページ図表序－1）、コロナ禍は世界の経済をストップさせた。

そうしたなか、ＧＨＧ排出量は２０２０年に前年比８％減の３０６億 t-CO_2 程度になることが、

図表補－1　世界の温室効果ガス排出量の推移と前年比（10億トン）

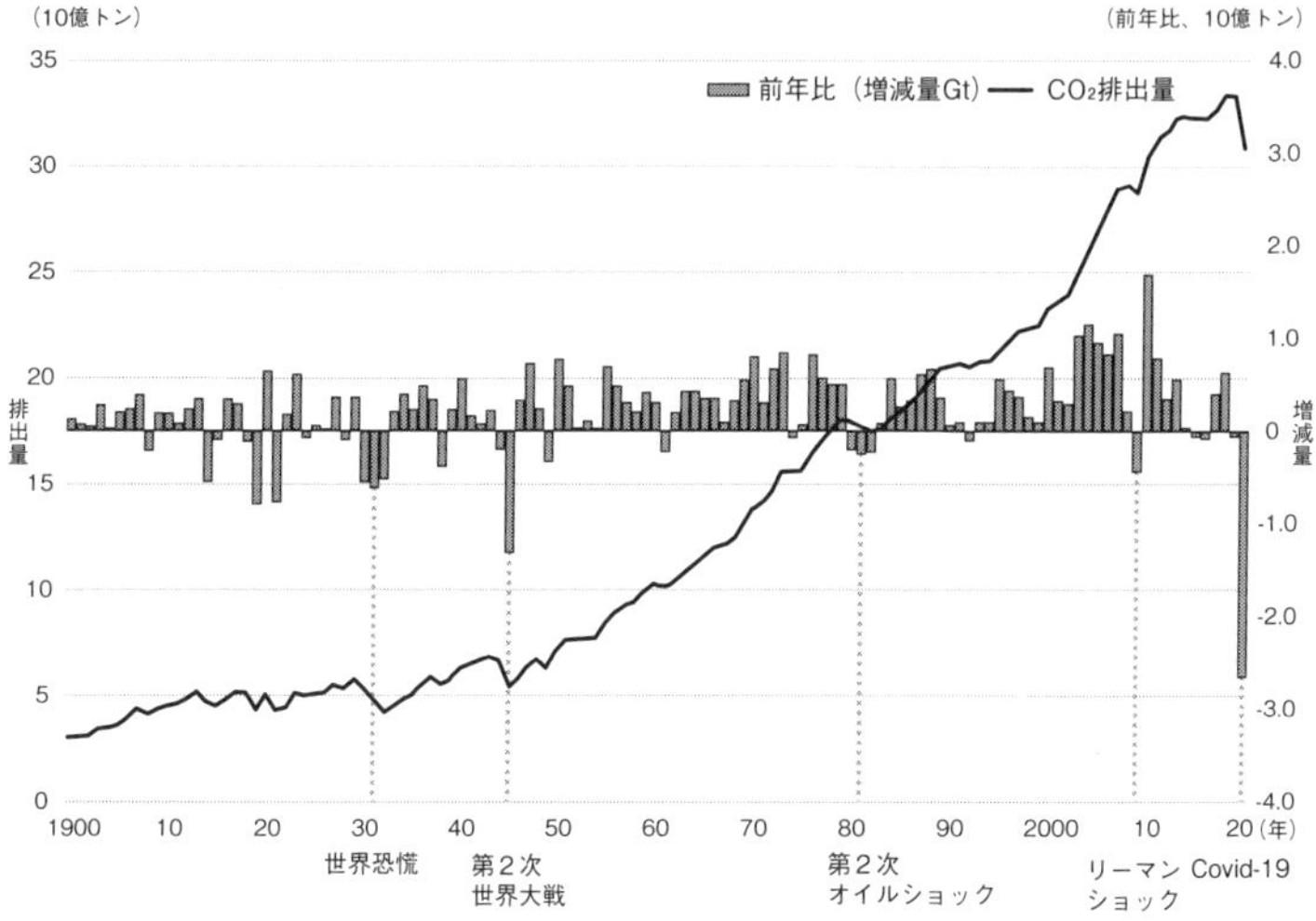

出典：IEA（2020）より作成

国際エネルギー機関（IEA）から公表された（IEA, 2020）。この減少幅26億t-CO_2は、第二次世界大戦以降の下落幅をすべて足し合わせた量の2倍以上に上っており、1900年以降でも最大の下落率となる見込みである（図表補－1）。

環境省によると、日本における2019年度のGHG排出量（速報値）は、12億1300万t-CO_2である。2050年までの残り30年余りの間、コロナ禍での削減比8％が毎年続くとすると、2050年のGHG排出量は2019年比92％減の9147万t-CO_2となる。新型コロナウイルス感染拡大への対策を取りつつ、経済活動の停滞から出口を見出すには、GHG削減と経済成長と

※　本章は大橋（2011, 2015）を全面的に改稿した。

147　世界全体で今世紀後半にGHGの人為的な排出量と吸収源による除去量との均衡の達成を目指すとする2015年12月に採択された国際連合における協定。

の両立に相当の工夫が求められることが分かる。

菅首相の所信表明演説では、「カーボンニュートラル」を達成するためのカギとなるのは革新的なイノベーションとの言及があった。具体的には、①電化、②電力の脱炭素化、③省エネの三つを革新的に推し進めないと、この削減目標を容易に達成できないと考えられる。[148] 多くの企業がコロナ禍で財務状況を傷めるなか、これら三つの取り組みはいずれも初期投資を伴うことから、なるべく負担がない形で効率的に「グリーン社会」の実現に向けて推進することが求められる。

競争を通じて企業活動を活性化させることは、地球温暖化対策の取り組みを所与とすれば、GHG増加要因になる。そこで競争を促進する政策は、環境政策と対立関係にあるように見える。温暖化対策のためには、企業間で競争させずに協調させ、減産しながら経済活動をコントロールする、いわばカルテルを促した方がよいとの見方もあり得る。[149]

他方で、競争政策が目指す効率性の概念は、国民負担を最小化しつつ、限られた資源を最大限活用することを目標とするものである。電化、電力の脱炭素化、省エネという三つの環境政策を効率的に普及させる手法として競争政策を捉えれば、その視点は必ずしも温暖化対策と対立するものではなく、逆に環境政策の推進にも役立つものと思われる。

こうした問題意識の下、本補論では、温暖化対策において競争政策の見方が有用であることを明らかにすべく、過去の再生可能エネルギー政策を取り上げて、議論したい。特に注目したいのは、太陽光発電の普及に大きな役割を果たした再生エネ買取制度である。

日本の再生エネ発電では、太陽光発電が2019年時点で63GWを超えて世界第3位の累積導入量

図表補－2　主要国の太陽光発電の累積導入量

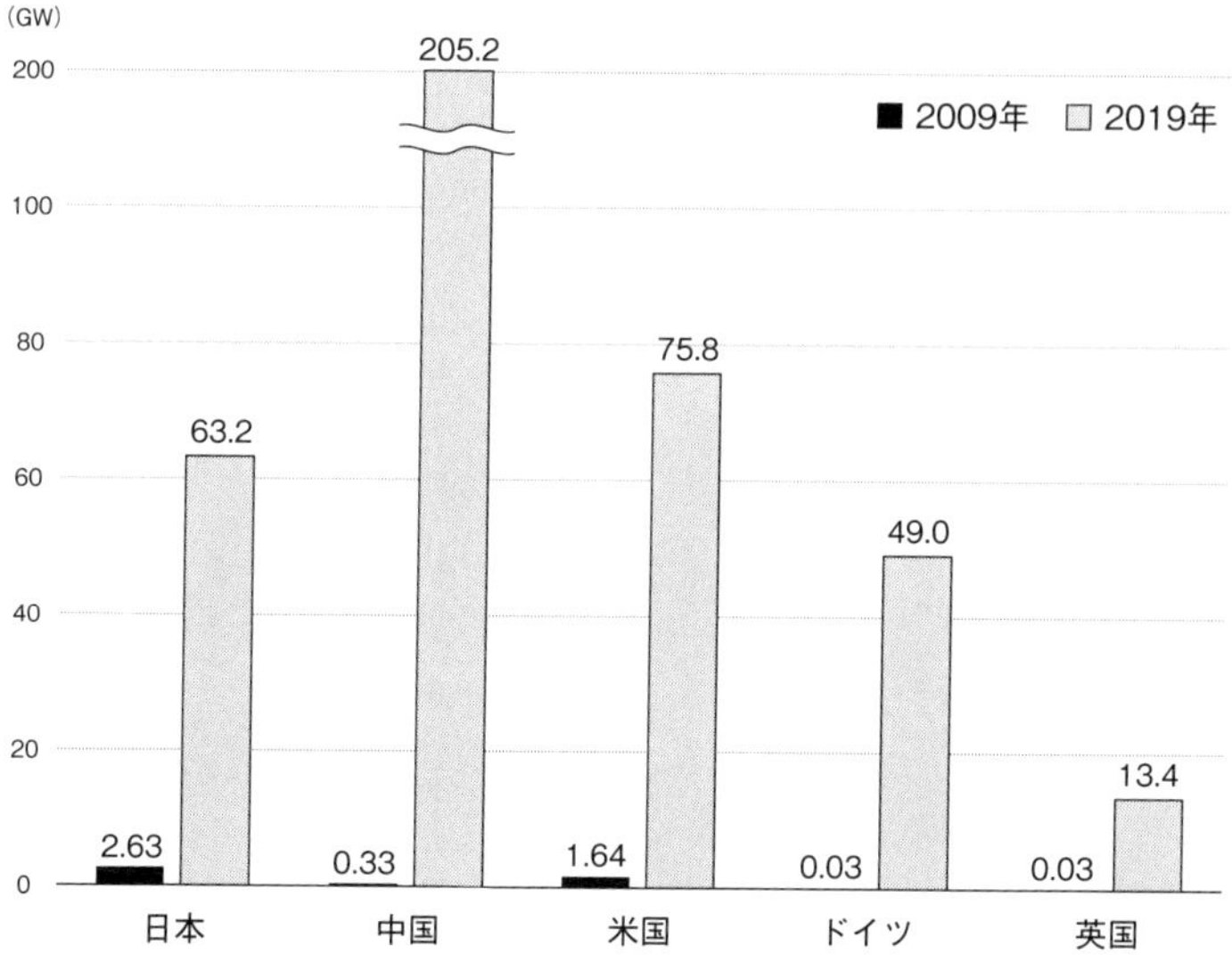

注：中国の2009年における太陽光発電の累積導入量は推定値
出典：IEA PVPS（2010, 2020）、Gov. UK National Statistics（2020）より作成

である（図表補－2）。他方で、買取制度によって年間2兆円を超える巨額の国民負担が生じている。

本補論では、こうした日本の買取制度の問題点を指摘しながら、今後の地球温暖化対策において生かされるべき競争政策の視点があることを指摘したい。

本補論の構成は以下のとおりである。第1節で再生エネ買取制度を紹介し、この制

148　例えば、日立東大ラボ（2019）。
149　例えば、アサヒビールとキリンビールの連携による中距離の共同モーダルシフトのように、他事業者との事業の共同化・連携によって生産・配送の効率化を図る試みは、温暖化対策として有効であり、かつ価格競争に影響を与えなければ、競争促進的でもある。

度を競争政策の観点から批判的に検討する。第2節では、再生エネが日本の主力な電源として市場統合されるときの課題について触れる。

1―再生エネ買取制度の概要

再生エネの導入拡大は、日本でも重要な政策課題としての位置づけを長らく得てきた。２００３年から再生可能エネルギー利用割合基準（ＲＰＳ）制度が導入され、設定された再生エネ目標量の調達を電力会社に義務づけてきたが、そもそも目標量が低かったためか、再生エネが普及したとは言い難い状況にあった。日本の再生エネ普及の流れを大きく変えたのは、２００９年11月に始まった住宅用太陽光発電の買取制度（余剰電力買取制度）である。

この制度は、自宅の屋根などで発電した電気のうち、自家消費分を超えた余剰電力を大手電力会社が買い取るものである。具体的には、住宅における発電システムの購入・設置費用を10年で回収できるように、買取価格を最大でこれまでの2倍（48円／ｋＷｈ）に設定した。発電した電力を高い価格で買い取ってもらえれば、発電システムの購入・設置費用を早期に回収することができるため、住宅用太陽電池の普及ペースが速まることが予想された。

余剰電力買取制度の対象範囲を、さらに事業用太陽光発電や風力、地熱など他の再生エネにまで拡大したものが、固定価格買取（ＦＩＴ）制度であった。２０１２年7月から始まったＦＩＴ制度では、余剰電力買取制度を維持したまま、他の再生エネは発電量全量を一定期間、固定価格で買い取ることを大手電力会社に義務づけた。買い取りに要する費用は、賦課金という形でkWhあたりの単価に上乗せして一般家庭を含む電力需要家が原則負担[150]することになった。

買取価格・期間などの条件については、調達価格等算定委員会の意見を尊重して、経済産業大臣が告示する。太陽光発電における買取価格を示したのが図表補−3である。2017年度には、事業用大型太陽光発電に対して入札制が導入された。買取単価は徐々に下がってきているものの、海外での発電単価よりも高価であることが指摘された。

例えば、2000kWの事業用大型太陽光発電の単価は、40円/kWh（2012年度）から12・9円/kWh（2019年度）まで3割近くに低下したが、他国での平均約7円と比較して、5割高になっている（経済産業省調達価格等算定委員会、2020: 20）。2020年度の買取制度における賦課金総額は2・4兆円であり、消費増税1%の期待税収に匹敵する。この金額は電力料金に換算すると、2019年で2・95円/kWh相当となり、産業用電力価格の15%、家庭用電灯価格の11%に相当する「課税」と見なせる。

2020年6月に成立した「エネルギー供給強靭化法[151]」によってFIT制度に加えて、市場価格をベースにプレミアムを乗せて再生エネ普及のインセンティブとするフィードインプレミアム（FIP）制度が導入される。FIP制度への切り替えの機会にFIT制度を批判的に振り返り、競争政策

150　鉄鋼など電力多消費型産業は軽減措置が図られた。
151　正確には「強靭かつ持続可能な電気供給体制の確立を図るための電気事業法等の一部を改正する法律」という。

図表補-3　太陽光発電の買取単価の推移

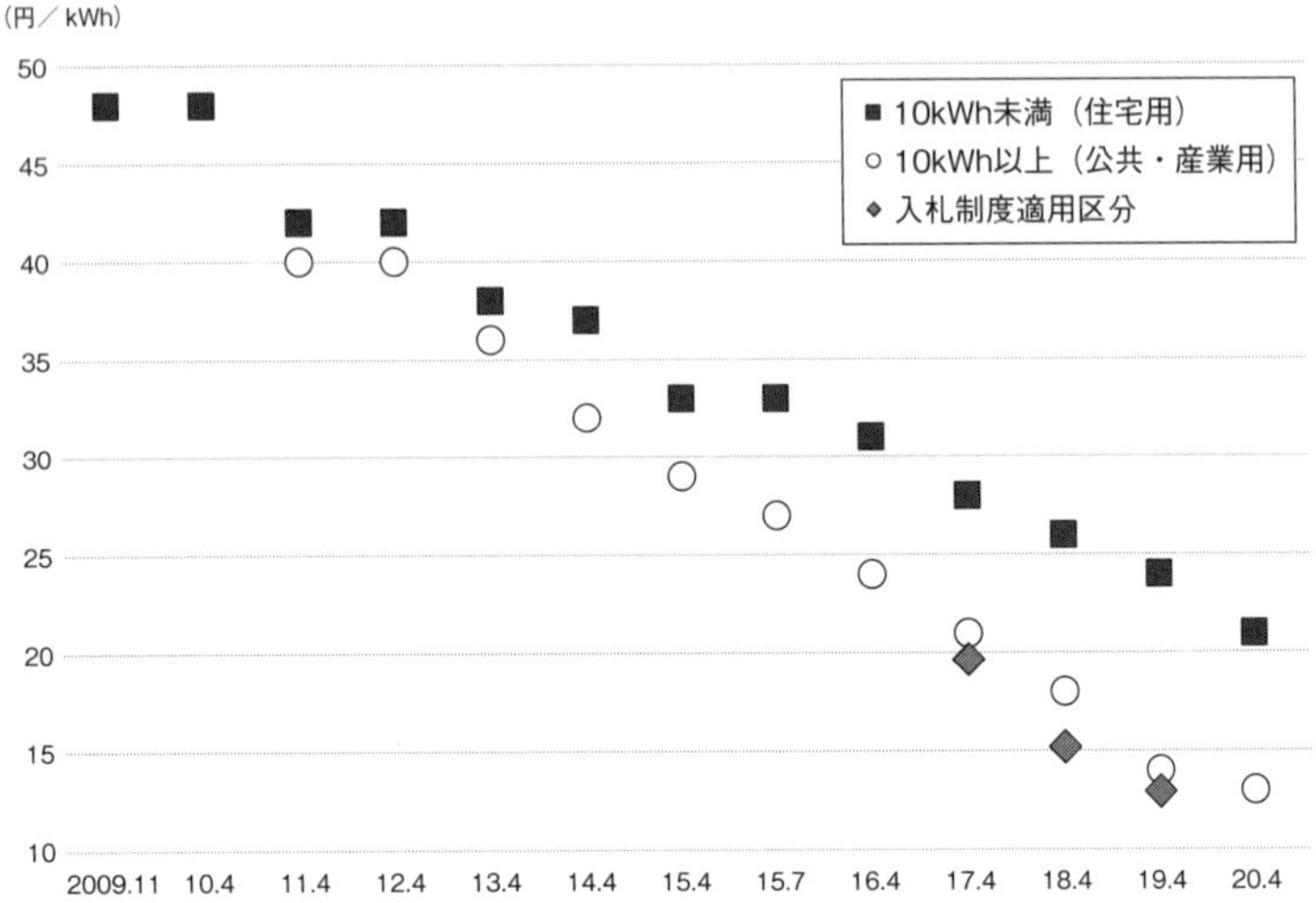

注：2009年11月に余剰電力買取制度が導入された。入札制度は2017年度から大口の産業用（2000kW以上）で、2019年度から500kW以上で実施されている。2020年度以降は250kW以上が入札制度適用区分となっている。値は、kWで加重平均した落札価格
出典：資源エネルギー庁（2020b）、低炭素投資促進機構（2020）より作成

の観点から、より良い制度とはどのようなものだったのか、次の節にて思案してみたい。重要な視点は、費用対効果・競争中立・機会費用の三点である。[152]

費用対効果の視点

ＦＩＴ制度の第一の問題は、買取価格の計算方法にあった。再生エネの買取価格は、再生エネ発電事業者の適正な利潤に配慮しつつ決めるべきだとされ、風力や小水力など再生エネ発電の典型的なモデルケースを想定し、そのモデルを設置・稼働させる際のコストに適正利潤を上乗せした額をカバーするように買取価格が決められた。いわば、費用が確実に回収できるように価格づけをする「総括原価方式」と見なせるだろう。

発電された電力量の市場価格は、日本で

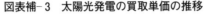

は需給に応じて30分コマで変動する。ＦＩＴ制度では、発電量単価が市場の需給状況にかかわらず固定されているので、再生エネ発電事業者は市場での価格変動リスクを負うことなく、収入の見通しを確実に立てることができる。再生エネ発電事業者が負担しない価格変動リスクを誰が負担しているのかというと、賦課金の支払い義務を負う電力需要家となる。いわばＦＩＴ制度は、電力需要家である国民全体が再生エネ普及のために事業リスクを負うシステムと見なすことができる。

固定価格で買い取るＦＩＴ制度は、再生エネの普及を促す仕組みとしてはベストに近いものだろう。再生エネ発電量を所与とした下で、発電収益を確実に見通して投資することができるからである。この点は、電力システム改革以前において、電力システムが総括原価方式の下で稼働率の低い電源に対しても滞りなく投資が可能になっていたのと同じ理由と説明できるだろう[153]。

しかし、再生エネ普及を促す制度が、必ずしも効率的だとは限らない。買取価格を高くすればそれ

152　これ以外にも再生エネには様々な論点がある。例えば、２０１９年秋に買取期間終了を迎えた太陽光発電についていえば、パネルの放置や不法廃棄がさらに増大する懸念が指摘されている。過去にＦＩＴ認定を受けながら、何年経ってもパネルを設置せず、過去につけられた高い買取価格を受け取る権利を保持し続ける未稼働問題も存在する。こうした買取価格を巡る再生エネの不適切事例はかなりの数に上るが、本章では競争政策に係る論点に絞って論じることにしたい。

153　電力需要が大きく伸びていた高度成長期のような時代には、たとえ設置当初は稼働率が低い電源であっても、電力需要の増加とともに稼働率の上昇が期待できることから、中長期的な過剰設備の懸念は小さい。他方で、電力需要が概ね右肩下がりになるような局面においては、総括原価方式は過度な投資誘因を与えがちとも考えられる。

だけ再生エネは普及するが、普及量に比して買取価格が適正につけられているかどうかは、効率性の観点から検証が求められる。

効率性とは、政策目的を達成するための手段を評価するときに用いられる概念である。ある政策目的に到達するために、いくつかの手段のなかから、最も費用対効果に優れている方法が効率的な手段とされる。日本のＦＩＴ制度における問題は、そもそもどれだけの再生エネを普及させたいのか、量的な目標が政策立案の過程において明示されず、また、買取価格が量的目標とリンクしないままに決められた点にある。

買取価格を設定する目的は再生エネ導入の促進であることを踏まえれば、適正利潤をもとにする総括原価方式ではなく、設定された目標導入量を達成するために必要な買取価格を設定するのが合目的的なはずだ。

買取価格について複数のシナリオを示し、各シナリオで予想される再生エネ導入量と費用負担を明らかにすることが、買取価格の決定プロセスを透明化するうえで重要なのではないかと思われる。買取価格と再生エネの導入量、費用負担の対応関係が示されることで、買取価格の妥当性を巡る国民的な議論が促され、また、政策的にも費用対効果の観点から経済性評価を行いやすくなるからだ。[154]

ＦＩＴ制度の費用対効果を考えるうえで必要な知見は、①買取価格に応じて再生エネ導入量がどれだけ変化するか、②導入量の増加に伴って、将来の発電単価がどれだけ低下するか（量産効果・学習効果）、そして、③モデルケースからの乖離が現実にどれだけ見られるかの三点である。

買取価格に対する再生エネ導入量の弾力性が①である。ＦＩＴ制度では、買取価格をコストベースで決めていたが、総括原価方式での買取価格が目標とする再生エネ導入量に適した額なのかどうかは自明ではない。場合によると、コスト割れとなる買取価格であっても、環境意識の高まりに応じて再生エネ普及を促進する可能性もある。足元の導入量に応じて機動的かつ柔軟に、総括原価方式にとらわれずに買取価格を設定できる仕組みとすべきだっただろう。

また、総括原価方式を採用するにしても、実際に要したコストを買取価格の算定の基準とするのではなく、量産効果や学習効果を見越した発電単価を買取価格の基準とすることでコスト低減への努力を事業者に促すという②の視点も重要だったはずだ。

前述したように、買取価格はモデルケースをもとにコストを求めているが、現実にはモデルケースでのコストよりも高い再生エネ設備もあれば、安い再生エネ設備もあるだろう。賦課金による国民負担を鑑みれば、買取価格の適正性を確保するための制度的な工夫を行うこともできたのではないか。

具体的には、ＦＩＴ制度では初期に決まった買取価格を買取期間中に変えることはなかったが、その代わりに再生エネ発電事業者に対して、毎年の事業収支報告を義務づけて、その報告内容に応じて、異なる買取価格を精算価格として事業者ごとに割り当てるような仕組みを設けることも、検討に値したのではないか。

154　日本の余剰電力買取制度について複数の普及シナリオにおける費用対効果の分析を行った研究として、Myojo and Ohashi（2018）を参照。動学的な需要関数を用いて、ベルギーにおける一括の設備補助金の効果を分析した論文として De Groote and Verboven（2019）。

例えば、予想される量産効果や学習効果を毎年買取価格に反映させて、買取期間中に価格を引き下げるとともに、相当程度効率化を達成した企業に対しては買取価格に対してインセンティブを与えることで、イノベーションを促すような制度設計もあり得る。

コストや事業報酬の適正性の確保は、再生エネ発電事業者のコスト削減や事業効率化への誘因を維持するうえでも大切である。技術革新の目覚ましい再生エネ分野だからこそ、行政によるチェック体制もまた重要である点を強調したい。

競争中立の視点

ＦＩＴ制度における買取価格は、再生エネ電源ごとに定められた。再生エネ電源ごとの価格は、電源種や設備規模も含めると２０１９年度では全部で30通り近くあり、年度によって数は異なるが、きわめて細やかに単価が作り込まれていることが分かる。

しかし、前項でも議論したように、効率的に再生エネを導入することを考えれば、コストベースでそれぞれの電源種の設置・稼働に要する費用を賄うように買取価格を設定するのではなく、安価な再生エネから先に導入されるような仕組みにすることが望ましい。そのためには、再生エネの種別や規模などの買取区分にかかわらず、原則として買取条件を一律にするという競争中立的な観点が望まれたのではないだろうか。

買取条件を一律にすることで、同じ電源種内での競争ばかりではなく、異なる電源種間でも競争が生じ、コストの安いメリットオーダー順に再生エネの導入がなされるような効率的な仕組みになる。

さらに脱炭素社会であれば、再生エネを特別視する必要はなく、発電機であれば水素や原子力なども脱炭素技術といえるし、また発電と同様の考え方で、需要を減少させることで脱炭素化を進めることも可能である。この点では、再生エネ技術だけを対象とするＦＩＴ制度は温暖化対策としては視野が狭く、需要における電化や省エネも含めた脱炭素に貢献する技術を中立・公平に扱う制度を考えるべきだろう。

その一つの手法が、炭素税と考えられる。ＧＨＧを1単位排出することに対する課税を行うことで、限界的にＧＨＧ排出量を削減する費用が安い手法が優先的に世のなかに普及するような仕組みとなり、国民負担を最小化することが理論的に可能となる。

この観点からは、ＦＩＴ制度はＧＨＧを排出しないことに対して補助金を出すシステムと考えられるが、太陽光発電のCO_2削減量1トンあたりの費用は、調達価格26円（２０１８・19年）[155]をもとに計算すると約3万１０００円[156]であり、排出権の市場価格（２０００円／t-CO_2程度）と比べても、かなり高額である。

ＦＩＴ制度という補助金を廃止して、炭素税に温暖化対策を一本化するのが理論的には最適と考え

155　10ｋＷ未満の住宅用太陽光発電において、２０１８年（出力制御対応機器設置義務なし）および、２０１９年（出力制御対応機器設置義務あり）の価格。

156　調達価格から機会費用（専門用語では回避可能原価）である10円／ｋＷｈを差し引き、それにｋＷｈ削減による二酸化炭素削減量である0.515kg-CO_2/kWh を除して算出した。

られるが、そうした制度改正は、補助金を廃止される側、炭素税を導入される側の双方が不満を持つものであり、理論的に正しいとしても実現することは、至難の業だ。様々な脱炭素手法があるなかで、それらの手法が直面する限界的な炭素削減費用の均一化することが、最も効率的に脱炭素化を進めるための肝となる点を踏まえて、理想的な世界に現実を近づける努力をすべきだろう。

なお、脱炭素化の取り組みに資する限界費用の均等化は、国内だけではなく、地球規模で考える必要がある。カーボンニュートラルを目指すという日本の政策の目標や国家としての姿勢を表明することはきわめて重要だが、他方で日本のＧＨＧは世界シェアの３〜４％程度であり、世界全体のＧＨＧの総量に対する影響は微々たるもののように感じられる。

ＧＨＧの削減費用を全世界で均等化することが、地球全体での効率的なＧＨＧの削減手法であることを考えれば、日本でカーボンニュートラルを進めつつ、より排出量の多い国に対して国際協調の取り組みを促していく必要がある。

例えば、日本での再生エネ技術を海外で生かすことによって減らされたＧＨＧ削減量を、日本国内での削減量として評価するような仕組みを国際的なルールとすることは、地球単位での温暖化対策の効率化への第一歩となるだろう。国内で進める温暖化対策の取り組み成果が、国際的に生かされて初めて、地球温暖化の解決への道も開かれてきそうだ。

機会費用の視点

再生エネのなかでも、自然の摂理に応じて変動する再生エネは、例えば太陽光発電であれば、真夏などの需要が増加する期間に晴天が訪れると、需要のピークを抑えるのに貢献する。

一般に需要のピークには、そのときにしか使われないような稼働率が低く効率性の劣る電源が使用されることが多いために、需要ピークの抑制は発電コストの低減につながる。さらに、需要が平準化されれば、それだけ電源設備の稼働率も高まるので効率的な発電が可能になる。

他方で、発電量と需要量の調整がうまく合わないときは停電が起こるため、天候や風などの予測できない変化によって、需要量に対する発電量の過不足が生じる場合に備える必要がある。

つまり、利用できる蓄電池の容量がまだ乏しいなか、天候の急変などによる予測外れによって、太陽光や風力による発電が電力需要を満たせない場合に、そのギャップを補うためのバックアップ電源を用意しておく必要があるのだ。

バックアップ電源は、一般的に化石燃料を用いるものが多く、また、こうした電源は発電態勢に入るのに時間がかかることから、事前に発電機を温めて待機させておく必要がある。この待機量は太陽光発電の導入量に応じて増やさざるを得ないことから、太陽光発電を普及させるときの隠れたコストであり、機会費用と考えられる。

温暖化対策を進めるなかで再生エネ型経済社会を目指しているにもかかわらず、その社会の前提が化石燃料による火力発電のバックアップに支えられているという姿は、やや異常にも見える。非効率な石炭火力発電のフェードアウトを政府として進めているなか、こうした状況を脱却するためには、少なくとも再生エネの自然変動する発電量を需要量の変動に合わせる工夫を、制度として生み出す必要があるだろう。

特に、再生エネが生み出す余剰電力を電気自動車（ＥＶ）で吸収したり、水素に変換して他のエネルギー源として活用したりといった取り組みを促すためには、電力卸取引所において価格下限（１銭）を外し、電力が余剰のときにはマイナス価格となることを許す市場設計も検討に値するだろう。価格がマイナスになるということは、電気を使うことによってお金がもらえる状態であり、そうした経済的な誘因が与えられるのであれば、余剰電力を活用するイノベーションへの様々な取り組みが自発的に促されるはずである。

政府の取り組みには、補助金などをつけることでイノベーションを伸ばそうとする姿勢がしばしば見られるが、安易に補助金を与えずとも制度の仕組みを変えることで、イノベーションを生み出す方向へビジネス環境が大きく変わり得ることも、念頭に置いておくべきだ。

２──まとめ──再生エネの市場統合に向けての課題

２０２０年冬に本格化した新型コロナウイルス感染拡大が収束を見せないなかで、国連のグテーレス事務総長は、２０３０年までの達成を目指す持続可能な開発目標（ＳＤＧｓ）について、目標の達成が一層困難になったという認識を示した（United Nations, 2020: 2）。

他方で、地球温暖化による気候変動が、年を追うごとに深刻なダメージを日本および世界に与えている。環境対策がもはや国としても企業としても不可避のなかで、イノベーションを促し、効率的に技術を普及させる競争政策の視点は、環境政策にも有益な示唆を与える点を議論した。

具体的には、再生エネ普及の起爆剤となったＦＩＴ制度を取り上げた。振り返ると、日本の再生エネ政策は、規制料金の下での電力システム改革と同様に、数量でコントロールする世界（ＲＰＳ制度）を出発点にしていた。その再生エネ政策が、価格でコントロールする世界（ＦＩＴ制度）へと移行したことは、電力システム改革の自由化を先取りする政策として、大いに評価できた。しかし、その価格もＦＩＴ制度の下では、総括原価方式にもとづいていたため、市場メカニズムを使ったあるべき姿からほど遠い姿となっていた。

２０２２年度に、市場価格をベースにプレミアムを乗せて買取価格とするＦＩＰ制度が導入される。プレミアムがゼロになれば、再生エネの発電量を市場で売却したのと同じ収入となることから、プレミアムをいかに競争的に設定できるかが政策課題になるだろう。

再生エネは限界費用がゼロの電源だが、賦課金によって設置コストや適正利潤が電力需要家の負担によって補助されている。このように「ゲタを履いた」再生エネが市場統合され、補助の入っていない他の電源と競合する場合のあるべき制度設計について、しっかり検討する必要があるだろう。

賦課金による補助が勘案されずに、再生エネが競争上優位に取り扱われるときの市場の歪みや、そのときの国民負担の大きさをシミュレーションしつつ、公正・公平な競争環境のなかで健全に再生エネの普及が進むよう、定量分析を進めていくことが喫緊の課題である。

最後に、産業政策との関連で述べると、再生エネ特措法[157]の第1条には、ＦＩＴ制度の目的として、「再生可能エネルギー源の利用を促進し、もって我が国の国際競争力の強化及び我が国産業の振興、地域の活性化その他国民経済の健全な発展に寄与すること」とある。

そもそもＦＩＴ制度は、環境政策と産業政策とが再生エネ普及に向けて両輪をなす制度のはずだった。実際に、再生エネ特措法が成立したときに設置された太陽光パネルの９割近くが国産であり、賦課金を通じた産業育成の側面があった。しかしその後、日本の太陽光関連産業は急速に競争力を失い、現在では設置パネルの８割以上が輸入品となっている。

つまり、太陽光発電は累積導入量を増やすという点では大きな成果があったが、年間２兆円に近い賦課金という国民負担は、産業政策として最終的に生かされることはなかったと結論づけられる。[158] 第Ⅲ部では、人口減少時代の競争政策の観点から、産業政策のあり方について議論してみたい。

157　正確には「電気事業者による再生可能エネルギー電気の調達に関する特別措置法」。
158　もっともＦＩＴ制度を通じて産業政策を行うことの正当性や政策効果については、別途評価されるべきである。

第Ⅲ部

人口減少時代における競争政策

経済政策のなかで、競争政策と対立するものと位置づけられてきたのが産業政策であった。ここでは日本の戦後70年あまりを振り返り、経済政策における競争政策の位置づけを、産業政策との対比を通じて浮き彫りにしたい。

第6章では競争政策と産業政策との相克を、企業合併をテーマにして論じる。競合する企業同士が合併することに対して、消費者余剰の増進を目指す競争政策と、企業や産業の成長を目的にする産業政策は互いに対立する見方を提示してきた。ここでは、過去の大型合併の事例を複数取り上げながら、人口減少時代において競争政策の合併判断に新たな要素が求められる点を指摘する。

第7章は産業政策を包括的に議論する。この章ではとりあえず競争政策を脇に置いて、産業政策を中心的な課題に据えて、その経済学的な位置づけや歴史的な変遷を概観する。

第Ⅲ部は、第Ⅰ部で紹介した構造推定を使った具体的な政策効果の検証事例を取り上げ、手法の詳細や留意点とともに、構造推定の強みと弱みを明らかにする。

第Ⅲ部から明らかになる点は、人口減少という構造的な課題に加えて、新型コロナウイルス感染拡大防止が続くウィズコロナの時代において、競争政策と産業政策を融合し、官と民とが共同して政策を作る視点が求められるということである。同時に、評価・検証を前提とした政策立案の仕組み(Evidence-based Policy Making：ＥＢＰＭ（証拠を重視した政策立案）が必要である点を指摘する。

なお、第Ⅲ部では人口減少に重点を置いた議論を展開するが、序章でも述べたように、人口減少を語るうえでデジタル化も重要な論点である。論点のメリハリをつけるために、デジタル化については第Ⅳ部で扱う。

第6章　人口減少局面に求められる企業合併の視点※

日本は未曽有の人口減少に直面している。国立社会保障・人口問題研究所によると、2010年頃を境に日本では人口減少が始まっている。2020年4月には1996年の人口を下回っており、さらに2060年には9000万人を大きく下回ると予想されている。現在28%強である高齢化率も、2050年頃に38%で安定するまで右肩上がりで伸び続けるとされる。[159]

深刻なのは、こうした状況が全国一律で生じるわけではなく、人口規模の小さい自治体で減少傾向がより著しいと予想される点である。総務省によると、2015年と比較して、2040年に人口が増加する市町村はわずか112団体にすぎず、人口が20%を超えて減少する市町村数は全体の80%（全1682団体中、1391団体）を超える。[160]

※　本章は大橋（2012f, 2013a, 2013b, 2020b）を全面的に改稿した。
159　https://www8.cao.go.jp/kourei/whitepaper/w-2020/gaiyou/pdf/1s1s.pdf を参照。
160　https://www.soumu.go.jp/main_content/000563166.pdf を参照。

先の将来予測は、新型コロナウイルス感染拡大を受け、精査の余地もあろう。しかし、人口減少・高齢化の影響が日本の社会経済活動に着実に影を落とし始めていることは、疑いがない。消費でいえば、多くの市場で成長が頭打ちになっており[161]、新型コロナウイルス感染拡大防止における三密の回避や移動の自粛などは、観光や公共交通をはじめとする需要縮小をさらに加速させている。

国内市場の縮小に対する企業や業界の対応は様々だが、共通するのは、企業数や供給能力の過剰感が目立ち始め、国内市場での「過当競争」[162]を余儀なくされるとの指摘である。以前から日本では、産業ごとの企業数が他国に比べて多く、平均的な企業規模が小さいことから、規模や範囲の経済性を生かせず、「国際競争力」[163]が発揮できないという点が懸念されていた（経済産業省、2010）。

時価総額を企業規模の尺度としたときに、日本の企業規模が見劣りすることは、データからも確認できる。図表６－１には時価総額（２０２０年８月28日時点）上位3位までの企業を、日本と海外それぞれについて取り上げてみた。図表で取り上げた四つの産業のどれを取っても、日本企業と海外企業との規模の格差は歴然としている。

小規模で多数の企業が国内市場にひしめき合う。この日本特有の産業構造を変革する一つの手段として注目されてきたのは、企業同士による事業提携や経営統合である。国内企業の合併は、同一市場における企業数を減らし、また、合併による規模の経済性を発揮することで、これまでの低収益体質からの脱却が期待できる。他方で、合併による効率性向上に対して懐疑的な意見も聞かれ、いまだ定見が確立されているとは言い難い。

本章では、日本における企業合併を巡る議論の背景を振り返りつつ、人口減少時代における競争政策のあり方について、水平合併[164]に焦点をあてて論じる。

本章の構成は以下のとおりである。第1節では、日本の企業合併の過去を振り返る。第2節では、日本での合併を巡る過去の議論を振り返り、合併の経済学的な側面を明らかにする。第3節は、合併の定量的な評価として、誘導推定と構造推定の長短を論じつつ、鉄鋼の大型合併の事後評価を取り上げる。第4節は、需要縮小における合併規制のあり方を論じる。国内航空産業の合併事例を紹介しつつ、地域の基盤的なサービスを提供する産業への合併規制に求められる視点を指摘する。第5節では、人口減少局面では合併規制の規範に転換が求められる点を提起する。

161　もちろん、業種によって人口減少・高齢化の影響は様々である。例えば、医療介護の需要は一般的に拡大していると考えられる。

162　この用語の定義は第2節にて論じる。

163　小宮（1999:95）は、国の産業と競争関係にある外国の産業と比べたときの相対的な生産性を比較するのではなく、比較優位で考えるべきことを指摘する。本書では、「国際競争力」と表記することで、小宮（1999）の認識も踏まえた用語の使用であることを示す。

164　企業合併には、他に垂直合併と混合合併の二種類がある。水平合併が同じ市場において競争関係にある企業間の合併であるのに対して、垂直合併はメーカーとその商品の販売先企業との間の合併など、取引段階を異にする企業間の合併を指す。混合合併は、この二つのいずれにも属さない合併である。垂直合併は、第5章で論じた発送電分離（垂直分離）とは逆の形態と考えられる。

図表6－1　国内外主要業界の時価総額上位３社

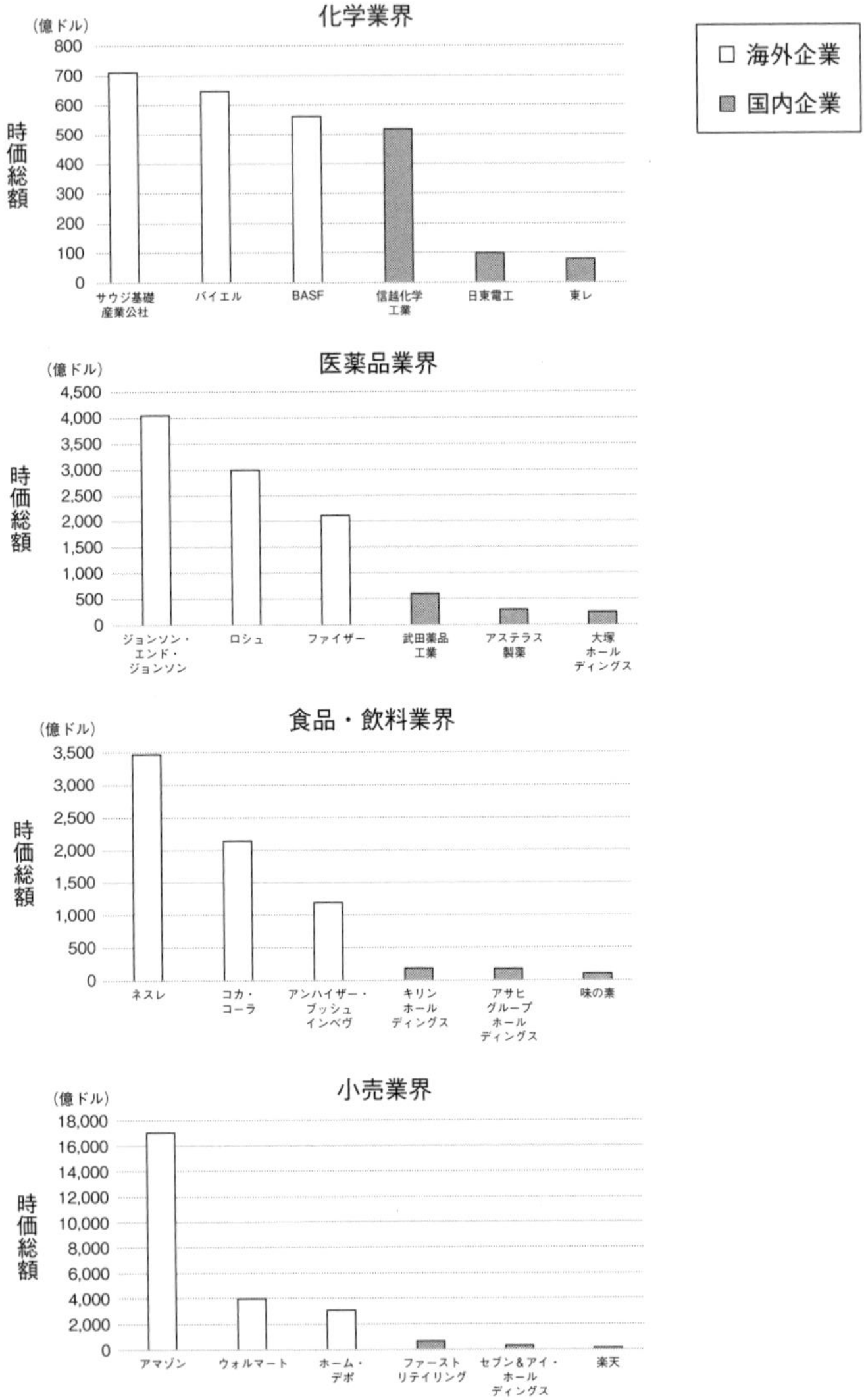

出典：日本企業のデータは日経会社情報 DIGITAL、海外企業のデータはブルームバーグ・マーケット情報から 2020 年 8 月 28 日時点のデータをもとに作成

1―日本の企業合併の現状

日本における企業合併の件数の推移を図表6－2に示した。これは、メディアなどを通じて公表された合併件数をレコフが公表しているものである。データの利用可能な1985年以降、合併件数は周期性を持ちながら着実に増加傾向をたどってきた。最初の合併ブームはバブル期にあたる1990年である。このときは日本企業による海外企業のM&A（IN－OUT）が盛んであった。他方でバブル経済がはじけるとリストラ費用などで巨額損失を計上するケースも少なからずあり、IN－OUTの合併について多くの企業が慎重になるきっかけともなった。

そうした背景もあり、1990年代後半以降、日本企業同士のM&A（IN－IN）の件数が大きく増加している。特に1999年からは、第一勧業・富士・日本興業銀行（現みずほフィナンシャルグループ）をはじめとして、金融機関の統合が相次ぎ、また2004年からの株価上昇の助けもあって、企業合併の件数は2006年に2775件とピークになった。

2008年秋の世界金融危機で合併件数は激減したものの、その後は合併件数が急増し、2017年以降は毎年過去最高を更新している。背景には事業承継に伴う中小企業の合併件数の増加があるものと思われる。

ウィズコロナが長期化するなかで、今後、企業の退出はさらに進むものと見られており、海外からの買収も含めて日本企業のM&A（OUT－IN）、IN－INの件数の推移に注視が求められる。

図表6－2　日本の企業合併件数

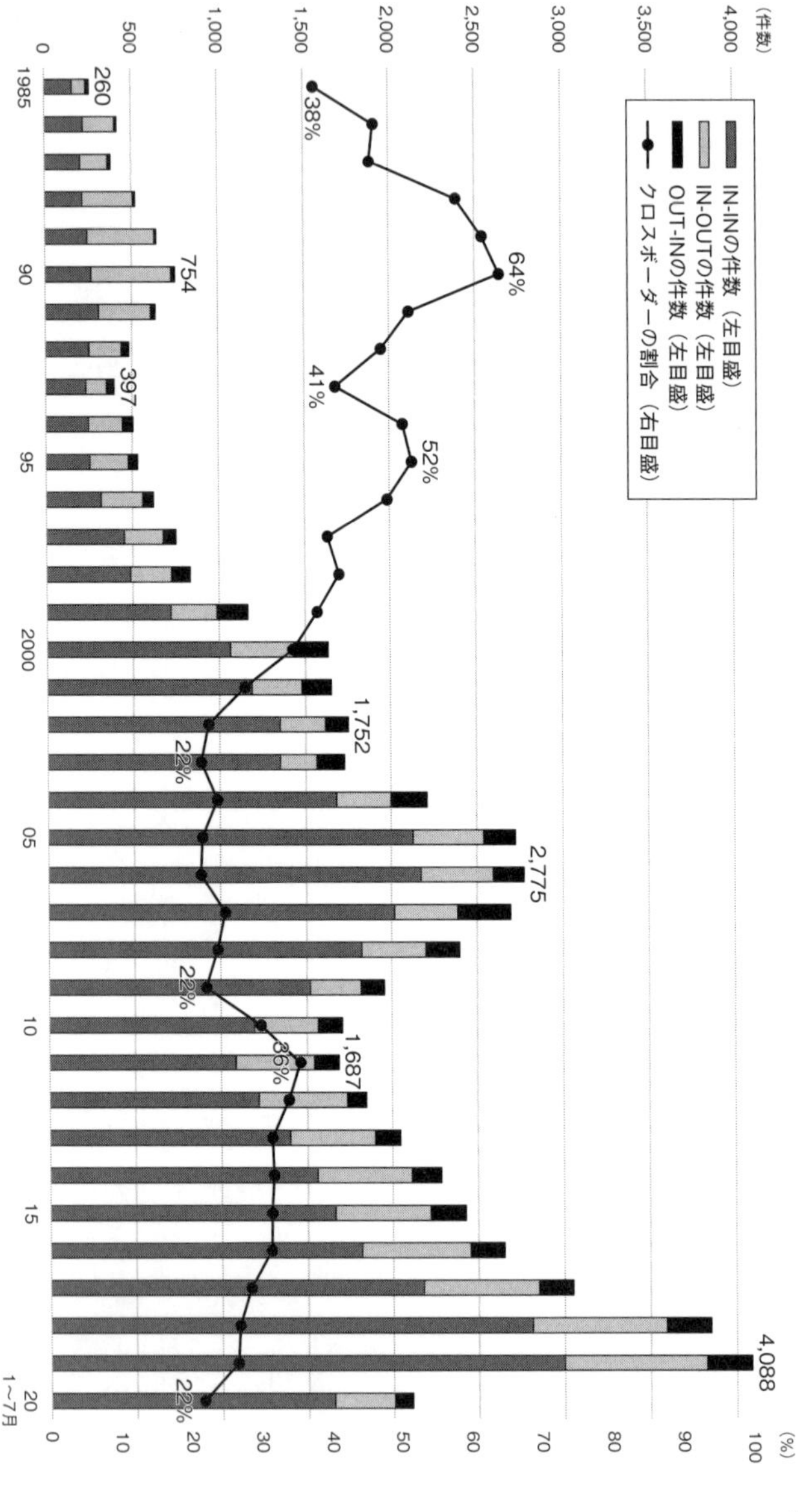

出典：2009年まではレコフデータ（2010）。2010年以降はレコフデータ（2020）をもとに作成

なお、1990年代後半からの合併件数の急増は、企業合併に関する制度改革と企業社会の構造変化の二点に起因すると指摘されてきた。

前者の制度改革では、戦後に連合国軍最高司令官総司令部（GHQ）が独禁法によって禁止した純粋持株会社（本業を持たずに他社の事業会社を支配するホールディング・カンパニー）の設立が、1997年に解禁された点が挙げられる。純粋持株会社の解禁によって、企業グループ内の再編や経営統合が容易になり、企業合併の機運が高まった。

また、会社法制の改革によって株式交換や株式移転に関する制度が導入（1999年）され、完全子会社化を容易にする仕組みも創設された。その他にも、企業組織再編税制の整備（2001年）や連結納税制度の導入（2002年）、改正産業再生法の施行（2003年）など企業合併に関する制度改革も指摘できる[165]。

もう一つの大きな変化として、戦後に始まった安定株式保有の比率が1990年代後半から低下した点が挙げられる。

1950～60年代における資本の自由化のなかで、海外企業が日本企業の株式を買い占める懸念が持たれ、これに抗するために国内企業で株式を互いに持ち合い、外資による会社の乗っ取りを防ごうとする動きがあった。企業や業種によって程度は異なるものの、1960年代以降、日本では株式の

165　例えば、企業価値研究会（2005）を参照。

持ち合いが一般的に行われていたと見なされている。[166]

しかし、バブル崩壊後の株価の低迷や時価会計の導入などが引き金となって、持ち合いだけのために株式を保有することの機会費用が高まり、特に不良債権問題に直面した金融機関をはじめとして株式を市場に放出する動きが進んだ。こうした持ち合いの解消が株式の流動性を高め、企業買収を含む合併をやりやすくした側面があろう。

図表6－2のように日本ではトレンドとして伸びてきている企業合併だが、金額で見るとピークは2018年でGDP比の5・5％であり、[167]欧米でのブーム時の10％程度とはほど遠い。単純な指標での海外との比較で日本の現状を判断するのは慎むべきだが、日本では企業合併の「伸び代」がまだ残っているとの見方も可能だ。

2―合併を巡る日本の議論

企業の水平合併が注目されている背景として、「規模の小さい企業群が日本で多数活動することが、国内市場での『過当競争』を余儀なくし、日本企業の体力を必要以上に消耗させている」という認識が浸透している点を先に述べた。こうした認識は、貿易・資本の自由化が始まった1960年代にも産業再編の必要性を説く文脈において散見された。

興味深いのは、類似の見解がその後も長く政府や産業界に広く共有され続けたという点である。ここでは1960年代の日本の経済環境を振り返りながら、企業合併に対する日本での議論を振り返ってみたい。

１９５５年にＧＡＴＴに加盟し、さらに１９６４年にはＩＭＦ８条国に移行することで、日本は貿易・為替取引の自由化に踏み出した。それまで関税や為替規制によって保護されてきた日本企業は、自由化に伴う保護障壁の撤廃によって海外企業との激しい競争に直面することになった。

海外企業との競争に肩を並べていくためには、規模の小さい多数の企業が国内で競争するような現状の市場環境を転換し、合併や再編を進めて企業規模を拡大すべきだ、という「新産業体制論」が謳われるようになった。

この見方は、企業合併を政策的に推進すべきとの立場に立っている点に特徴があり、経済界や産業界の後押しを受けながら、当時の通商産業省が次章で扱う産業政策の一環に位置づけたものであった。この見方を「産業再編仮説」と呼ぶことにしよう。

企業合併を積極的に捉えるこの見方に対して、否定的な見解も聞かれた。経済学的に考えると、市場競争を通じた自然淘汰のメカニズムが働くならば、非効率的な企業は市場から退出し、企業数が適正規模に収束するはずである。この自然淘汰のプロセスを通じて、「過当競争」を引き起こす原因である過剰供給が解消されることが期待された。

166　歴史的経緯については、例えば奥村（2005）が詳しい。なお、株式持ち合いに対しては、その効果を疑問視する論説も存在する。例えば、三輪・ラムザイヤー（2001）を参照。

167　なお２０１９年度はＧＤＰ比３・３％となっている。

退出企業の持つ設備や従業員を獲得する目的で企業合併が行われても、それは市場メカニズムのなかで自然発生的に生じる事象なので、政策的に企業合併を推し進める必要はない。それどころか、もし企業が競争を回避するために合併を求めるのであれば、「産業再編仮説」は有害でさえある。なぜならば、市場メカニズムの結果として達成された適正企業数を、さらに減少させるような企業合併は、競争を制限して消費者の利益を損なう行為に他ならないからである。

企業が競争力をつけるためには、競争を促すことを通じて効率性を高めていくことが重要であり、その点でも、企業数を減らすことになる企業合併は望ましいものではない。この見方は1960年代当時、主に経済学者を中心に強い支持を受け、公取委が合併規制することの理論的な正当性を与えるものと注目された。この見方を「市場競争仮説」と呼びたい。類似の考え方は、今日でも産業政策に対して否定的な見解を述べる識者や競争政策を支持する識者によって共有されている。

この二つの仮説は、企業合併という点では対立関係にあるものの、その仮説の背景にまで踏み込んで考えると、互いにかみ合っていない論点が重層的に混在している。

こうした点を解きほぐしていくと、二つの仮説の違いから浮き彫りになる論点は、現状認識に対する違い（論点1）、現状認識を踏まえた政策のあり方に対する見解の違い（論点2）、そして企業合併に対する評価の違い（論点3）の三つに分けられるように思われる。以下では最初の二つの論点を概観し、三つ目の論点については節を改めて第3節で議論したい。

論点１　日本経済は過当競争か否か

先の二つの仮説（産業再編仮説と市場競争仮説）には、日本経済の現状に対する認識の違いが反映されている。産業再編仮説は、日本の産業構造は企業規模の過小、企業数の過多を特徴とすると捉える。他方で市場競争仮説は、市場競争を議論する以前に、過当競争という概念自体に否定的である。両者の議論は、土俵に上がる前にそもそもかみ合っていない。

まず、産業再編仮説が問題にする「過当競争」とは何だろうか。この用語の定義としてしばしば引用されるのが、両角（1966:62）による「競争によってえられる国民経済的利益よりも競争に伴って失われる国民経済的損失の方が大きい」状態である。競争の有無が国民経済に与える影響の得失を分析し、もし競争があることによって国民経済的な利益が損なわれるのであれば、それを競争のいきすぎと捉えて過当競争とする。

両角（1966）の定義で特筆すべき点は、競争を考える際の評価軸として国民経済に与える影響に言及している点である。「国民経済」とは、経済学でいうところの社会厚生と同義と考えてよいだろう。社会厚生に対して競争が負の影響を与えるのであれば、それを過当競争として問題視すべきという点は、少なくとも経済学的に合理性を持った見方である。他方で、市場競争仮説が指摘するのは、競争は社会厚生に常に良い影響を与えるために、過当競争は起こり得ないということだ。

現在の経済学の知見に照らしたときに、おそらく両角の定義に違和感を覚えるところは、競争をあるかないかという二項対立で捉えている点ではないか。競争とは、他に対抗する企業がいない独占から、多数の企業がひしめき合う完全競争までの幅広いスペクトラムの間で、多様な形態を取り得る。競争を有無の二者択一で捉えるのは、そのスペクトラムの両極端でしか競争を判断しないということであり、現実を簡略化しすぎているとの批判を免れない。

仮に、ある市場における競争の程度を企業数という指標で代表できるものとしよう。ある市場における企業数が増えれば、競争は激しくなると一般的には考えられる。このとき過当競争が生じるための必要条件とは、企業が自由な意思にもとづいて市場競争を行う場合に達成される企業数と、社会厚生の観点から見て望まれる企業数とが一致せず、前者が後者を上回る状態を指す。

経済学の基本的な教科書は、需要と供給が「見えざる手」によって均衡する場合に、社会厚生が最大化されると説明する。しかし、需給がアダム・スミスのいうような形で均衡せず、供給者が他の競争企業の動きを牽制しながら価格への影響力を行使する寡占市場では、均衡した状態での企業数は社会厚生を最大化するようには決まらない。

例えばMankiw and Whinston (1986) は、競争企業から顧客を奪う効果 (business stealing effect) によって、企業の参入への誘因が社会的に望ましい水準を超えて与えられてしまう結果、過剰な参入が起きることを指摘している。つまり、社会的に望ましい水準を超えて企業が市場に参入することから、市場における企業数は社会厚生の観点から過多になり、「過当」な競争になると考える。

市場メカニズムが機能すれば過当競争は生じないとする市場競争仮説は、現実の市場の多くが寡占である点を考慮に入れていない点で、正確さを欠く内容といえる。

もちろん、理論的に過当競争が生じ得るからといって、それが現実に生じているとは限らない。実際に、日本の産業構造が過当競争にあるかどうかは、理論ではなく実証的な問題になる。そこで問題になるのは、競争の程度が過剰であるということをどのようにデータから確認するかである。

このとき頭に置いておくべき大事な点は、競争とは目に見えない概念だということである。競争が激しいといった場合、その激しさの程度を先ほどの議論では便宜的に企業数で表されるとしたが、正確には価格と限界費用との乖離を示すマークアップを指標とすべき点を第I部で考察した。

寡占において成立する競争価格（そしてその価格で成立するマークアップ）は、競争状態では適正と考えられるが、この適正水準にある価格よりも現実の販売価格が下回るのであれば、競争が過剰と判断できるだろう。現実の市場構造を反映した経済モデルが示す競争価格をシミュレーションによって導出するのが、構造推定の手法である。[168] 構造推定については、第3節で詳述する。

論点2　企業合併と効率性の向上

貿易・為替の自由化が進むなかで、二つの仮説は日本企業が効率化を達成する方法に対しても異なった見方を示している。産業再編仮説は、企業が合併して規模を大きくすることによって、経済性を

168　経営破綻すべき企業が廃業せずに活動しているという「ゾンビ企業」の存在（例えばCaballero et al, 2008）や、米国と比較した場合の日本の参入企業の低い生産性（深尾、2012）などの指摘は、日本の産業構造が過当競争にあるとの仮説と整合的といえる。しかし、本文でも議論したように、社会厚生と比較して競争が過剰であるという点の理論化・定量化がなされない限りは、厳密な意味での検証は不可能と考えられる。

追求し効率化することが重要だとの見方を示す。例えば、国家を代表するような「ナショナル・チャンピオン」企業を生み出し、生産・流通・販売において規模や範囲の経済性を最大限発揮することで、「国際競争力」を獲得できるというものである。

他方で、市場競争仮説では、国内における競争を引き起こすことが企業の効率化やイノベーションの活性化を促すと考える。そこで市場競争仮説では、独占化を通じた「競争力」向上の有効性に否定的であり、その点で産業再編仮説とは相いれない見方といえる。

企業合併によって国内市場における競争の変化が予想されるが、この市場競争の変化が企業の海外展開に与える影響については、貿易論や産業組織論を中心とする経済学の分野において多くの研究が生み出されている。これらの文献では、例えば、寡占における企業の輸出行動は、市場競争の形態や貿易政策のあり方によって大きく異なることが知られている[169]。

産業再編仮説と市場競争仮説という二つの仮説の妥当性を考えるにあたり、実証的観点からの検討が有用だが、Whinston（2008: 127）が指摘して以来、企業合併の実証研究において効率性の向上効果についての実証分析の蓄積はいまだ十分とはいえない。企業合併が効率性や経済性を生かすために行われているのであれば、競争促進的な効果を持ち得るものとして企業合併をもっと積極的に評価できるだろう。合併に伴う効率性に関する知見の蓄積は、企業合併の経済評価を行ううえでも重要な研究課題である。この点については次節で改めて触れる。

3―企業合併の経済評価

ここまで概観したように、水平合併の評価は、論点1で触れた競争を制限する効果と、論点2での効率性を向上させる効果との二つから構成される。

後者の「効率性向上効果」は、規模の拡大や部門間の相乗効果を通じた生産・販売・流通部門の生産性の向上を通じて、より安くより良い製品を需要者に提供できる点で社会厚生を増大する。他方で、水平合併によって企業数が減少し、企業間の競争が緩和される懸念がある。

前者の「競争制限効果」には、企業単独で行われる形態（unilateral effect）と、企業間で協調・共謀することによって行われる形態（coordinated effect）との二つがある。いずれの形態も、結果として需要者は高い価格や低い品質を甘受せざるを得ない点で、社会厚生を悪化させる。

競争制限に対する懸念が強ければ、企業合併は社会的に望ましくない可能性が高まり、合併規制を強化すべきという議論になる。他方で効率性向上の要素が強ければ、企業合併は競争を促進する効果があり、合併を規制するのではなく推進すべきということになる。

169　単純な戦略的貿易理論の世界では、戦略的代替関係（例えばクールノー競争）にあるときには輸出補助金が自国の厚生を引き上げるのに対して、戦略的補完関係（例えばベルトラン競争）の場合には、輸出に課税する方が自国の厚生を引き上げることが知られている（Brander, 1995）。

事前規制である企業合併において、消費者余剰か社会余剰か[170]のいずれを最大化するにしても、規制当局は合併が行われる前に、競争制限効果と効率性向上効果の何らかのトレードオフ（Williamson's tradeoff）[171]を比較考量しつつ合併審査を行う必要がある。

合併審査が事前に行われるとはいえ、過去の合併事例において二つの相反する効果にどのようなトレードオフがあったかを、事後検証として明らかにしておくことは有益である。本節では、そのための手法として二つの代表的な定量アプローチ——誘導推定と構造推定——を順に紹介し、手法の長短も併せて論じる。

誘導推定

企業合併を事後的に評価するときに、合併時期の前後という時点の違いに注目して、合併した企業の経済変数を比較する手法には問題が多い。異なる時点の比較による経済変数の変化は、合併による効果以外にも景気などのマクロ変数の影響が無視できないからである。

この批判に応えるために、合併社以外の企業を対照群（control group）として注目し、その対照群を実験群（treatment group）である合併社との間で比較したうえで、さらに企業合併時点の前後で比較することによって、企業合併がもたらした効果を事後的に利益率や価格などの市場成果の指標によって評価しようとするＤＩＤ（Difference in Differences）分析が、企業合併の評価にも登場した。[172]

ＤＩＤ分析を用いた企業合併の検証は、新薬の治験検証と同様の考え方で行われることになる。治験検証においては、疾病重篤度などの観点で同じ基準を満たす患者を対象として、その患者をランダムに実験群と対照群に振り分け、新薬あるいは偽薬を与えることが理想的な検証実験とされる。

この観点から企業合併の検証が妥当性を持つためには、少なくとも以下の二点に留意をする必要がある。まず、実験群と対照群とが比較可能であることが必要条件となる。治験検証において同一の基準を満たす患者を対象とするように、企業合併の検証においても合併社と酷似した非合併企業を見つける必要がある。

ＤＩＤ分析が妥当性を持つための第二の条件は、企業合併は企業が事前に予見することができないという意味で外生的なショックであり、現実に観測された合併事案は、そうしたショックの実現値として扱われるべきという点である。例えば、企業合併が予見されている場合には、この条件は厳密には成り立たない。企業合併が外生的ショックとして見なされ得るのかどうかは、企業合併の事案によるであろう。

なお、企業合併の誘導推定では、しばしば合併が価格にどれだけの影響を与えるかが分析される。この分析は、合併が消費者余剰に与える影響に関心があるときに特に有益だ。誘導推定を通じて明らかになるのは、一般的には「競争制限効果」と「効率性向上効果」との和であり、各々の効果を独立に識別することは通常できない。

170　本書では「社会余剰」を「社会厚生」と同義として用いる。
171　Williamson（1968）を参照。
172　傍線部の比較とは、推定上は差分を取る作業になる。差分を2回取るためにＤＩＤという名称になっている。

誘導推定は、企業合併の背景にある経済学的なメカニズムを捨象して、観測可能な経済変数の間における関係を分析するため、うまく自然実験の枠組みを設けるなどして効果の識別を試みない限り[173]、誘導推定から得られる観察結果からその背景にある経済学的なメカニズムを読み取ることは不可能である。

またＤＩＤ分析は、企業合併後のデータがあって初めて行えるものである。合併が行われる前に合併可否の判断が求められる企業合併審査においては、ＤＩＤ分析を用いることはできない。誘導推定から観察される価格変化がどれだけ供給側の要因からきているのかを知るためには、誘導推定では分からない需要・供給構造にまで立ち入った分析を行う必要がある。その手法が、次に述べる構造推定である。

構造推定

市場均衡として表れる価格や販売数量などのデータを用いて、その市場均衡における関係を推定するのが、誘導推定であった。これに対して構造推定は、市場均衡の背景にある根源的要素である需要関数（あるいは消費者選好や効用関数）や供給関数（あるいは企業の生産関数や費用関数）を推定するものである。

構造推定では、市場均衡が生じた経済的なメカニズムを明らかにできるメリットがある。他方で、需要関数や供給関数はデータで観測できない要素であるため、経済モデルに依拠する必要があり、モデルの現実妥当性に留意する必要がある。

構造推定を用いて企業合併を評価するとき、通常次の二つのステップを取る。初めに、現実のデータを用いて、分析対象である企業合併に関係する経済主体の需要関数や費用関数といった経済モデルの構造パラメータを推定する。次に、その推定値を用いて、当該企業合併がなされなかったという仮想的な状況下における市場均衡を、シミュレーションに依拠して現出させる。

なお、シミュレーションが企業合併の影響を因果関係として捉えているとするためには、推定された経済モデルが現実の経済主体の活動と近似するという点と、企業合併を経済主体の行動に対して外生として扱えるという二点の確認が必要である。もちろん、これらの点は、誘導推定においても確認されなければならないもので、構造推定に特別な要件ではない。[174]

この二段階からなる手法を一般に合併シミュレーションと呼び、そこには誘導推定と比較して、多くの経済学的な仮定を要することが知られている。ただし、合併シミュレーションを行わなくとも、この二つのステップの一部を取り出して分析するだけでも、企業合併に対して豊かな示唆が得られることが多々ある。

173　例えばAshenfelter et. al（2015）は、MillerとCoorsとの合併によって醸造所と消費地との距離の変化を測ることで、合併による配送の効率性が価格に与えた影響を捉えた。

174　なお、企業合併が市場環境から内生的に決まっている場合、前述のステップに加えて、企業合併が形成されるプロセスをモデル化することで構造推定を用いることができる。初期の研究として、例えばGowrisankaran（1999）を参照。

例えば、第1章のSSNIPテストとは、構造推定の第一段階における需要推定を取り出して手法として確立したものであり、需要の価格弾力性の推定値から競争制限効果の程度を予測することが可能である。また、同じく第1章で取り上げたUPP分析も、合併シミュレーションの簡略版と考えられる。[175]

構造推定は、誘導推定よりも技術的に複雑だが、[176] 誘導推定にはないメリットを複数有している。既に指摘した点も含めて、主だったものを四点挙げてみよう。

第一に、構造推定では、特定の企業合併が価格や数量に与える影響を要素分解して分析できる。誘導推定では、企業合併に伴う競争制限効果と効率性向上効果を合わせた粗効果として価格の変化を評価することが一般的だが、構造推定では、効率性向上効果を競争制限効果と切り分けて評価できる。

第二に、誘導推定では、（個別企業の経営戦略や費用要因をコントロールしていない限りにおいては）合併社と非合併社との間で価格づけを含む経営戦略や費用構造が対称的であることを暗黙のうちに仮定するが、構造推定では企業間の非対称性や異質性を明示的に考慮して分析できる。

第三に、構造推定は、誘導推定が行い得ない厚生評価を行うことが可能である。もっとも消費者余剰に与える影響だけを知りたければ、価格が上昇するかどうかだけで判断が可能であり、誘導推定で十分ではないかとの指摘があるかもしれない。

しかし、次節で議論するように、製品が差別化されている財・サービス市場においては価格の上昇だけではなく、品質の変化も加味しなければ消費者余剰への影響を評価することはできず、また消費者余剰への影響が軽微な場合には、生産者余剰も含めた社会余剰の評価が不可欠となる。

第四の構造推定が持つメリットとして、企業合併の事前評価を可能にする点が挙げられる。誘導推定では、合併後のデータがなければ当該企業合併の評価を行うことは不可能であるが、構造推定においては、推定された構造パラメータをもとにシミュレーションによって企業合併を評価するので、いまだ実現していない企業合併の事前予測を推定できる。

具体的には、競争制限効果について需要の価格弾力性を推定することで、単独あるいは協調行動の下での影響が評価可能だ。効率性向上効果を事前に推定することは困難だが、いくつかの現実妥当性を持つ効率性向上のシナリオを用いることで、効率性向上効果を加味した合併シミュレーションが可能であろう。

このように構造推定は、誘導推定では行い得ないような、企業合併が経済主体の行動に与える影響まで踏み込んだ分析が可能である。また、合併前の段階において、企業合併審査を定量的に行うときにも適切な手法と考えられるだろう。

なお、誘導推定（例えばその代表例であるＤＩＤ分析）と異なり、構造推定においては画一化された分析手法が存在せず、対象となる企業合併事例に合わせた道具立てを自ら用意することが求められることから、いわば経済分析の「プロ向け」のツールといえる。構造推定を行うためには、経済

175　Farrell and Shapiro（2010）を参照。
176　誘導推定と構造推定に関して *Journal of Economic Perspectives* 上で論争があった。誘導推定を支持する意見として Angrist and Pischke（2010）、後者を支持する論考として Nevo and Whinston（2010）を参照。

分析専門のスタッフを確保する必要があろう。

構造推定の考え方は、遅くとも1950年代から知られている。コールズ財団の設立メンバーであるHoodとKoopmansは、「経済理論と統計手法とを融合した経済学の一分野」[177]として構造推定を念頭に置いて計量経済学を語っている。

同時方程式の推定から始まった構造推定の手法だが、企業合併の評価において構造推定が取り入れられ始めたのは2000年前後である。ここでは、構造推定の事例として、日本の大型合併の金字塔を打ち立てた1970年の八幡・富士製鐵の合併についての評価を紹介したい。

事例　日本の大型鉄鋼合併と効率性

1968年4月17日、毎日新聞朝刊で当時の日本の鉄鋼業界をリードしていたトップ2社が合併することがスクープされ、世間を驚かせた[178]。八幡・富士製鐵の合併である。

両会社は、1950年に国策会社である日本製鐵が解体されて生まれた企業である。再統合によって新しい新日本製鐵（現日本製鉄）が復活すると、USスチールについで世界第2位の粗鋼生産高を有する製鉄会社の誕生が見込まれていた。

しかし八幡・富士製鐵の合併公表は、世論を巻き込む大議論を巻き起こし、公取委から合併承認を得るまで、さらに2年近くもの時間を要することになった。

八幡・富士製鐵の合併は、その規模もさることながら、日本の合併史上で最初の正式届け出による合併事例である点も注目に値する。この正式届け出によって実質的な合併審査が行われた大型合併事例は、1970年の新日鐵の合併後、2012年の新日鐵と住友金属工業による合併届け出まで40年以上存在しなかった。その意味でも、日本の合併審査における歴史の変節点は、鉄鋼産業による合併によって形作られたといっても過言ではない。

この合併に至る過程では、賛成と反対で世論が真っ向から対立することとなった。当時の財界は、生産性の向上や技術力の向上などの「効率性向上効果」をもたらす可能性が高いとして、合併を歓迎する意見が大勢を占めていた。

他方で、近代経済学者を中心とするグループは、「競争制限効果」の懸念が高いとして、強い反対の意を表明した。合併構想が明らかになった直後の1968年6月15日に、近代経済学者90名のグループが発表した「大型合併についての意見書」において、市場における自由な競争を可能にする土壌の確保こそが経済発展の原動力であり、大型合併はこの自由な競争を実質的に制限する恐れがあるとする主張を展開した（図表6－3）[179]。

公開の公聴会を経て、八幡・富士製鐵は、公取委の懸念を解消するための措置について提案を行った。その提案は、両者が合併することになった場合、公取委が競争の実質的な制限を懸念する四つの

177　Hood and Koopmans (1953) を参照。
178　この点も、本企業合併が外生的ショックと近似できると考える理由である。詳細は大橋ら（2010）を参照。
179　ただし、「競争の実質的制限をもたらす恐れは少ない」「規模拡大の利益はかなり著しいであろう」とする者も、このグループに若干名含まれていた。

図表6－3　経済学者による合併に待ったをかける「大型合併についての意見書」の発表風景

写真提供：共同通信社（1968年6月15日）

取引分野（鉄道用レール、食罐用ブリキ、鋳物用普通銑および鋼矢板）について、設備譲渡、株式譲渡および技術やノウハウの提供などの問題解消措置を行うという内容であった。公取委はこの提案内容の実施を前提に、合併を認めることにした。

大橋ら（2010）では、新日鐵合併を定量的に評価している。1960～79年の銑鋼一貫企業上位6社（合併後は5社）における生産・投入データを用いて、企業の戦略的な生産および設備投資行動を定式化し、かつ投資を通じた生産性向上も考慮した動学的な構造推定を行った。

この分析から、八幡・富士製鐵による合併には競争制限効果が見られたものの、需要家向け価格に対して1％程度の影響しか持たず、他方で生産性の大幅な向上によって、社会厚生は年平均で45％ほど上昇したとの結果が得られた。

この結果は、企業合併が効率性向上をもたらす点を定量的に明確な形で表現するとともに、（短期的な意味での）消費者余剰にのみ注視した企業合併規制は、社会的な厚生を大幅に損なう可能性がある点を示唆している。

新日鐵の誕生につながった八幡・富士製鐵の合併は、技術進歩に対して大きく寄与する実例を提供している。まず合併後、君津・大分の両新鋭製鉄所を拡充し、八幡の鉄源部門の戸畑への集約や室蘭・広畑の鉄源部門を含む大規模なリプレースが行われるなど、設備の大型化を志向した生産構造改善が図られ、また、世界で初めて全面連続鋳造方式を採用する工場を建設し、大幅な歩留まりの改善と品質向上を果たした。

こうした技術革新が、生産者余剰の増加を通じた需要家へのメリットとして還元されていると考えれば、消費者余剰はより長期的な観点からの基準と見なすこともできる。

なお大橋ら（2010）では、先に述べた合併会社が提案した設備譲渡を含む問題解消措置についても分析を行っており、この問題解消措置なく合併が行われた場合と比較して、新日鐵以外の競争業者（とりわけ神戸製鋼と日本鋼管）の生産性を向上させることに寄与したものの、その生産性向上の度合いは問題解消措置によって新日鐵が被った生産性低下を埋め合わせるまでには至らず、全体として社会厚生を低下させる効果を持ったことも指摘された。

効率性に関する新たな視点——固定費削減の重要性

日本の企業結合ガイドライン（公正取引委員会、2019a）[180]によると、効率性が抗弁として認められるためには、①企業結合に固有の効果として効率性が向上すること、②効率性の向上が実現可能であ

180　企業結合とは、独占禁止法の用語で企業合併を指す。

ること、③効率性の向上による需要家の厚生が増大することの三つの条件を満たさねばならないという。

合併する会社は、しばしば効率性効果を過大に見積もる傾向があるという疑念の目を向けられることが多い。効率性向上効果が大きく見積もられれば、合併によって消費者余剰や社会余剰にプラスの影響を与える蓋然性が高いということで、合併が認められやすくなるからだ。

構造推定は、合併社から示された効率性向上効果が、厚生基準に照らして十分なものかどうかを判断するときの基準として、用いることができるだろう。構造推定を用いることで、企業合併による競争制限効果を打ち消すのに必要な効率性向上の程度を、シミュレーションして定量的に評価できるようになる。

仮に、合併を予定する会社が提示した企業合併に固有の効率性向上効果が、このシミュレーションによって得られた効率性向上の程度を相当程度下回るのであれば、当該企業合併は、③の観点から認め難いと判断する一つの材料となる。

合併審査におけるもう一つの論点は、固定費の扱いである。

固定費とは、企業が生産する量の多寡にかかわらず、一定額として固定的にかかる費用と定義される。日本における合併審査では、効率性の向上によって需要者の厚生が増大するものとされる。そこで、企業合併による限界費用以外の費用の削減は、需要者が直面する価格に影響を与えないと考えられ、合併審査において勘案しないという考え方が提示されている。

他方で、数は少ないものの、水平合併による固定費への影響が分析され始めている。

例えば、１９９０年代の米国の通信自由化に伴う水平合併を、動学的な構造推定を用いて分析したものを取り上げてみよう。Jeziorski（2014）は、ラジオ局の合併による競争制限効果で２・２億米ドルの消費者余剰が失われたが、10億米ドルの固定費削減がなされたとする。またStahl（2016）は、テレビ市場に注目し、合併による増収の大半は固定費の削減からきていることを示している。

イノベーションや投資行動を含む動学的な経済手法を使った研究の蓄積に伴い、消費者余剰と社会余剰との区別が曖昧になっている点が指摘されている。例えばFarrell and Katz（2006）は、消費者余剰基準を掲げることが社会余剰の最大化を目指すことにつながり得るとの論考を発表している。

このような見方をすれば、日本での実務で想定されている「消費者余剰基準」は、需要家のみの厚生を基準とすることから、狭義の消費者余剰基準といえるだろう。

需要家にメリットをもたらすような投資や製品開発への意欲が、供給者の厚生（いわゆる利潤）から生み出されるのであれば、狭義の消費者余剰基準にもとづいて競争政策を運営することは、国民経済の観点から必ずしも望ましいこととはいえない。固定費の削減も含む効率性向上効果がもたらす生産者余剰への影響も勘案した、社会余剰を基準とした長期的な視野での「消費者余剰基準」（あるいは社会余剰基準への転換）を検討すべきではないか。

人口減少と新型コロナウイルス感染拡大防止対策のなかで、新たな厚生基準への検討はますます緊急性が増している。この点を第４節で考えてみたい。

4―地域基盤サービスと合併規制のあり方

人口減少によって需要が低減すれば、供給構造を所与とすると、供給の過剰感は強まっていく。新型コロナウイルスの感染拡大が終息せず、ウィズコロナの局面が長引く状況で、観光や外食業界などでは厳しい事業環境が続いている。他方で、生産年齢人口の減少によって十分な人材確保ができない業界や、事業承継の困難に直面する中小企業のなかには、事業からの撤退を選択するケースも増えている。

こうした状況下では、地域住民に提供されてきた基盤的サービスが徐々に地域からなくなっていくのではないかとの懸念が高まっている。「国土のグランドデザイン2050」（国土交通省、2014）には、サービス施設の立地する確率が50％および80％となる自治体の人口規模が示されている。例えば、野菜・鮮魚を扱う小売業が50（80）％の確率で存続するためには、少なくとも自治体の人口規模は3500（1万2500）人が必要とされる。有料老人ホームは、7万7500（17万5000）人の自治体人口規模が必要である。

これらのサービスのなかには、オンラインで購入できるものもあるが、地域に供給拠点を必要とするものも多く、人口減少は基盤サービスの多くを地域から消失させるのではないかと危惧される。

このように、他の条件を所与とした場合、人口減少下での競争環境は、人口が増加し市場規模が拡大するときの競争環境とは見える景色が大きく異なる。ある地域における市場規模が小さくなれば、その地域に特有のサービスを提供する企業数は減少せざるを得ない。地域特有のサービスは失われ、地域住民は、大都市で受け入れられている標準化されたサービスを購入するか、そうした購入機会すらもなくなれば、その地域では当該サービスの提供を受けられない事態も想定できる。[181]

最近では地方銀行の事例が挙げられるだろう。長崎県地盤の親和銀行を傘下（2007年10月に完全子会社化）に持つふくおかフィナンシャルグループ（FFG）と同県最大規模の十八銀行の合併を巡る論争である。金融庁が適当と判断して両銀行が2016年に基本合意した経営統合に対して、公取委が否定的な方針を表明したことは、金融界に大きな動揺を与えた。

公取委は、県内中小企業の7割が親和銀行か十八銀行のいずれかから資金の借り入れを受けており、両銀行の合併によって、中小企業向け貸出市場における金融機関の選択肢が大きく狭まることを懸念した。

実際に、農協や商工中金など隣接する市場を含めた参入圧力は乏しく、ネット銀行やフィンテック等も含めた県外所在の銀行などからの借り入れを、中小企業が行うことは現時点では容易ではないとの指摘がされた。対馬などの離島では、合併銀行の市場シェアが100%になる点に対しても、競争が実質的に制限される懸念が表明された。公取委による審査は、基本合意から数えて2年半近くに及び、2018年8月にようやく統合を認める旨の通知が出されるに至った。[182]

181　市場規模と財・サービスの標準化を考察した論考として、例えばWaldfogel（2009）を参照。

人口が減少する地域で基盤的なサービスを提供する業界が直面する課題は、長崎地銀の合併事例だけではない。以下では、もう一つの事例として２００２年の国内大手航空企業の合併を取り上げ、その合併の事後評価から得られる人口減少局面における合併審査への知見を紹介したい。

事例　国内航空会社の合併と地域路線の競争性

２００１年9月の米同時多発テロ事件をきっかけとして、国際路線を提供する多くの企業が撤退・再編を余儀なくされた。欧州でもスイス航空やサベナ・ベルギー航空などが倒産・合併し、米国ではアメリカン航空やＵＳエアウェイズなども倒産した。日本では、国際線の大幅な需要減に直面した日本航空（ＪＡＬ）が、国内路線ネットワークの拡充に経営の足場を得るべく、当時経営困難にあった日本エアシステム（ＪＡＳ）との合併を計画した。

公取委は、大手航空会社が3社（ＪＡＬ、ＪＡＳと全日本空輸〈ＡＮＡ〉）から2社に減少することにより、大手航空会社の運賃設定が同調的になることなどを懸念し、本合併が競争を実質的に制限することとなるとの指摘を行った。

これに対してＪＡＬは、①合併当事会社が有する羽田発着枠のうち、9便を国土交通省に返上し、新規参入を検討する航空会社に再配分する、②すべての路線について、普通運賃を一律10％引き下げ、少なくとも3年間は値上げしないなどといった問題解消措置を提案し、ＪＡＬとＪＡＳの経営統合が２００２年10月に承認されることになった。

Doi and Ohashi (2019) は、この経営統合が国内市場に与える影響を定量的に分析している。

運賃とフライト数を、内生化した供給モデルを用いて構造推定を行ったところ、合併は機体の運航限界費用を4%ほど引き下げる効率性向上効果を持ったことが推定された。これは、ネットワークを統合したことによる範囲の経済性（例えば、ハブ機能の強化）が寄与していると分析している。また供給モデルを統計的に検定したところ、公取委が懸念していた共謀[183]は合併後に見られないことが分かった。

本合併は効率性の向上を通じて、平均的に1・7%ほどの運賃の引き下げにつながっているものの、路線別に市場構造をつぶさに分析すると、合併前にJALとJASの2社しかいない複占路線は、他の路線（JALかJASの1社しかいない路線、およびANAも同時に運航している路線）と大きく違う様相を示している。

JAL／JAS複占路線では、効率性向上を上回る競争減殺効果が見られ、合併がない場合と比較して、運賃が2%ほど有意に上昇していた。JAL／JAS複占路線は、競合相手であるANAが飛ばさないような小規模の路線であり、採算性の悪さから羽田空港発着枠の回収再配分においても新規参入は起きなかった。

182　合併を推進する意見として金融庁（2018）を参照。合併の審査結果については、公正取引委員会（2019c）を参照。

183　他方でMiller and Weinberg（2017）は、2008年の米国ビール市場におけるMillerとCoorsとの統合は、合併後の企業数の減少から協調効果を生み出したとの報告をしている。

また、3年間の10％価格引き下げという問題解消措置は、イラク戦争やSARSの影響により1年を待たずに打ち切られたために、JAL／JAS複占路線を利用していた地域の利用者は、合併によって損失を被ったことも明らかになった。[184]

需要減における問題解消措置のあり方

人口が減少している地域に密着する産業の再編に対して、JAL／JAS合併は何を含意するだろうか。JAL／JAS複占路線は合併によって独占化し、価格の引き上げが見られた。こうした独占化する路線は、市場として魅力が乏しく、競争を促すことで価格低下を期待することは難しい。他方で、合併を認めなければ、事業者はこの路線からの撤退を早々にも選択する可能性がある。

もちろん、人口減少が続けば、いずれ路線の市場規模は損益分岐ラインを割り込み、事業撤退することになろうが、地域住民への損失を考えると、事業撤退の時期をできる限り先送りするような問題解消措置を考える必要がある。[185]

ここで、合併審査を考えるうえで二つの論点が提起される。一つはモニタリングの重要性、もう一つは持続可能な事業のあり方である。

規模の小さい市場での独占化は、競争圧力がないため、価格の引き上げなどの競争阻害行為に対して歯止めをかけることが難しい。この場合、行為規制には意味があるといえよう。

自由な意思にもとづく競争環境の整備を重視すれば、市場に常に2社以上存在するような構造規制を課すのがベストだが、市場規模が複数社での競争を許さないほど小さい場合には、価格などの重要な経営変数に対して一定の目安を示し、その範囲内で自由な経営判断をしてもらう行為規制が現実的な選択肢になる。

この行為規制による問題解消措置が企業から反故にされないようにするために、第一の論点であるしっかりとしたモニタリング体制が重要である。

先のＦＦＧ・十八銀行の合併においては、中小企業に対する貸出金利や貸し剝がしなどに関して、内部委員会や第三者委員会がモニタリングを行い、金融庁がそれを検査・監督して、実施状況を公取委に対して定期報告することが求められた[186]。海外でも trustee（管財人）を通じて、合併企業の経営から影響を受けない形での問題解消措置のモニタリングをすることが多い。

行政が関与する行為規制を積極的に問題解消措置に取り入れてモニタリングすることで、ＪＡＬ／ＪＡＳ合併のように、うやむやのなかで行為規制がないがしろにされることを防ぐべきだろう。

第二に、持続可能な事業のあり方である。公共性が高い地域基盤サービスを民間企業が供給し続けるためには、事業採算性についても配慮が必要となる。ある程度、採算が取れる市場とのパッケージ

184　他方で、合併前にＪＡＬかＪＡＳに独占されている路線は、既に競争阻害効果が最大限発揮されているために、合併による効率性向上のメリットを受けた。

185　民間の事業継続による効率化や質向上のインセンティブ確保の方策を最後まで探るべきである。

186　金融庁の検査・監督に加えて、公取委による定期報告を求める点は、両規制機関における協調関係が必ずしもうまく形成されていない点を想像させる。

を組むことで、市場規模が小さく儲からない事業を継続させるような視点が、地域基盤サービスでは求められる。この点は、規制緩和や自由化のあり方にも再考すべき点として浮き彫りになっている。

例えば、公共交通機関の一つであるバスに注目してみよう。需給調整から規制緩和へと時代が進むなかで、バス事業においても届け出によって自由に参入ができるよう規制緩和が行われた。その結果、新規事業者が輸送需要の多い黒字路線のみに参入・運営して、クリームスキミング（いいとこ取り）をするようになった。

市場のパイが拡大するなかでは、クリームスキミングがあっても既存事業者は、収入を増やすことができただろう。しかし、市場が縮小する時代では、黒字路線への新規参入は、既存事業者とのパイの奪い合いの様相を呈することになり、赤字路線も含めて地域のバス路線網を一体として維持・運営している既存バス事業者にとって、赤字路線の維持を困難にする可能性が高まる。

地域基盤サービスをネットワークとして提供する企業に対して、市場が縮小する局面では、クリームスキミングを規制し黒字事業を一定程度保護するようにしないと、赤字事業を内部補塡で維持できず、インフラとしての地域基盤サービスを提供することが難しくなり得ることを、競争当局も認識しておく必要があるだろう[187]。

5―まとめ――人口減少で求められる社会余剰基準への転換

競争当局は、合併によって効率性が向上する効果に比べて、市場競争が減殺される効果を重視する傾向にあるといわれる。合併後の効率性向上効果は、競争制限効果と比べると、合併してみなければ確定的なことが分からない点で、その効果の程度に不確実性がある。他方で、競争制限効果は需要構造が合併後も変化しないのであれば、価格弾力性からある程度の想定が立てられる。また、公取委も市場競争の番人として、競争制限に対する執行の蓄積があり、経験も豊富である。

こうした競争制限効果を重視する競争当局の姿勢も、高度経済成長期のように需要が拡大傾向にある局面では、大きな問題として取り上げられることはなかった。なぜならば合併を目指す企業にとって、公取委の厳しい目を恐れて合併後に価格を上げることができなくても、定常的な需要増が見込めるのであれば、結果的に合併による収益拡大を見込めるからである。

しかし、人口が右肩下がりで、新型コロナウイルスの感染拡大防止対策などで需要が伸び悩む業界が多いなかでは、需要拡大の局面と違って供給が過剰となる傾向が強い。さらに本章では、地域公共交通や地方銀行を例に挙げながら、地域に基盤的なサービスを提供する事業者がネットワークを維持できず、地域から消滅する可能性が出てくる点を指摘した。だからといって本章では、独禁法を適用除外にして企業の自由にすることが望ましいと結論づけているわけではない。

人口減少局面において企業合併審査に求められるのは、消費者余剰のみではなく、生産者余剰にも目配りする視点である。これまで、消費者メリットの確保に重点を置いていた競争政策において、人

187　内部補助によるパッケージ化の他の事例として、２０１９年７月に締結された新千歳空港を含む北海道７空港の民営化スキームが挙げられる。

口減少局面においては、生産者余剰など企業の事業環境にも目を向けるバランスが求められる。

言い換えれば、持続可能な社会経済活動を維持するうえで、消費者余剰基準から社会余剰基準へ転換していくべきだろう。合併審査を含む政策の要否を、社会余剰の最大化の観点から考える視点は、経済学や産業組織論では一般的であり、そうした観点を政策実務に根づかせる必要がある。

実務的に社会余剰基準へと転換する方法の一つは、消費者保護を基軸とする公取委の政策運用に対して、生産者余剰も勘案した法執行を促すことだが、こうしたやり方は競争政策の運用を鈍らせることにもなりかねない。

企業の事業環境を守るのは主務官庁（例えば、建設業であれば国土交通省）の「産業政策」であることを考えると、公取委の「競争政策」の執行と主務官庁の「産業政策」の運用を競わせるなかで、両者のリバランスを考えるのが現実的ではないだろうか。

現在の公取委は独立行政委員会（三条委員会）という組織形態を取っていることから、事業を所管する主務官庁よりもやや上位に位置づけられており、公取委と主務官庁との間で対等な対話は成立していない。社会余剰基準を実効あるものにするには、競争当局の法執行と主務官庁の政策推進の双方に関して、透明性と説明責任を高めていく仕組みが求められる。競争当局の独立性を前提とすれば、法執行において主務官庁の立場を実質的にやや「格上げ」することで、バランスを保つことが一つの方法として考えられるだろう。

企業合併に例を取れば、合併の届け出先を競争当局ではなく、主務官庁とすることは検討に値する。競争に係る点は競争当局に判断を委ね、問題があれば、競争当局が主務官庁に対して差し止めを公の場で（ビジネスに係る機微情報に配慮しつつ）主張する。もし、主務官庁が、競争以外の観点において競争当局と異なる判断を下す場合には、主務官庁と競争当局との双方が対等に公の場で議論を行い、判断を下すというものである。

主務官庁が競争当局の主張を無視するようなことが懸念されるのであれば、主務官庁と競争当局との議論の場をより中立化する工夫も必要かもしれない。例えば、非公開の第三者委員会に判断を委ねるという形も検討し得るだろう。

次章では、ここで述べた「競争政策」のリバランスの対象である産業政策について論じたい。

第7章　競争政策と産業政策の新たな関係※

新型コロナウイルスの感染拡大は世界の人の流れを分断し、社会経済活動に大きな打撃を与えている。グローバル化を背景に経済成長を遂げてきた日本のGDPも、2020年4～6月期の実質季節調整値は、前期比年率で戦後最大幅の29・3%の落ち込みを見せた[188]。

新型コロナウイルスの完全終息が見通せないなか、人と人の接触制限をはじめとする「新しい生活様式」を前提にした社会経済活動も長期化している。2008～09年の世界経済危機のときには、各国で各種の産業政策が繰り広げられた。グローバル化が停滞し、V字回復の道筋が描きづらいコロナ禍のなかでも、同様に産業政策を求める声は根強い。

産業政策は、過去長い間、競争政策と対立する概念として論じられてきた。この点は企業合併（第6章）で述べた市場支配力と効率性との対立関係と似たような構図といえる。そもそも産業政策と競争政策の対立は、さかのぼると敗戦後の占領下における、日本が歩むべき方向に対する二つの政策的な立場の違いにまでいきつく（隅谷、1994:11-12）。

一つの政策的立場は、資源確保の思惑が日本を軍事的侵略に向かわせたとの反省から、国内の資源開発と市場拡大を主眼にして、自律的な経済循環の道を拡大すべきとの主張である。規模の経済性を生かすために産業再編を推進することで、特定の産業の合理化や産業構造の高度化を促すものだ。伝統的に産業政策と評されるものは、この立場に属する。

二つ目は、資源の貧困な日本は、戦前と同じく貿易を中核として産業を形成する以外にないとの立場である。貿易・資本の自由化はこの立場を代表する施策だが、海外企業を含めた競争メカニズムによる自然淘汰を通じて、国内産業が鍛えられて産業構造も適正化すると見込まれた。この立場は、競争政策の支持するものである。

戦後日本の経済は、競争政策と産業政策が代表するこの二つの立場が、相互に絡み合う形で形成されてきた。そして米中覇権の時代を迎え、新型コロナウイルスの感染拡大の終息も早期のめどが立たない今、求められる産業政策も新たな局面を迎えている。本章では、産業政策の歴史を概観しつつ、新型コロナウイルス感染症やポストコロナを視野に入れた産業政策のあるべき姿を、競争政策との関係から論じてみたい。

本章の構成は以下のとおりである。第1節では、産業政策の経済学的な位置づけについて述べる。産業政策はその是非について多くの議論が交わされてきたにもかかわらず、確定的な定義が存在しないことも併せて触れる。第2節では、産業政策に対する見方がどのような変遷をたどってきたかを概

※　本章は、大橋（2012f, 2013a, 2020b, 2021）を全面的に改稿した。

188　内閣府経済社会総合研究所国民経済計算部（2021:7）

観する。

第3節では、産業政策の効果検証についてアカデミックな観点から論じる。産業政策と呼ばれる政策は多種多様であり、その効果についても様々な手法を用いて検証されてきた。これらの手法に関する論点を紹介するとともに、産業政策に効果があるかどうかという問いの立て方ではなく、どのような産業政策がいかなる因果関係を経て、どれだけの効果を及ぼすのかという問いを立てるべきという点を強調する。

第4節では、デジタル化と保護主義的な動きのなかで、産業政策の理想の姿として、官と民とがより密接な連携を持ちつつ、政策の企画・立案・施行を行うべきという点を指摘する。第5節では、社会厚生の最大化を政策目的に据えることの重要性を強調するとともに、ＥＢＰＭの必要性を指摘する。

1――産業政策の経済学的な位置づけ

「産業政策」ほど、時代や識者によって評価が異なる政策も珍しい。「産業政策」が最初に学術的な脚光を浴びたのは、１９７０年代頃である。戦後20年あまりにおける他国に類を見ない日本の経済成長と、その後の貿易や投資を通じた日本経済の国際的な影響力の高まりの原因を、政府による政策的な介入に求める見方が急速に広まった。

経済学に関連する分野でも、伊藤ら（1984）、小宮ら（1988）、さらにはWorld Bank（1993）などに代表されるような研究が盛んに行われた。

しかし1990年代に入ると、規制緩和・構造改革のなかで「産業政策」に対する関心は薄れることになる。三輪・ラムザイヤー（2002）をはじめ、産業政策の効果や有効性に対して懐疑的な見方が広く共有されるようになった。

2008年秋のリーマンショックをきっかけに、「産業政策」に対する関心は再び高まった。「産業政策」は、欧米のみならず新興国でももてはやされるようになり、海外では「産業政策」に関する著作も多く出版されるようになった。[189]

2015年5月に発表された産業政策「中国製造2025」を背景にした、中国の目覚ましい経済成長を目の当たりにした東南アジアやアフリカ諸国などが、中国を手本にしようと産業政策への関心を高めている点もあるだろう。[190] リーマンショックにおいては、エコカー補助金制度やエコポイントなど様々な政策が講じられたものの、現在では、産業政策といえば中国や韓国が例に挙げられることが一般的になるほど、日本では脱・「産業政策」が進んだ感がある。

不思議なことに、産業政策では多くの場合、その言葉の定義が明確に規定されずに政策的な議論がなされてきた。例えば貝塚（1973:167）は、産業政策を「通商産業省が行うあらゆる政策」としており、チャルマーズ・ジョンソンが1982年に著した『通産省と日本の奇跡』も同様の定義をしている。また、経済学のテキストでも、産業政策の定義はまちまちである。

189　例えばBuigues and Sekkat（2009）やStiglitz and Lin（2013）を参照。
190　Aiginger and Rodrik（2020）を参照。

例えば、今井ら（1972:283-286）では、産業政策は主に、①産業保護政策、②公益事業の規制、③産業の必要とする社会的基礎資本への投資、④独占禁止政策の四つの領域に分類されるとする。代表的なミクロ経済学の教科書であるMankiw（2007:209）では、産業政策を「技術に特化した産業を振興するための政策」と定義し、Rodrik（2008:2-3）は、「特定の経済活動を惹起し、経済の構造変化を促す政策」としている。

こうした様々な定義を許してきたことが、「産業政策」に対する支持を広範に得られた理由なのかもしれないとの見方もできるが、他方で冒頭でも概観したように、産業政策は時代の局面に応じてその内容と性格を変えてきたことを振り返れば、産業政策に複数の定義が提示されることもそれほど不思議ではない。

本章では「産業政策」を、「産業間あるいは産業内の資源配分（産業構造の転換を含む）を行うために有用なあらゆる政策」を指すとしたい。ここには、次節で触れるような合理化カルテルなどといった伝統的政策や、１９９０年代からの規制緩和・構造改革も含まれることになる。また、ベンチャー育成のための教育や金融といった分野の制度改革も、産業政策として扱われることになろう。つまり産業政策とは、業種や省庁の垣根を越えた政策と言い換えることもできる。ＯＥＣＤの２０１３年のリポート（Warwick, 2013）でも、企業の事業環境を改善する政府の取り組み全般を産業政策と定義しており、本章の考えにも近い。

２―産業政策の変遷

産業政策の歴史的な変遷を概観するときに、経済学の視点を意識することが有用である。政策実務が経済学よりも先を進みながらも、両者は互いに影響を受けつつ、産業政策の歴史が築かれてきたからである。本節では、日本の産業政策の変遷を三つの歴史的な段階に区分して説明を試みたい。

最初の段階は、１９４０～60年代である。この時期は、国内市場を軸とする規模の経済性を生かす幼稚産業保護と、重工業化に向けて政策資源の重点配分が行われた。第二の段階は、１９７０年から２００８年秋のリーマンショックまでで、貿易・為替の自由化や日米構造協議などの国外からの圧力を通じた構造改革・規制緩和の時期である。最後に、第三段階としてリーマンショック以降の状況について概観する。

貿易保護と重工業化の時代（１９４０～60年代）

高度成長期における日本は、豊富な労働力に恵まれながらも、資本は過少であった。戦後の経済再建を担った繊維や機械など労働集約的な産業に対して、政府は補助金や行政指導などの政策手段を用いて、先進技術の導入など資本蓄積を促した。同時に、余剰となった労働力を新たな産業へと移行させることで、産業構造のさらなる高度化を目指した。こうした特定の産業に対するターゲティング政策は、幼稚産業保護や過剰設備の廃棄（合理化カルテル）などの形で見られた。

経済学の観点から見ると、産業政策は、市場の失敗を補正する政策の一つとして議論されてきた。情報の非対称性や外部性の存在などの理由から、産業や市場は様々な形で、古典的な数理経済学が仮定する市場機能が効率的に働かない状況が考えられる。

こうした民間の主体性だけでは対処できない市場の失敗が顕在化するとき、産業政策に代表されるような政府介入を行うことが、経済学的に正当化され得る。もし、市場の失敗が存在しないときには、産業政策は単純に民間活動を減退させる（つまりクラウドアウトさせる）ことになるからだ。

資本蓄積が優先的な課題であったこの時期の日本において、規模の経済性が働く資本集約的な産業へ比較優位を移行していくうえで、市場の失敗が妨げになる蓋然性が高かったと思われる。欧米資本に対抗するために、重化学工業のような規模の経済性を持つ産業を国内で育成することと、国内産業の再編・最適化を通じて「過当競争[191]」を防止するという観点から、産業政策は一定程度の役割を果たしたと定性的には評価ができる。

外圧による産業構造の転換（1970〜2008）

特定の産業に対する産業政策は、高度成長期の貿易・資本の自由化の進展や日米構造協議などを通じて大きく後退することになった。この背景には、日本経済が成熟するにつれて、成長する産業と衰退する産業との明確な区別が難しくなり、産業単位で振興策を図ることが困難になったという事情がある。

産業構造の高度化が一段落し、欧米の背中が見えるくらいにまで資本蓄積が進むと、規制緩和や公的部門の民営化といった構造改革へと、産業政策の舵が切られることになった。民間の設備過剰感がなかなか解消されないなかで、蓄積した資本の稼働率を高めて新たな成長につなげようとする世界的な動きの一環であるといえる。

それまで競争原理が必ずしも十分に働いていなかった航空・通信分野などで自由化が進められ、また国鉄や日本郵政公社などの「三公社五現業[192]」が民営化されて、サービスが向上し、経営の自立が目指された。市場機能を強化して競争環境の整備をすることが政府の仕事となり、伝統的な産業政策の手法は影を潜めた。それと同時に、産業政策は、競争政策を主軸とする「企業・事業」政策の色合いが濃くなっていった。

こうした手法の変化には、経済学研究からの影響も無視できない。従来の産業政策の効果を事後的に評価すると、政策の有効性が一般に信じられていたほど鮮明に表れてこなかったのである（例えば、Patrick and Rosovsky, 1976; Rodríguez and Rodrik, 2000）。

特に、①市場が失敗するのと同様に政府も失敗を犯す可能性があり、後者の社会的なコストは無視し得ないのではないか、②振興すべき特定の産業を政府が適切に選べるのか、という批判に対して有効な反論がなかったことも、伝統的な産業政策に対する悲観論を加速させる一因になった。

191　「過当競争」については前章で議論した。
192　三公社とは、日本専売公社、日本電信電話公社、日本国有鉄道を指す。五現業とは、日本郵政公社などの当時、省庁が運営する企業であった。

産業政策によって振興されるべき産業が、市場の失敗以外の理由（政府介入の影響や官による天下りなど）で選択されるのではないかとの疑念が払拭されず、「失われた20年」に突入するなかで、産業政策に対する関心が世界的にも失われることになった。

世界経済危機後の緊急避難的な措置（2008〜10年代前半）

産業政策が再び脚光を浴びるようになったのは、2008年秋の世界経済危機がきっかけである。まずは、想定外の外生的な需要ショックが原因で、企業が経営危機に陥ることを避けるための措置が、日本や欧米諸国で繰り広げられた。エコカーに対する支援など特定分野に対する内需拡大策や、米国ゼネラル・モーターズ（GM）など個別企業に対する経営支援がその一例である。

これらの措置を、本来衰退すべき産業や退出すべき企業の延命策との区別が曖昧になるとして懸念する声が多く聞かれた。しかし、想定外の外生的な需要ショックは、その大きさによっては健全な企業も経営危機に陥ることを考えれば、負の外部性であり、時限的な企業救済でも一定程度の効果を持つと期待された。

こうした期待の下に実施された政策は、事後的にどのような評価ができるだろうか。研究実績は多くはないが、二つの定量分析を紹介したい。

Wollmann（2018）は、2009年に経営難に陥ったGMとクライスラーに対して米国が行った8兆円超[193]に上る救済援助の効果を、商用車市場に注目して分析を行った。

商用車市場は、部品や工法が各社で比較的標準化されており、新たな車種を市場に投入することのサンクコストが小さいセグメントである。Wollmann (2018) は、もし、GMとクライスラーが救済されなければ何が起こったかという仮想的なシナリオを複数用意した。例えば、GMとクライスラーがフォード・モーターに買収されるシナリオや、GMとクライスラーがそのまま市場から淘汰されてしまうシナリオなどである。

次節で述べる構造推定を用いたシミュレーションの結果、連邦政府が救済しない他の仮想的なシナリオとなったとしても、参入におけるサンクコストが小さいセグメントであることから、市場支配力が行使される可能性は低く、GMとクライスラーの救済は不要だったとの結論を得ている。[194]

もっとも、商用車市場は米国の自動車売上全体の10％程度であり、サンクコストが必ずしも小さいとはいえない自動車の他のセグメントで、前記の Wollmann (2018) の結論をそのまま当てはめられるかについては、依然として疑問が残る点に留意が必要である。

Mian and Sufi (2012) は、2009年に米国で実施された自動車の買替補助金制度（CARS）の効果を分析している。この制度は、消費者が有する低燃費の自動車を新車に買い替えることで、自動車ディーラーに約40万円程度の補助金が配布され、日本でもエコカー補助金として実施されたものに

193　1ドルを100円として実質化せずに換算した。

194　例えば、互いに近い車種を販売しているフォード・モーターにGMとクライスラーが買収された場合、競合他社による車種の新規投入がなければ、買収後の車種の価格が倍近く高騰する可能性があるものの、競合他社が車種を新規投入するので価格の上昇は、1割程度に抑えられるとしている。

近い。州ごとの違いを用いて分析したところ、CARSの効果は2カ月先の需要を先食いする効果が強く、中長期的な需要喚起策としては効果が乏しかったことが確認された。

この効果は、フランスでの自動車購入補助金の効果を分析したAdda and Cooper (2000) と定性的にも類似する。保有自動車の燃費を改善して環境改善につなげる観点でも、中長期的な効果は乏しいことが明らかとなり、この点は、日本のエコカー補助金の環境政策としての効果を検証したKitano (2020) とも通じる結果になっている。

以上は、限定的な条件の下[195]ながら、産業政策の効果が乏しいという結果であった。こうした結果は、どこまで一般化できるのだろうか。次節では産業政策の効果検証手法について紹介しながら、産業政策の効果について論じたい。

3―産業政策の効果検証手法

産業政策を、「産業間あるいは産業内の資源配分を行うために有用なあらゆる政策」と、第1節で定義した。この定義には、幼稚産業保護を含む貿易政策や開発・為替政策なども含まれ、産業政策の実証分析を網羅的にカバーすることは容易なことではない。そうしたサーベイは別の文献[196]に譲り、本節では、産業政策の効果検証の手法について学術的な観点から議論する。

伝統的な手法とその問題

日本の産業政策についての最初の本格的な実証分析は、Beason and Weinstein（1996）だろう。この論文は、日本の13産業を取り上げて、五つの政策支援（融資・補助金・関税・数量割り当て・課税）に着目して、それぞれの政策支援が適用された産業において全要素生産性がどれだけ上昇したかを、その政策支援が行われなかった他の産業との比較で分析を行ったものである。これらの産業へのターゲティング政策は、生産性を向上させることがほぼなかったことが見出された。

Beason and Weinstein（1996）を皮切りに、産業間（cross-industry）や国家間（cross-country）の比較から政策支援の効果を推定する分析が多く誕生した（Lane, 2020）[197]。それらの分析には、産業の固定効果や政策の内生的な影響を丁寧に扱った論考も多いが、こうした誘導型（reduced-form）による分析は、政策支援の適用可否に伴う様々な観察不可能な変数を十分に勘案して推定することが難しい点で、政策効果の識別に関する問題を抱えていることが指摘されている。

195　例えばWollmann（2018）は、市場参入のサンクコストが小さい市場に限定した分析である。

196　貿易や開発の観点から産業政策の効果をサーベイした論著として、例えばBartelme et. al（2019）やHarrison and Rodríguez-Clare（2010）、椋（2020：第8章）がある。

197　国家間の比較から政策効果を推定する手法においても、同様の識別の問題が存在する（Rodríguez and Rodrik, 2000; Srinivasan and Bhagwati, 2001）。

五つの政策支援が得られた産業は、支援を受けるに至った事業・競争環境の違いだけではなく、政策支援以外の観測されていない財政・金融・人的支援を受けていた可能性が高い。そうした観察可能ではない変数が与える影響を排除しない限り、政策効果が定量的に正しく推定できないことが懸念される。

さらに、産業間の比較からでは、同じ融資であっても、それが新たな産業を興すようなベンチャーへの融資なのか、あるいは衰退するゾンビ企業への融資なのかの区別がつかない。他方で同じ融資でも、支援対象企業の属性によって、生産性に対してまったく異なる含意と影響をもたらすこともある。その点で、Beason and Weinstein（1996）において、政策支援が生産性に対して負の影響をもたらした産業があったことも、それほど不思議ではない。産業政策の効果の有無が問題なのではなく、どのような産業政策に効果があるかという問いを立てる必要がある（Rodrik, 2008: 2）。

産業政策の効果を知るには、政策が仮になかった場合に何が起きていたかという仮想現実（counterfactual）を明確にする必要がある。産業間の比較分析では、固定効果などを用いて産業間の異質性を取り除こうとするものの、例えば鉄鋼産業とオートバイ産業では、製造から流通、最終消費者までまったく異なる形態を取っており、単純な固定効果モデルを用いた両産業の比較から政策効果が定量的に観測できると考えることには無理がある。

特に日本のように、国がある産業に対して、一つの政策を決めて全国一律で実施する場合、政策を実施したという実験群は存在するものの、政策を実施しなかったという対照群が存在せず、実験群と対照群を比較して政策を評価することがそもそも難しい。同じ誘導型を用いるにしても、同一産業内の異なる地域の影響を見るなど、丁寧な分析対象の選定が求められる。[198]

構造推定手法

産業政策の効果を推定する誘導型以外の方法として、経済モデルという「構造」を用いて推定する手法がある。この構造推定では、対照群はデータに存在しないとの前提の下、モデルに依拠したシミュレーションによって仮想的な対照群を「作り出す」ことで、政策の定量的な評価を行う。構造推定については既に前章で述べたが、以下では、産業政策の評価という文脈で、改めて構造推定手法について触れておきたい。構造推定手法の具体的な手続きは、以下の三つのステップにまとめられる。

> ステップ1——経済モデルを用いて、政策がいかに経済主体（例えば、消費者や企業）の行動を変容させるかを記述する
> ステップ2——政策が施行された現実のデータを用いて、経済モデルに記述された経済主体の行動を規定するパラメータを推定する
> ステップ3——推定されたパラメータを使って、政策が施行されなかった場合の状況をシミュレーションで現出させる

198　そうした分析として、英国の投資補助政策を分析したCriscuolo et. al (2019) やインドにおける中小企業補助を分析したRotemberg (2019) がある。誘導推定のサーベイについては森川 (2019)。

このシミュレーションされたデータが、対照群における仮想現実である。現実と仮想現実との差が政策による効果ということになる。この手法は、産業政策の評価にとどまらず、政策を定量的に評価するときに一般的に用いることができ、前章の企業合併の評価にも適用できる。

仮想現実が十分に信頼に足るという確証を得るためには、シミュレーションのもとになっている経済モデルが、現実の正しい近似になっている点に対する確認が不可欠である。経済モデルを使って現実のデータをどの程度正確に再現できるか、経済主体の行動を規定するパラメータがどれだけ他の文献で得られた知見と整合性があるか、などといった点を丁寧に確認する誠実さ（academic integrity）が求められるだろう。

また、ステップ3の結果が現実妥当性をもつためには、対象となる産業政策が市場環境から外生的に決められており、仮想現実が、政策が実施されていない状況を定量的に的確に反映していることの確認が必要である。

構造推定を使って産業政策を検証した研究は、先の Wollmann（2018）, Adda and Cooper（2000）, Kitano（2020）を含めても少数であり、これからの進展が期待される分野である。以下では手前味噌ながら筆者の研究を三つ紹介したい。

事例1　輸出補助金の効果――日本の鉄鋼

経済成長の初期の過程で、政府が特定の企業に対して信用保証を与えたり、輸出を主導する企業を

図表７－１　粗鋼生産高と輸出補助金率との高い相関関係

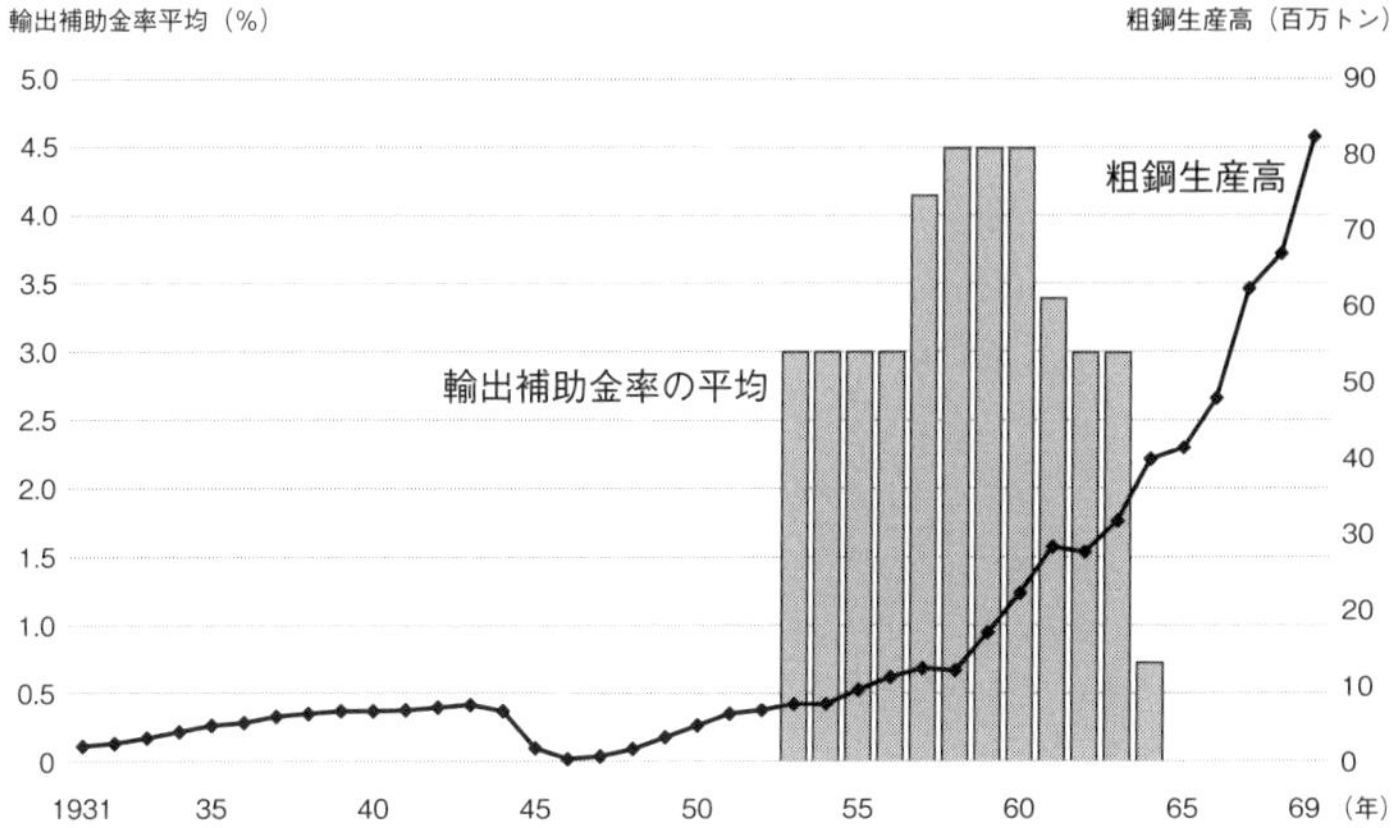

出典：Ohashi（2005; Figure 1）をもとに作成

振興したりといった企業優遇策を取ることが少なくない（Itskhoki and Moll, 2019: Online Appendix B）。Commission on Growth and Development（2008）においても、輸出振興策は時限的であれば有効であるとの事例がある。振り返れば、日本もＧＡＴＴ加盟後の１９６５年までの10年以上にわたり、輸出に対して補助金を付与していた国の一つである。以下では、Ohashi（2005）に依拠しつつ、構造推定から輸出補助金の効果について説明しよう。

日本においては、補助金は輸出製品すべてにわたって付与されていた。輸出品のなかでも、補助金の恩恵を最も受けたといわれるのが鉄鋼である。図表７－１には、粗鋼生産高と鉄鋼に付与された輸出補助金率の平均の推移を並べて示した。

日本の鉄鋼産業は、第二次世界大戦中の１９４４年をピークとして、その生産高を急速に落とした[199]。その後、重工業を中心とする産業を復興させることを目的にした傾斜生産方式に引き継ぐ形で輸出補助金が導入された[200]。

図表7－2　輸出補助金が与える影響

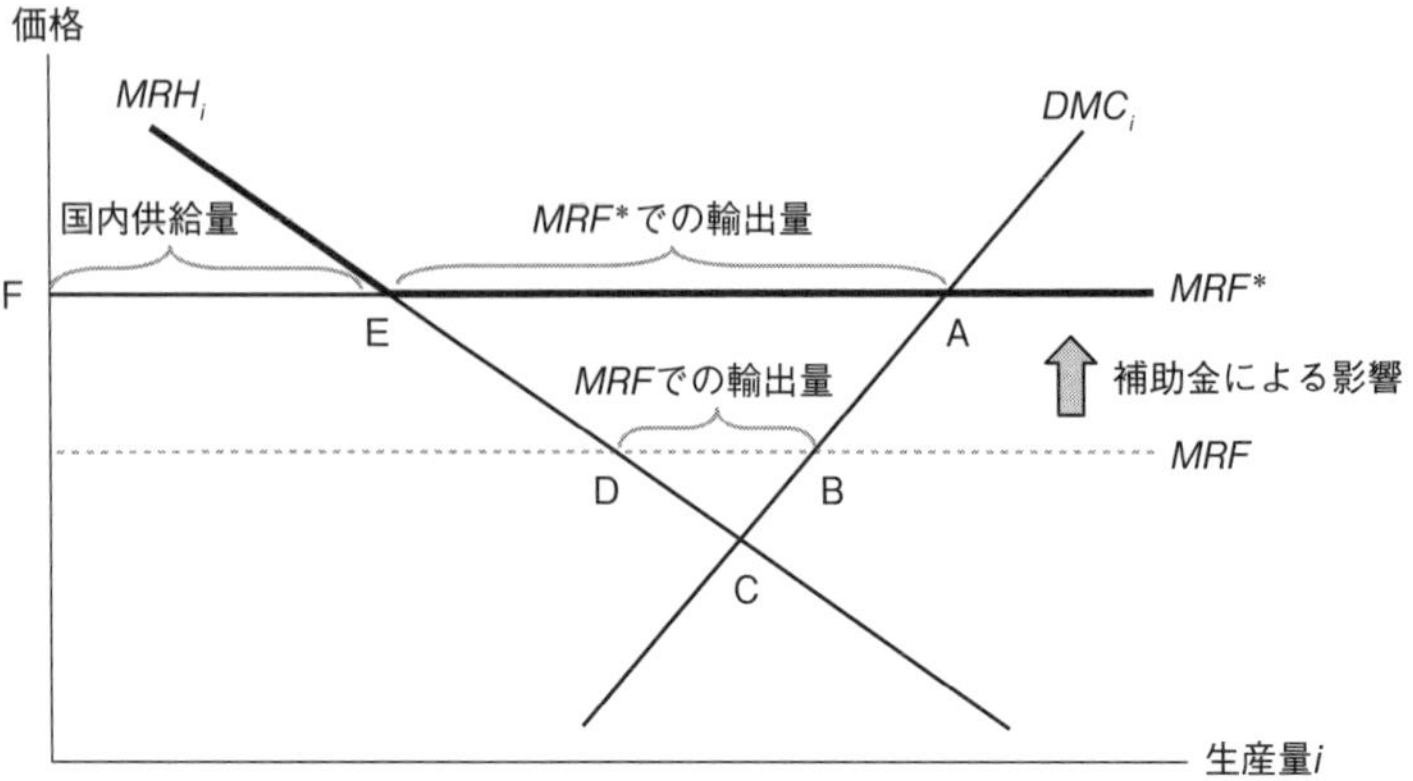

注：輸出補助金は輸出の収益性を（$MRF^* - MRF$）だけ上昇させることから輸出量が増えることになる。上の図はMRFを一定とする小国の仮定のケース。MRHは国内からの限界収入、MRFは海外からの限界収入、DMCは国内の限界費用を表す
出典：Ohashi（2005; Figure 1）をもとに作成

図表7－1からも明らかなように、輸出補助金が付与された時期の鉄鋼産業は実に急速な成長を見せた。粗鋼生産高は4倍にまで伸び、1955年には5％にも満たなかった世界に占める日本の鉄鋼輸出が、1965年には10％に迫る勢いを見せた。

輸出補助金が日本の鉄鋼産業の成長を促した点は、疑う余地がないように見える。しかし、輸出補助金が導入された時期と粗鋼生産高が伸長した時期とが重なっていることをもって、輸出補助金が粗鋼生産高を伸ばしたとは必ずしもいえない。

輸出補助金が鉄鋼産業にどれだけの影響を与えたのかを分析するためには、相関関係とは異なる因果関係を探る視点が必要である。

輸出補助金の与えた影響を考えるときに、「もし輸出補助金がなかったら、粗鋼生産高はいったいどうなっていたか？」という問いを発することが有用である。輸出補助金が粗鋼生産高に与えた影響は、輸出補助金が仮になかった場合を想定し、その仮想

的な状況下での粗鋼生産高と実際の粗鋼生産高との比較をして初めて分かることである。

この仮想現実を考える際に、まずステップ1から取り組むことになる。当時の鉄鋼産業は、経済学的には図表7－2のように表されることが、データから分かっている。この図表は、国内企業（例えば*i*社）が、いかに生産量を決めるかを示している。世界の鉄鋼産業は、当時とても競争的であった。[201]この点は、日本の鉄鋼の本船渡し（FOB）価格と、世界の鉄鋼が取引されていたアントワープでの市場価格があまり違わなかった点からも確認できる。

このとき企業*i*が直面する限界収入は、国際価格に補助金を上乗せした額（MRF*）で表される。企業*i*の生産量は、その企業の限界費用（DMCi）とMRF*との交点であるAで決まる。それぞれの国内企業で生産性（つまり限界費用）が違えば、点Aで決まる生産量も異なる。

このとき、輸出補助金がないという仮想的な状況の下で、企業*i*の生産量はいったいどのように変化するだろうか？　――企業*i*が直面する限界収入は輸出補助金分だけ減少し、例えばMRFとなるはずである。[202]そこで輸出補助金のない仮想的な状況における生産量は、Bで決まる。つまり、輸出補

199　空爆や外貨不足が原因で、70％以上の製鋼炉が閉鎖に追い込まれたといわれている。
200　傾斜生産方式については、三輪・ラムザイヤー（2002）が詳しい。
201　この結果、以下で定義されるMRFが数量にかかわらず一定となる。
202　なお、MRFと限界費用とが交わる点が、点Cでの価格以下になる場合、生産量をすべて国内で販売した方が、限界収入が高くなるので輸出しないこととなる。

助金により企業iの粗鋼生産量はBからAへと増加する。

輸出補助金が産業全体に与える影響は、前述の企業iにおける分析を他のすべての国内企業に適用して、和を取ればよい。そこで、輸出補助金の効果がどれほどの大きさになるかは限界費用の傾きに依存することが分かる。

当時のデータを用いて限界費用を分析した結果、輸出補助金の影響は、図表7－1の相関関係から得られる印象とはまったく異なることが分かった。輸出補助金が日本の粗鋼生産高に与えた影響は、せいぜい2％と微々たるものだったのである。これは図表7－2で示した限界費用の傾きが急だったためと考えられる。

Ohashi (2005) によると、この限界費用の傾きは鉄鋼産業における学習効果の他社への波及効果に依存し、この波及効果が高まるほど、限界費用の傾きが緩やかになり、同じ輸出補助金でも効果が拡大するとともに、社会厚生も高まることが分かる。

なお、Ohashi (2005) では無視できる大きさとして捨象されたが、鉄鋼産業における産業政策が、鉄鋼を用いる造船や建設といった川下業種に与える影響も、産業政策の効果に含めるべき場合もあるだろう。Blonigen (2016) は、国家間での比較分析ではあるものの、産業政策が実施された産業の川下企業は、負の影響があることを示しており、今後さらなる構造推定などの分析による解明が待たれるところだ。

事例２　合併を通じた「国際競争力」の強化――韓国の現代・起亜自動車

第６章で取り上げたように、合併は過去、競争政策と産業政策が激しく対立してきた分野である。産業政策の観点から、政府主導での産業集約が成功したといわれる事例に、１９９８年12月に韓国で成立した自動車業界での合併がある。現代自動車が破綻寸前の起亜自動車を買収した経営統合である。業界第１位と第２位との合併は、韓国乗用車市場で60％以上のシェアを占めるビッグディールであった。

合併審査過程において韓国公正取引委員会（ＫＦＴＣ）は、国内市場における競争制限の蓋然性を認めたものの、産業の合理化および「国際競争力[203]」強化によって海外輸出が促進されるとの判断から、当該合併を最終的に承認する判断を下した。事後的に見ても、この合併後、韓国市場の自動車価格が平均して上昇するとともに、合併した現代自動車[204]は輸出台数を大きく伸ばしたことが分かる（図表７－３）。

合併後の現代自動車による目覚ましい国際展開を評して、当時の公取委の竹島一彦委員長は、「国内での収益基盤を強固にして、その儲けで海外展開しようというのは、おかしな話だ。国内で独占者となって国民は高い買い物を買わされ、その利益を原資に海外展開するのは、外国の消費者のために

203　「国際競争力」の用語の使い方については、注163を参照。
204　合併後は、起亜ブランドを残しつつ、社としては現代自動車となった。

図表7－3　現代・起亜自動車の合併前後における価格と販売台数

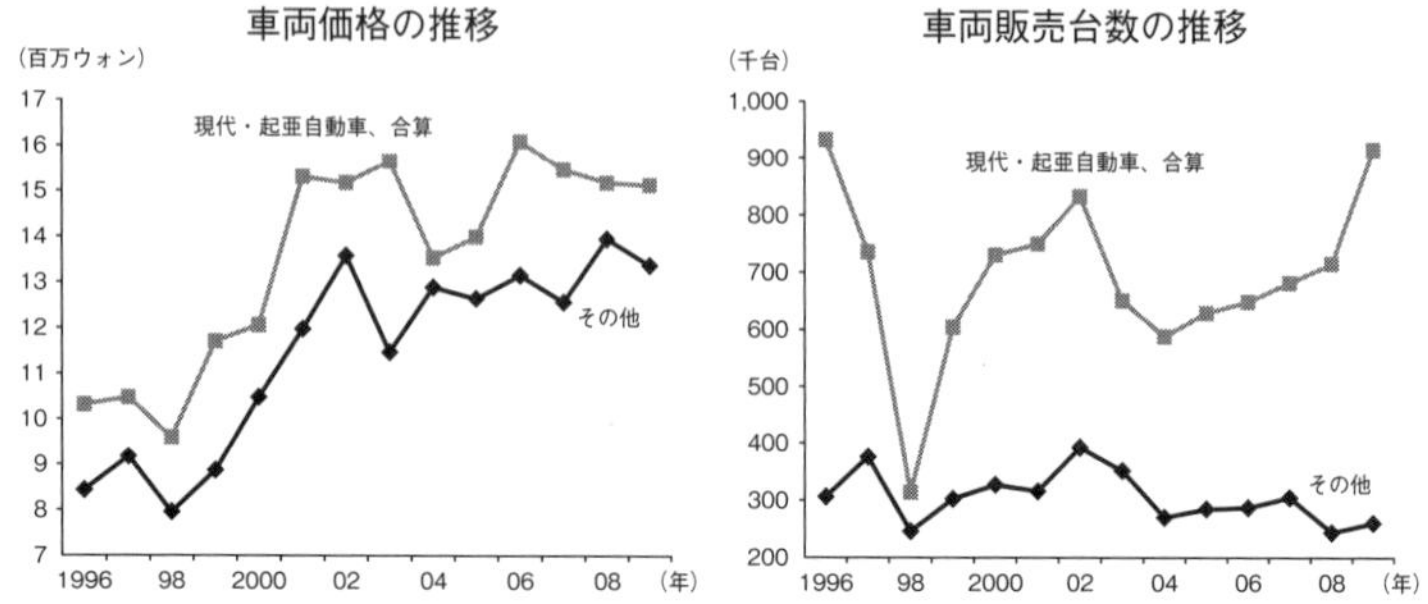

出典：Ohashi and Toyama (2017; Figure 1) をもとに作成

日本の国民が犠牲になるのと同じだ」（『週刊エコノミスト』2009年9月22日：23）とインタビューで述べている。

現代・起亜自動車の合併は、市場支配力の増強や「国際競争力」の強化にどの程度つながったと考えられるだろうか。ここでも構造推定を用いることによって、合併した現実と、現代・起亜自動車の合併がなかったという仮想現実との比較から、合併の効果を定量的に評価することができる。

Ohashi and Toyama (2017) では、現代・起亜自動車の経営統合によって車台の共通化、部品の共同調達が可能となった点を指摘し、合併がなければ、現代自動車と起亜自動車が独立の事業体として競争すると仮定して、合併シミュレーションの三つのステップを踏んだ。

用いたモデルは、国際市場が完全競争（小国の仮定）のときは、図表7－4で表される。[205] 合併によって市場支配力が上昇すると、国内の限界収入（MRH）が左下にシフトするとともに、生産効率の上昇は限界費用（MC）を右下にシフトさせることが分かる。

閉鎖経済であれば、生産効率の向上は価格を低下させるが、既に海外輸出されている車種について見ると、生産効率の上昇によ

図表７－４　効率性向上（MC_j → MC^*_j）による影響

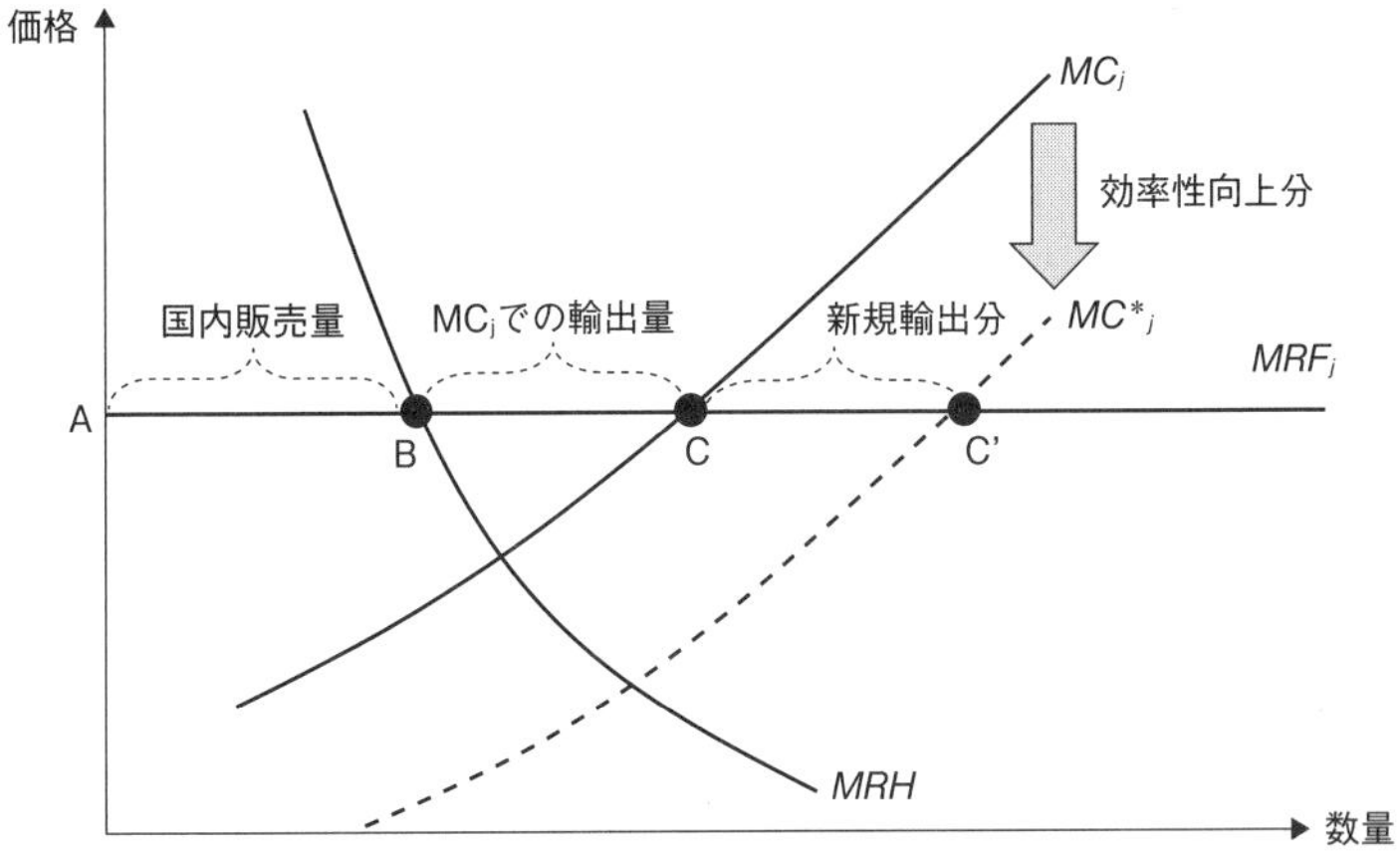

注：小国の仮定（MRF_j が一定）の下で、既に合併前に輸出されている車種 j について、合併による効率性の向上は国内販売価格に影響を与えず、輸出量を増やすのみである
出典：Ohashi and Toyama（2017; Figure 3）をもとに作成

るＭＣの下方シフトは国内価格には影響を与えず、海外への輸出台数を増やすのみであることが分かる。

現代自動車と起亜自動車の合併前の輸出総台数は総生産台数の７割を超えており、図表７－４のケースがより強く表れているがゆえに、この経営統合による効率性の向上は、国内価格の上昇圧力を弱めることなく、海外輸出を増加させる方向に働いたことが分かる。

別の言い方をすれば、もし、合併会社が合併前にまったく海外輸出をしていなかったならば、合併による効率性の向上のすべてが輸出の増加に向かうことはなく、国内価格の低下にも寄与しただ

205　国際市場に市場支配力がある大国の仮定のときは、国内における生産効率の上昇は海外への輸出価格へも影響を与える。この影響は大きくないことが、Ohashi and Toyama（2017）で確認されている。

ろうことがうかがわれる。このように、構造推定によるモデルを用いた分析を行うことで、どのような合併がどのような経済効果をもたらすのかを分析することが可能になる。

なおOhashi and Toyama（2017）では厚生評価も行っており、現代・起亜自動車の合併は、社会余剰を低下させるものの、生産者余剰を増やす効果があり、海外輸出からも利益を生み出していることが明らかにされた。

また、破綻した起亜自動車との経営統合先として、現代自動車ではなく、他のシナリオ（大宇やフォード・モーター）をシミュレーションによって評価したところ、現代自動車との合併が最も大きな生産者余剰（海外輸出からの利潤も含む）を生み出すが、他のシナリオでは社会余剰が減少せずに増加することも明らかにされた。[206]

この点でも、限られた破綻受け入れ先のなかで、現代自動車を選択したことは、生産者にとってはベストだが、社会余剰の観点からは推奨され難い選択だったと考えられる。[207]

事例3　保護関税の効果──米国のハーレーダビッドソン

緊急輸入関税は、輸入の急増によって特定の国内産業に重大な損害を引き起こす場合に、暫定的に高関税を課して当該産業を保護するためのものである。

１９７０年代にヤマハやカワサキといった小型オートバイの米国輸出が急増すると、ハーレーダビッドソン（ＨＤ）の米国内シェアが４％前後にまで急減し、ＨＤは経営難に陥った（図表７‐５）。

これを受けて、当時のレーガン大統領は、緊急輸入関税に合意し、１９８３～88年に、最大50％の追

図表７－５　ハーレーダビッドソンのＶ字回復と緊急輸入関税

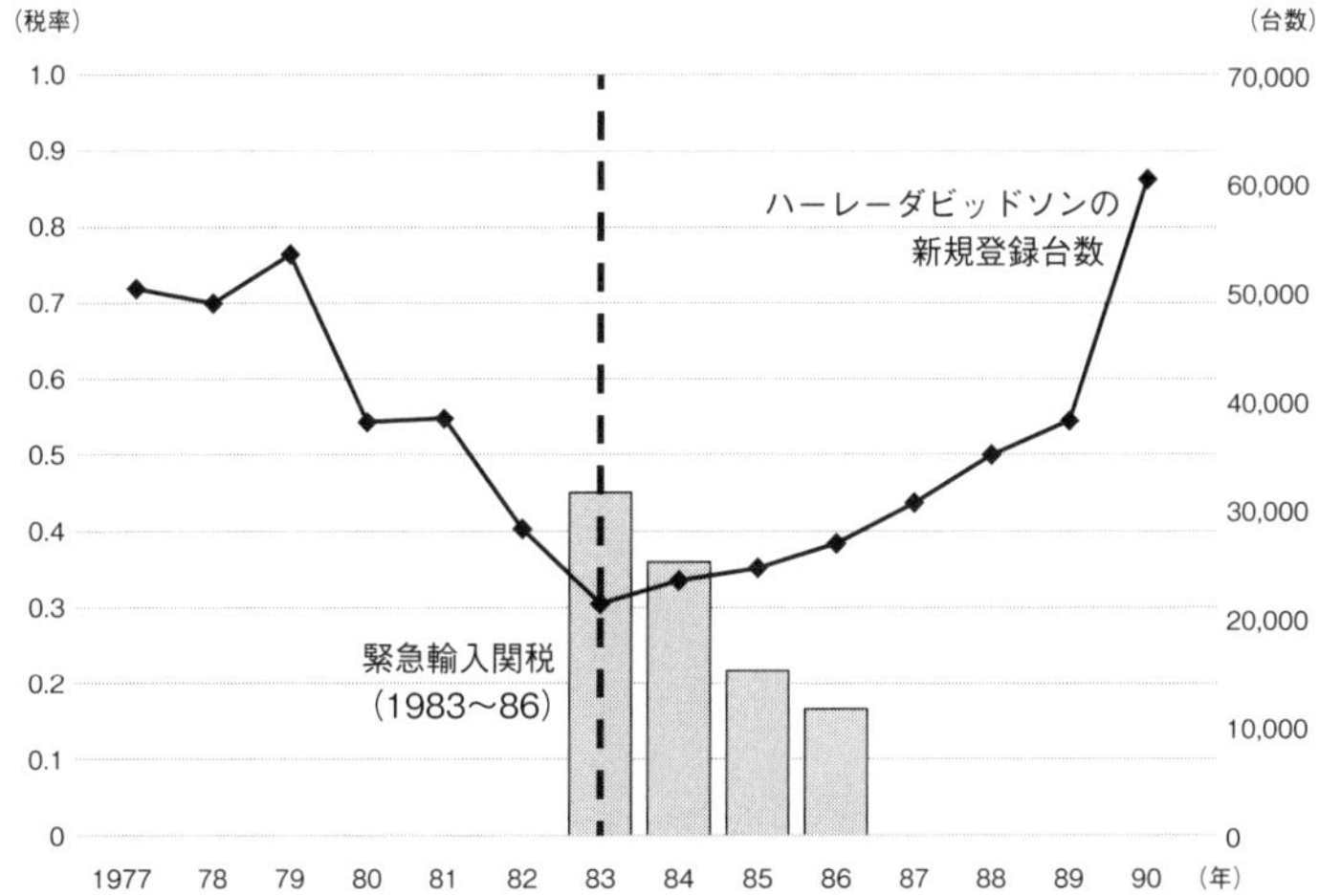

出典：Kitano and Ohashi（2005;Figure 1）をもとに作成

加関税を排気量７００cc未満の輸入オートバイに対して課すとした。すると、ＨＤの経営は急激に回復し、一年前倒した１９８７年に緊急輸入関税を終了した。

当初は暫定的であるはずの保護関税が、結果として半恒久化されて、企業や産業の「ゾンビ化」を促してしまうことが多いなか、ＨＤに対する緊急輸入関税は、産業政策の理想像として、今でも語り継がれている（Irwin, 2020：205-207）。

他方で経営史では、ＨＤの１９８３年を境とする

206　なお、Ohashi and Toyama（2017）では分析をしていないが、起亜自動車をそのまま破綻させ、市場から淘汰させた場合に何が起こったかも興味深い仮想現実であり、シミュレーションに値する分析だろう。

207　なお、海外輸出からも利潤を得ていたことを踏まえると、前述した竹島元公取委委員長の指摘と異なり、現代・起亜自動車の合併は必ずしも海外の消費者への利益移転ではなかったと考えられる。

復活に対して、別の評価がなされている。１９６９年にＨＤがＡＭＦ（American Machine and Foundry）に買収されて以来、経営層の一新や流通チャネルの改善、そして新型モデルの開発に取り組み始め、その成果が１９８０年代にようやく表れたとするものである。

特に、１９８０年代前半に“Evolution”と呼ばれた新型エンジンが商業化された影響は大きく、米国の国鳥と同じ「イーグル」のロゴを持つＨＤのブランドの信頼を大きく高めることになった、と指摘されている（Reid, 1990）。

大統領令の発動で急遽決まった緊急輸入関税が、ＨＤの復活にどれほど貢献したのか。構造推定を用いることで、外生的と考えられる緊急関税がなかったときの仮想現実をシミュレーションによって定量化し、関税効果を計測することが可能である。

Kitano and Ohashi (2005) は、ＨＤの売上台数の増加に占める緊急輸入関税の効果がたかだか６％にすぎないことを明らかにした。つまり、ＨＤの復活は、緊急輸入関税のみでは説明がつかないということだ。Kitano and Ohashi (2005) は、構造推定の背景にある経済モデルを仔細に分析することで、関税の影響がほぼない理由が、当時のオートバイに対する米国の需要構造に由来することを突き止めた。

ＨＤが販売するオートバイの排気量は７００ cc以上であり、さらに主力製品のそれは１１００ ccだが、日本からの輸入車の過半は７００ cc未満のクラスである。輸入制限をすることでＨＤへの需要が高まるためには、日本から輸入する車種とＨＤの販売する車種の間の交差弾力性が一定程度高いことが求められる。

ところが、街中での買い物用としての利用が念頭に置かれる日本車と、遠距離での走行を目的にするHDとではそもそも大きく用途が異なり、需要関数を推定しても、交差弾力性は0・01を大きく下回るほど小さいことが明らかになった。

輸入財と国内財との間の需要の代替性が高く、両者を同じ市場に属するものとして捉えられれば、保護関税も有効に機能するだろうが、交差弾力性が小さい下で1983年に発動された緊急輸入関税は、HDの保護にはほぼつながらなかったと考えられる。

つまり、図表7－5におけるHDのV字回復と緊急輸入関税には因果関係はなく、あくまで相関関係しかない。相関関係から因果関係を推察し、経済的なメカニズムを明らかにするには、経済モデルに依拠した構造推定が有用であることが明らかだろう。

妥当性評価の必要性

本節ではここまで産業政策の定量的な事後評価について論じてきた。産業政策は、多種多様な政策の集合体であり、また政策の効果は、その政策がどのようなメカニズムをたどって効果の発現に至っているのかを丁寧に見る必要がある。その点を定量的に解明する手法として、構造推定が有効であることを、三つの事例を紹介しながら論じた。

産業政策が経済学的に正当化されるのは、「市場の失敗」を回避できたことによる経済メリットが、政策推進で生じる「政府の失敗」のデメリットを上回るときであると理論的には考えられる。しかし、「市場の失敗」が生じる状態は、個別にどのような産業政策が採用されるかによって大きく異なる。

個々の具体的な政策において、市場の機能不全がどれほどの弊害を引き起こし得るかを評価すること（厚生評価）が出発点になる。

特定の政策が経済主体にどのような行動変容を与えて政策効果につながったのかを理論的に定量化する構造推定は、厚生評価を可能にする。当該政策がもたらす市場の歪みだけではなく、他の政策オプションを仮想現実のシナリオとしてシミュレーションすることで[208]、社会厚生上の比較を行うことも可能である。産業政策の妥当性を評価するためにも、構造推定にもとづく事後評価を、研究としてもさらに推し進める必要があるだろう。

なお、厚生評価にもとづく産業政策の妥当性について評価軸をあえて挙げるとすれば、①時限的な産業政策により恒久的な効果を生み出せるか、②産業政策によって市場では達成できない正の波及効果を生み出せるか、の二点になるのではないかと思われる。

前述の事例1では、鉄鋼各社に蓄積される経験・技能の他社への正の波及効果が大きくなるにつれて、輸出補助金の妥当性が高まることが示されており、高い波及効果では産業政策の社会厚生上の意義が高まることが認められる。

事例2では、近い車種を生産していた現代自動車と起亜自動車との合併が、他の合併シナリオと比較しても、生産効率と生産者余剰を最も高める合併であったが、他方で社会厚生を減じるほど、消費者余剰を大きく損なう合併であった。事例2における合併の評価は短期的なものであり、中長期的なイノベーション創出などの動学的な効果は考慮されていないとはいえ、産業政策として効果があるように見える合併が社会厚生の観点から望ましい政策なのか、しっかり考える必要がある。

4　産業政策の新たな局面（2010年代後半以降）――官民共同の新たな産業政策の構築へ

2008年秋の世界経済危機をきっかけに再び注目を浴びた産業政策だが、他方で、同年11月の金融サミットでの首脳宣言では、世界大恐慌の苦い経験を踏まえて、保護主義に対抗し、自由貿易体制を維持することが確認された。貿易や投資を活発にしてグローバルな競争を促すことを積極的に支持するなど、賢明にも産業政策が保護主義につながることは避ける努力がされた。

この流れに足踏みが見られ始めたのが、米トランプ政権の誕生以降だろう。米国は、二国間交渉の方が有利な条件を引き出せるとして、環太平洋経済連携協定（TPP）からの離脱を表明した。特に米国では、貿易赤字の約半分を占めていた中国を強く意識し、2018年には知的財産権の侵害などを理由に中国に対して制裁関税を課すに至った。

新型コロナウイルス感染拡大の局面において、こうした自国優先主義は米中以外の国々にも広がった。例えば、80に上る国々が医療用マスクや防護服の輸出規制を課すに至った。米国はドイツの製薬会社から新型コロナワクチンの独占権を買おうと動き、EUも株価低迷のなかで外国企業による域内企業の買収規制を強化した。

208　例えば事例2において、起亜自動車が大宇と経営統合するというシナリオが他の政策オプションの一例として挙げられる。

グローバルなサプライチェーンの分断され、自国優先・自前主義の動きが加速する現状を、第二次世界大戦の引き金となった状況になぞらえる論調も多い。しかし、他国を犠牲にして自国優先を図るブロック経済化は、経済のみならず社会・文化的な困窮を自国民に強いる結果を招くだけに、決して目指すべき方向ではない。

米国では2021年1月にバイデン政権が発足し、国際協調を回復させる動きが見られる。他方で、資本や情報の自由な移動に対する国家規制を実効的に制約する国際的なルールが欠如するなかでは、他国の保護主義的な動きに対する自衛も必要となることが今回のコロナ禍で明らかになった。

当面は、国民の生命や社会経済の営みに重大な影響を与えるような技術や製品の安定供給に支障が生じないように、一定程度を自給できる体制を公益的な視点から検討すべきだろう。

自国内での安定供給の観点から民間活動を評価する姿勢は、従来からエネルギーや農業など限られた分野で見られている。エネルギーでは、地政学的なリスクを分散する目的で、石油のみに頼ることなく天然ガスや石炭も輸入するとともに、安定的な国産エネルギー源として原子力や再生エネを推し進めてきた。農業においても、国内で食料を自給できる基盤を形成するために、食料自給率や食料国産率といった指標を掲げてきた。

こうした経済安全保障の取り組みを経済活動全体に広げる必要があるとして、日本では2020年5月の改正外為法の施行により、安全保障上重要な日本企業への海外からの出資制限が強化された。

こうした政策は国内企業の海外買収を一定程度、抑止することにはなろうが、他方で、日本が保護主義に陥ったと他国から誤解される懸念もある。安全保障上の重要性をむやみに拡大解釈しないように歯止めをかけること、そして出資制限の対象となった日本企業に対しては、モラルハザードを招かないように、何らかのガバナンス上の手立てを考えることも必要だろう。

米中技術覇権争いのなかで、半導体製造装置を含む機微技術を対象として貿易・投資管理が米国や中国の間で行われることになる。重要な要素技術で高い世界シェアを誇る、日本の中小をはじめとする企業が有する技術を守りながら、国益を反映した貿易・投資環境を築くよう、官と民が協力し合って方策を練る必要がある。

５――まとめ――社会余剰を最大化する新たな産業政策とＥＢＰＭの重要性

日本の産業政策は、戦後の高度成長期には政府主導といわれ、その後は規制緩和や民営化など、民間主導の市場経済化を重視して展開された。ポストコロナ時代の産業政策は、政府主導でも民間主導でもない、官民が共同で社会経済制度を作り直すための新たな仕組みを目指すべきだろう。

戦後の産業政策が企業の成長を促し、その後の競争政策が消費者利益の増進を目指していたことを想起すれば、ポストコロナ時代の産業政策とは、競争政策の視点を持ちながら、消費者余剰と生産者余剰とのバランスを取る姿になるのだろう。つまり、産業政策の目的は、経済学の一般的な見方である社会余剰の最大化にさらに近づくのではないかと思われる。

新型コロナウイルス感染拡大が始まって以降、各国政府は過去最大規模となる経済対策を実施している。２０２０年において、米国では、家計への現金給付・中小企業への給与補助が柱の対策（約３

兆ドル）を決定し、欧州でも、ドイツは1兆ユーロ、フランスも約4200億ユーロの対策を決定している。日本ではGDPの約4割に相当する規模である約234兆円をかけて、医療用マスクなど医療関係支援と雇用維持対策（雇用調整助成金、資金繰り対策、持続化給付金）などの緊急支援フェーズとしての施策を実施している。

政策立案の透明性と説明責任を高めるために、産業政策の有効性・妥当性を検証する仕組みを政策立案プロセスのなかにしっかりと埋め込むことが必要だろう。本章では、政策効果がどのようなメカニズムを経て表れるのかの理解を深めるために、特に構造推定が有効な手法であることを説明した。行政では、エビデンスを重視して政策立案を行おうとする機運が国内外で高まっている。このEBPMという取り組みは、最初に政策を立案するときに過去に施行された政策から学ぶということだけではなく、立案された政策を改善していくときに、当該政策の評価・検証結果を生かしてさらに良いものにするという視点も含んでいる（大橋、2020c）。政策効果の検証を必須とする政策立案をいかに行政プロセスのなかに根づかせていくか、行政の体質転換を求めていくべきだろう。

本章では、デジタル化に関しては、保護貿易や米中技術摩擦の文脈でしか議論ができなかった。次の第Ⅳ部では、デジタル化に焦点をあてて競争政策の視点から論じてみたい。

第IV部

デジタル市場における競争政策

インターネットが普及して情報の非対称性がなくなれば、社会の民主化が促されるとともに、市場は完全競争に近くなる――。こうした「インターネットの自由」は、留保条件なく成り立つわけではないことに、世界が気づき始めている。デジタル市場は独占されやすい点や、フェイクニュースといった情報操作によって世論を誘導したり、プライバシーに関わる情報を使って個人の判断を歪めたりする点に対する懸念が次第に大きくなっている。新型コロナウイルス感染拡大で、社会経済活動のデジタル・トランスフォーメーション（DX）化が急速に進展するなか、データの信頼性を確保しつつ、デジタル市場の競争性を高めるための新たな知恵が求められている。

第Ⅳ部では、デジタル市場における競争政策上の論点を扱う。デジタル化による情報の非対称性の解消は、競争的な環境を促す半面、事業者間における情報の非対称性も解消され、カルテルが生み出されやすくなる点を指摘する。世界各国では、AIによるカルテルの摘発について頭を悩ませているが、日本では世界と異なり、カルテルの市場効果を摘発の要件としており、この要件を実質的に運用すべきであると主張する。

デジタル・プラットフォーム（DPF）は、消費者になくてはならないサービスとして根づきつつある。このプラットフォームには、競争を促進する側面と阻害する側面が表裏一体となって存在している。いかに前者を伸ばしながら、後者を抑止するかが、競争政策の課題となる。こうした課題に対して、競争政策の厳格な執行を志向する欧米と違い、日本で行われようとしている官民の共同規制のメリットとデメリットについて論じる。

第8章　デジタルカルテルと競争政策※

同じ商品でも、需給に応じて異なる価格をつけるダイナミック・プライシング（DP）は、新型コロナウイルス感染拡大の前から注目されていた。例えば航空チケットは、同じ座席クラスでも購買時点における空席状況に応じて異なる価格がついたり、ホテルは、同じ部屋でも繁閑期で異なる価格がつけられたりしている。

こうした需給に応じた価格づけは、自動化されているのが一般的だ。既に2015年時点において、Amazonのマーケットプレイスでは3割を超える売り手が、価格づけを自動化してDPを行っていたという報告もある。[209]

需給に応じて、同じ財・サービスに対して複数の価格がつき得るという「一物多価」は、伝統的な小売業では、需給状況や競争環境のデータが不足していたり、手作業で値札を張り替えたりしなければ

※　本章は大橋（2012d, 2017）をもとに全面的に改稿した。

209　Chen et. al（2016）を参照。

ばならないという物理的・資源的な制約のため、実現が難しかった。

しかし、電子商取引などのＤＰＦ[210]の登場によって、時々刻々と移り変わる顧客や競争事業者のリアルデータが利用可能となり、そうしたデータをＡＩや機械学習などのアルゴリズムで解析することで、きめの細かな価格戦略を立てることが可能となった。今ではＤＰに加えて、個々の消費者に異なる価格づけ（パーソナライズド・プライシング）や競争状況に応じて最適な価格を探索する価格づけも実装され、精度も高まっている。

こうしたアルゴリズムによる価格戦略は、新型コロナウイルス感染拡大に苦しむ業界にとって、重要なマーケティングのツールになり得る。経済回復と感染防止の両立を目指すなか、需給状況や競争環境に応じた柔軟な価格づけは、需要の新たな掘り起こしにつながるばかりか、需給を予測しながら消費者行動を変容させる可能性もある。アルゴリズムを活用した企業戦略は、今後もますます広がりを見せるだろう。

他方でＡＩを用いた価格戦略は、市場競争のあり方にも影響を与えつつある。とりわけ国内外で関心が高まっているのは、デジタルカルテルだ。２０１６年11月にＯＥＣＤがビッグデータに関するレポート（OECD, 2016）を公表し、続いてアルゴリズムとカルテルに関する報告書（OECD, 2017b）やデジタル時代におけるカルテル摘発手法に関する報告書（OECD, 2018）を相次いで公刊している。

経済活動の比重がＤＰＦに移ってアルゴリズムを使った価格づけが一般的になるなか、独禁法によるカルテル執行は従来どおり機能するのかについて議論が続いている。デジタルカルテルは、日本でも議論が始まったばかりで知見の蓄積が乏しい分野ではあるが、海外の事例も織り交ぜながら、本章では現時点の考え方について筆者の視点を紹介したい。

デジタルカルテルは、カルテルの基本的な性格を有しつつ、デジタルならではの特徴を持つ。本章では最初の三つの節で、カルテルの定義（第1節）、カルテルの経済学的なメカニズム（第2節）、そしてカルテルが生じやすい市場環境（第3節）について論じる。こうしたカルテル全般に関する理解にもとづいて、第4節ではデジタルにおけるカルテルの特徴について述べ、第5節にてデジタルカルテルに対峙するために競争政策に求められる課題を指摘する。

1―カルテルとは

カルテルは、不当な取引制限の代表とされる。不当な取引制限とは、独立した複数の事業者が共同行為によって競争を実質的に制限する行為を指す。アダム・スミスが『国富論』で、「同業者が集まれば必ずカルテルの話になる」といったように、カルテルは古くから存在してきた。

消費者の利益を損なうカルテルは、競争政策によって厳しく罰せられている。日本では、独占禁止法二条六項でいうところの不当な取引制限の禁止（三条後段）によって、カルテルが禁じられている。そして、カルテル（価格カルテル、入札談合・受注調整）に占める割合が高いのは、第3章で触れた

210　デジタル・プラットフォームについては次章で扱う。

図表8－1　日本におけるカルテル摘発の現状

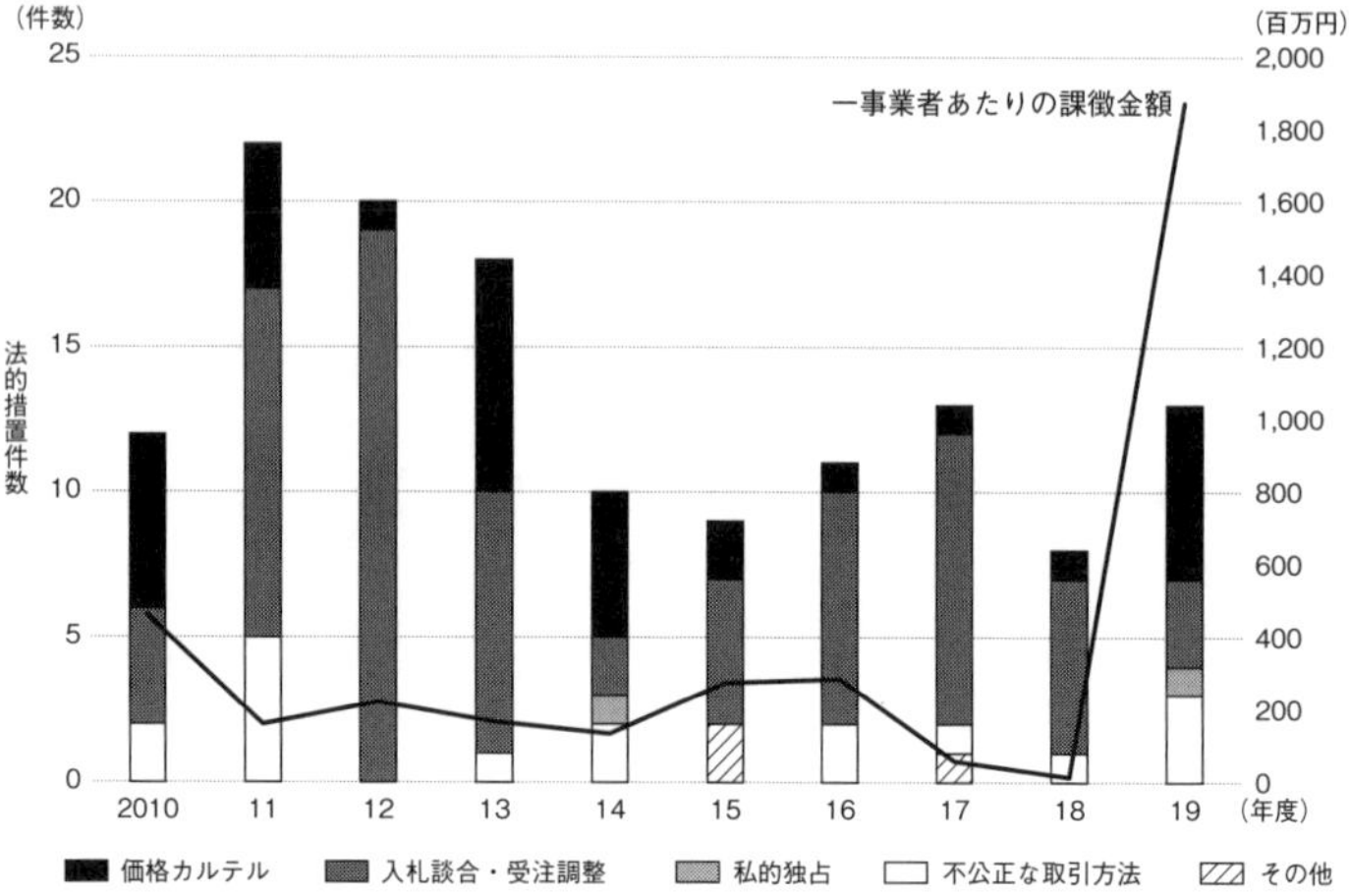

出典：公正取引委員会（2015、2020）をもとに作成

入札談合である（図表8－1）。

欧米でのカルテルに対する制裁強化に呼応して、日本でもカルテル規制は厳格化の方向で検討がされてきた。一違反事業者あたりの課徴金額は直近5年間（2015〜19年度）の平均（5億9000万円）で、その前の5年間（2010〜14年度）の平均（2億2000万円）の2倍以上となっている。しかしこの傾向は、19年度の突出した数字が大きな影響を与えている。19年度を除く4年間（2015〜18年度）では、一違反事業者当たりの課徴金額は1億8000万円となる。日本のカルテルに対する厳しい姿勢が19年度以降も求められるところだ。[211]

カルテルに対する罰則は、カルテルによって得た剥奪されるべき不当利得をカルテル事業者からするだけではなく、ペナルティを与えることでカルテルの発生を未然に防ぐことも目的とされている。[212]

課徴金額が高額になる事業者にとって、未摘発のカルテルの存在を自白した場合に、課徴金を減免す

図表８－２　課徴金減免制度の実績

年度	申請件数	課徴金減免制度の適用が公表された	
		措置件数	事業者数
2005	26	0	0
2006	79	6	16
2007	74	16	37
2008	85	8	21
2009	85	21	50
2010	131	7	10
2011	143	9	27
2012	102	19	41
2013	50	12	33
2014	61	4	10
2015	102	7	19
2016	124	9	28
2017	103	11	35
2018	72	7	21
2019	73	9	26
累計	1,310	145	374

注：累計は課徴金減免制度が導入された2006年１月から2020年３月末までの適用が公表された措置件数または事業者数
出典：公正取引委員会（2015、2020）をもとに作成

る制度は魅力的に映る。課徴金減免制度を使った申請件数は、制度が発足した２００６年以来、２０１０年度の１３１件と３ケタ台に突入するまで一貫して増加傾向にあり、その後も50件以上の水準を維持している（図表８－２）。

この制度によって、これまで発見が容易ではなかった大型カルテルが摘発されているとも推察され、課徴金減免制度が制度開始の期待[213]を上回って有効に機能していることが分かる。

211　なおカルテルを行った者は、刑事罰の対象として禁固刑が科せられることがある。

212　他方で、日本の独禁法における罰則は、欧米と比較して甘い。公正取引委員会（2016b:32）によると、カルテルによる制裁金（金銭的不利益処分）の１事業者あたりの平均総額は、米国では約38億９９００万円、欧州では約59億９０００万円に対して、日本では約２億２０００万円である（ただし２０１０年からの５年間における数字）。

213　制度開始当時は、日本はカルテルが強固に根づいていることから、課徴金減免を望んで密告をする事業者や個人は存在しないだろうといわれていた。

カルテルが成立するためには、複数の事業者が共同することが必要であり、そうした共同行為が可能となるためには、事業者の間に何らかの「共同行為における意思の連絡」が存在しているはずである。

典型的なカルテルは、企業同士が互いに価格のつり上げに合意したり、販売地域を分割して生産量を相互に割り当てたりすることだが、[214]「意思の連絡」の観点から、カルテルを二つのタイプに分けて議論することが多い。事業者間で明示的に共同行為を行うことに合意する「明示的カルテル」(explicit collusion)と、明示的な合意には至らなくとも暗黙裡に事業者間で形成されるような「暗黙的カルテル」(tacit collusion)である。

明示的なカルテルの例の一つとして、最盛期の石油輸出国機構(ＯＰＥＣ)が挙げられる。[215]事業者がカルテルに参加するための約束を取り交わし、また場合によっては、カルテルから逸脱した場合の罰則内容に合意することで、約束に拘束力を持たせようとする。他方で、暗黙的カルテルとは、カルテルに関する証拠を残さない形で行われる共同行為のことである。

不当な取引制限の「共同して」という要件を満たすためには、複数事業者間で客観的に同一または類似の行動(意識的並行行為〈Conscious Parallelism〉)があることを指摘するだけでは十分とはいえない。つまり、事業者らがつける価格が同一の水準であり、その価格が経時的に同様の動きを示したとしても、それ自体ではカルテルが存在する証明とはならない。

例えば、任意の独立した2軒の寿司屋において、マグロ1貫の価格が相互に相関したとしても、それ自体は必ずしもカルテルの存在を示唆していない。仮に漁船用重油価格が高騰すれば、すべての寿司屋におけるマグロの仕入れ価格が上昇する要因となる。つまり、この寿司屋におけるマグロ１貫の価格の変化は、共通のコスト要因の変化も反映し得ることから、意識的並行行為が存在することをもってカルテルの証拠とはできない。

不当な取引制限の成立を立証するときの考え方において、経済学と法学の間に大きな考え方の違いが存在する。[216]

法学では、複数事業者が共同行為を行うためには、互いに「意思の連絡」を行っているはずであり、何らかの形で相互にコミュニケーションが成立したことを立証すべきと考える。コミュニケーションは必ずしも言葉による必要はないものの、コミュニケーションによって合意が形成されたことを示すことが、法学におけるカルテル立証の重要な争点となる。

他方で経済学では、カルテルの生成における「共同行為における意思の連絡」の有無やその具体的

214　Hytinen et. al (2018) は、１９９３年に違法とされるまでフィンランドで合法的に行われた９００近いカルテルを調べている。それによると、地域分割や数量カルテルは、(とりわけ産業用を需要家とする) 製造業で主に見られ、価格カルテルは、(主に小売消費者を買い手とする) サービス業で見られがちであることを報告している。

215　現在のＯＰＥＣは規模が縮小し、ＯＰＥＣのみがカルテルを行っても石油市場価格に与える影響は限定的になりつつある。

216　この点について、川濱 (1997) や Kaplow and Shapiro (2007) でも指摘されている。

内容に注目するよりは[217]、企業が属する市場環境などがカルテルを許すような土壌を用意したかに着目する。もし、カルテルを引き起こすような土壌を市場が有している懸念があるのであれば、次に、複数の事業者が実効性を持って競争制限を行っていたかに注目する。

経済学的な観点は、カルテルによって競争が制限されることで、消費者余剰や社会余剰が損害を受けたかどうかに関心があり、その過程で事業者の間で「共同行為における意思の連絡」が明示的だったか暗黙的だったかは、それほど重要な意味を有していない[218]。

そもそも、「意思の連絡」が明示的に存在していたとしても、市場環境によっては事業者が意図したような形で競争を制限することができない場合には、カルテルによる経済的な損害は実質的には発生しないと考えられるからである。

参入障壁がさほど高くない産業や相対取引が商慣行となっている取引分野においては、カルテルを結ぼうにも実効的な形で競争を制限することは容易ではないことに注意すべきだろう。次節では、経済学の観点からカルテルがどのように説明されるのかを紹介したい。

2―カルテルの理論

カルテルは、事業者が望めばいつでも容易に形成できるようなものではない。カルテルが成功するためには、以下の三つの要素の存在が重要であることが知られている。①複数の事業者が合意できるカルテルの存在、②カルテル参加者がカルテルから逸脱していないかどうかを見つけるメカニズムの存在、そして、③カルテルから逸脱した場合に罰するメカニズムの存在である。

まず①として、複数の事業者が競争価格よりも高い価格でカルテルを結ぶことに合意するには、カルテルに参加する各事業者がカルテルを結ぶことに経済的な誘因を持ち、なおかつ、いくらのカルテル価格をつけるのかに合意する必要がある。

もし、カルテルに参加することに経済的な誘因を見出さない事業者が１社でも存在するならば、明示的であれ暗黙的であれ、カルテルを維持することは困難となる。そこでカルテルは、参加者すべてがカルテルに参加することにメリットを見出すように、組織として超過利潤を配分する必要がある。[219]

皮肉なことに、カルテル参加者はカルテルが結ばれると、そこから逸脱する経済的な誘因を持つ。

217　「意思の連絡」が存在することによって、カルテルにおいて現出する価格水準が影響を受けることがあり得る。経済学（ゲーム理論）では、「意思の連絡」を cheap talk（内容のない会話）と呼び、確約を伴わない「意思の連絡」がカルテルの合意形成に一定の役割を果たし得ることが議論されている。

218　鈴村（2004）がいうように、この点は、功利主義的な帰結主義に則った考え方である。Kaplow and Shapiro（2007）は、経済学は、非功利主義的な観点から競争のルールやプロセスを犯したことを反競争的行為と捉える分析枠組みを持たないとする。他方で非功利主義的な考え方は、事後的な機会均等主義など誤った捉え方を生み出す素地を作る危険性がある。

219　なお、超過利潤の一つの配分方法は、最も生産効率の高い企業にすべての生産を委託し、その生産から得られる超過利潤をカルテル参加事業者に再配分することである。このとき、参加事業者は自らのコスト構造を正しく申告することが前提となる。

なぜなら、カルテルによって高い価格が維持されることが確約されているのであれば、その価格よりも若干安い価値をつけることによって、競争事業者から顧客を奪い、カルテルから得られる利潤以上に自らの利潤を高めることができるからだ。

そのために、カルテルからの逸脱をどのように発見し、そして、そうした逸脱に対してどのように対応するか（前述のカルテルが成功するための要素②③）が、カルテルを維持するうえで重要となる。カルテルからの逸脱を即座に特定し、逸脱者に対して厳しい罰則を設けることができるのであれば、強固なカルテルを形成することが可能なことは、直観的にも明らかだろう。

カルテルから逸脱する企業が見つかった場合には、市場への供給量を大幅に増やすことによって逸脱企業を罰するのが、通常見られる形態である。[220] もちろん、逸脱企業に対する罰則は、逸脱しなかった企業の事業環境をも厳しいものとする。そこで、逸脱が見つかると、事後的には厳しく罰したくはないというのが、カルテル参加者の本音であろう。

しかし、もし「罰すべきを罰せず」ということになれば、そもそもカルテルからの逸脱企業をなくすことが困難となり、結果としてカルテルを維持することも難しくなりかねない。つまり、カルテルを有効に機能させるためには、逸脱企業に対する罰則についてカルテル参加者がコミットしていることが、不可欠となる。

3――カルテルが生じやすい市場環境

カルテルを間接証拠から立証するためには、単に意識的並行行為が見られるだけでは十分ではなく、意識的並行行為がカルテルにつながる共同行為である必要がある。前節で議論したようなカルテルの経済的なメカニズムを踏まえると、意識的並行行為のなかでも、カルテルにつながりやすい行為がどのような市場環境で生じやすいかを、経験的に明らかにすることは有益だ。

ここでは、事業者数、製品特性、制裁に要する時間、価格の透明性、企業の異質性、参入圧力の六つのうち、次節で説明する価格の透明性を除く五つを簡単に取り上げて、カルテルが生じやすい市場環境を説明したい。

まず、事業者が多数いるほど合意の形成に手間がかかることを考えれば、企業数が少ない方がカルテルは成立しやすいと想定される。また、企業数が多ければ、カルテルを行うことによって得られた超過利潤も、薄く広く企業に割り当てられることから、カルテルからの逸脱する誘因の方が強くなってしまい、カルテルが不安定になる傾向がある。

次に、財・サービスの同質性が高いほど、カルテルは容易である。製品差別化された財・サービス

220　例えば、アミノ酸の一つであるリジンの国際カルテルがそうした形態を取っていた（Conner, 2003）。

市場においては、カルテル参加企業の間で商品の比較を行うことも容易ではなく、したがって、どの商品群でカルテルを行うのかの線引きをする必要がある。イノベーションが活発であり、商品のライフサイクルが短いような市場においては、そうした線引きを頻繁に改定する必要があることから、カルテルを行うことに困難が伴う。

第三に、カルテルからの逸脱に対する制裁が迅速に行われれば、カルテルの拘束力は強まる。どれだけ逸脱に対して感応的に対応できるかは、取引頻度にも依存する。入札談合においては、もし談合破りが起こったとしても、入札が頻繁に行われない場合には、制裁を迅速に行うことは難しく、カルテルを安定的に形成することが困難となる。

第四に、カルテル参加企業の事業規模が異なる場合には、カルテルを結ぶことは難しい。カルテルからの逸脱する企業の事業規模が大きい場合には、カルテルとして逸脱に対する十分な罰則を科すことができない可能性がある。最後に、参入圧力が高い市場においては、カルテルを安定的に行うことが難しいことは自明であろう。

4―なぜデジタルカルテルか

実店舗（オフライン）を通じた取引からインターネット上の電子商（オンライン）取引へ、取引の比重が大きく移行するなか、消費者の購買行動における選択肢は飛躍的に拡大した[221]。インターネットがなければ、消費者は一つひとつ実店舗を訪れることでしか、商品在庫の有無や商品価格を知ることはできなかったが、今ではオンライン上で商品価格を瞬時に比較し、お目当ての商品の最安値が分かる。消費者は、オンラインでの購買が可能になることで、地理的な制約を受けることなく、いながらにして商品の比較・購買ができるようになった。

財・サービスの取引の場がオンラインに移行するにつれて、企業の価格づけにも新たな変化が生じている。二つの論点に触れておきたい。

価格の透明性

インターネットでの取引が拡大すると、競合企業がつける価格をオンラインで見られるようになる。そこで、価格の透明性の向上は、消費者と供給者の間に横たわる情報の非対称性の解消に貢献する。またオンラインは、他の店舗を訪れて在庫の有無や価格を比較するといった探索費用の低減にも寄与する。

このように考えると、オンラインでの取引による価格の透明性の向上は、商品間の競争をさらに促すため、市場はより競争的になりそうである。[222] 他方で、競合他社のつける価格を観察しやすくなることから、新規参入があまり期待できない地域独占性の強い市場では、企業同士で価格の合意がしやすくなることもありうる。

221　2019年における日本の消費者向け電子商取引の市場規模は、19兆4000億円であり、前年比で7・65％増加したとのことだ（経済産業省、2020）。

価格の透明性が競争を促すのか、あるいはカルテルを促すのかは、消費者と企業の双方が明確になった価格情報をどのように使うかに依存する。もし、消費者が探索費用の低下にもかかわらず、他社との価格を比較した購買行動を行わず、企業が他社の価格をモニターするようになると、カルテルが促されて、企業のつける価格の分布は高めに収斂するようになる。

消費者の探索活動が価格の透明化によって活性化すると、企業間の競争も促され、価格は全般的に低下する。Luco（2019）は、チリにおけるガソリンスタンドの価格について、スマートフォンで価格検索をした場所を特定することで、低所得地域では価格検索をする比率が低く、ガソリン価格も高止まりしているのに対して、高所得地域では価格検索率が高く、ガソリン価格も透明化によって低下していることを明らかにした。

この点は、相対取引が中心のコンクリート市場において、行政が価格の透明性を高めるために取引価格をオンライン上で公表したところ、市場価格が上昇してカルテルが促されたというデンマークの事例と整合的である[223]。

同様の事例が、ATPCO（Airline Tariff Publishing Company）事件[224]にも見られる。ATPCOは、航空会社が出資して設立した組織で、当時四つあったコンピュータ予約システム（CRS）と接続しており、ほぼすべての航空会社の航空運賃データを収集し、旅行代理店などに販売していた。ATPCOに収集された航空運賃は、どの航空会社も閲覧可能であり、こうした価格の透明性がカルテルを引き起こしているとして、DOJが航空会社8社とともにATPCOを1992年に摘発している。

さらに、Appleによる電子書籍市場での最恵顧客（ＭＦＣ）[225]条項の導入も、価格の透明性に関連する事件である。２０１０年のiPadの販売を機に、Appleは電子書籍の販売について出版社と代理店契約を結び、Apple以外の販売業者（当時はAmazon.com）がAppleよりも安い価格で電子書籍を販

222　最近の大規模な調査では、インターネットと実店舗での価格には、概して大きな差がないことが報告されている（Cavallo, 2017）。なお、日本で初の排除措置命令が出された国際カルテル事件（２００８年のマリンホース事件）では、日英仏伊の主要企業が互いの国へ参入しないことを取り決めていた。カルテル各社の基本合意は、カルテルのマネジメントをコンサルタントに任せ、受注国での市場情報を共有せず、互いの情報を不透明にするというものであった。こうしたカルテルの誘因メカニズムを明らかにした理論として、Sugaya and Wolitzky（2018）を参照。

223　Albaek at. al（1997）を参照。なお、生コンクリートの商圏は工場からトラックで2時間程度の圏内であるといわれる。

224　この事件は、航空会社のＡＴＰＣＯ航空運賃データの使用を制限することで和解が成立した。Miller（2010）によると、ＤＯＪの摘発で航空会社の運賃は総じて低下したが、その後は元に戻ったことが指摘されている。

225　Most-Favored Customer の略。ＤＰＦ企業によるＭＦＣ条項には、カルテル以外にも競争政策上の課題が指摘されている。ＤＰＦ企業は、消費者が自らのプラットフォームで商品・サービスを「ウィンドウ・ショッピング」して、小売店から直接購入することによるＤＰＦの中抜き（dis-intermediation）を防ぐために、小売店に対して、ＤＰＦでの販売価格が小売店での販売価格を上回ることがないように契約させることが多いといわれる。こうした契約によって、ＤＰＦ企業がプラットフォーム利用の対価として小売店に課す「ＤＰＦ利用料」が高止まりする可能性が指摘されている。詳しくは、Boik and Corts（2016）, Johnson（2018）, Wang and Wright（2020）を参照。

売するときは、Appleもそれと同じ価格で販売できるようにした。

この条項の導入前後で、電子書籍の価格は9・99ドルから14・99ドルに上昇した。DOJは、Appleと出版社をカルテル容疑で2012年に起訴し、2019年にAppleの最高裁への上告が棄却され、和解に至っている。

アルゴリズムによる価格づけ

AIや機械学習などの技術を利用して、自社の在庫や相手企業の価格などといった様々な情報に応じて、価格づけを柔軟に行えるように自動化する動きが見られる。

AIを用いた自動化は、雑多で非構造なデータをパターン化して、それぞれのパターンと価格とを対応させる「価格決定アルゴリズム」と、企業の利潤に貢献するうえで最も頻度の高い価格を経験的に見つけ出して価格決定アルゴリズムを逐次修正する「自己学習アルゴリズム」で構成されるという(Harrington, 2019)。用語はともかく、こうしたアルゴリズムは、競争を阻害するような価格をつけることがあるのだろうか?

Calvano et. al (2020) は、Q-LearningというAIを用いたコンピュータシミュレーション上で、複数の経済主体が情報を交換することなく、独立して自己の将来利潤の割引現在価値を最大化する繰返しゲームを行った。すると、逸脱に対して数期間罰すると、徐々に皆が超過利潤を得られるようなカルテル価格に移行するという行動が、ある確率で生じることが分かった。

彼らの報告する結果は、単なる理論的可能性ではない。実際にアルゴリズムによる価格づけが独禁法上の問題にもなっている。

それは、DOJがカルテルとして起訴した、Amazonマーケットプレイスでの映画ポスター事件である。この事案が通常のカルテルと異なる点は、容疑者（デビット・トプキン氏）が自らの価格決定プログラムを改良し、映画ポスターを売る他社の価格決定プログラムと相互のアルゴリズムをうまく同期させることで、マーケットプレイスでのポスター価格が自動的に高く表示されるようにしたことにある。いわば、競合他社とアルゴリズムを共有することによって、協調して価格を高止まりにできることが、事件から明らかにされたのである。

ここで挙げた事例[226]は、本章の冒頭で触れた「暗黙的カルテル」に該当する。デジタル経済が浸透するにつれて、こうした「暗黙的カルテル」が拡大することが懸念されている。

5―デジタルカルテルと競争政策

諸外国と同様に、日本の独禁法で禁止されるカルテルは、会社同士で価格や数量について合意することである。だが、合意したことを明確に文書で残すことは稀であることから、実際の法運用においては、「暗黙的カルテル」も規制できるように、例えば会議の場で会社同士が値上げについて意思の

226　事例のさらなる説明については、例えば山田（2017）を参照。

疎通があり、かつそれに対応して値上げがあった場合には、企業の間でカルテルの合意があったものと見なしている。この観点でいえば、AppleによるMFC条項は、現行の法運用でもカルテルと認定できるものである。

問題は、アルゴリズムを用いたカルテルである。アルゴリズムによって常に他社の価格を監視し、ある企業が値下げをすれば即座に値下げで対応するようなプログラムが組み込まれれば、値下げをすることが難しくなることが予想される。カルテルが存在する場合、カルテルから逸脱することによる利益の増加を見込むことが難しくなることから、カルテルを遵守する誘因が強化されることになろう。一方で、アルゴリズムによる価格づけを委ねていれば、価格について企業同士で話し合う必要がなくなるので、競争当局が、こうした意思の疎通が伴わない価格カルテルに対して違法性を問うことはきわめて困難と予想される。

また、アルゴリズムを使っていることだけをもって、競争政策上問題があるということも難しい[227]。価格比較サイトなどが典型だが、価格の透明性が高まることで、消費者の選択肢が増えて、市場の競争が活性化する余地もあるからである。

共同行為における意思の連絡を直接的証拠だけにもとづいて立証しようとすると、カルテル事件の摘発に偏りが生じることも懸念される。そもそも第3節で紹介したように、カルテルを起こしやすい市場環境であれば、暗黙的にでもカルテルは成立しやすいと考えられることから、カルテルに関して「意思の連絡」を示唆する直接的な証拠を何ら見つけることができない可能性もある[228]。

拘束力のあるカルテルの摘発強化につなげるためにも、「意思の連絡」にもとづく合意の存在に注目することはもちろん、対象となる市場環境を経済学的に分析することを通じて、カルテルにより競争が実質的に制限されたか否かを併せて判断していく必要があるだろう。

日本の独禁法における対応の試案

不当な取引制限は、「一定の取引分野における競争を実質的に制限する」（独禁法二条六項）ことが要件とされている。この市場効果要件は欧米では課せられていないといわれており、日本のカルテル規制における特徴的な点となっている。

企業間の共同行為には様々な形態が考えられるが、そうした共同行為が競争の実質的な制限を目指したものであるかどうかが、カルテル事件の証拠として日本ではきわめて重要であるとされる。しかし、共同行為が実際に市場効果を持ったのかどうかを明確にせずして、その共同行為が競争制限を意図したかどうかを明らかにすることは困難であることが多い。

例えば、広告活動について考えてみよう。欧米などでよく目にするものに比較広告がある。どんなに客観的な事実にもとづいて行ったとしても、比較広告は概して他社商品を非難する広告（ネガティブキャンペーン）として映りやすい。ひとたび比較広告が出ると、他の企業にも比較広告が伝播し、結果として業界全体が比較広告であふれてしまい、消費者から見向きされなくなる可能性がある。

227　法的な論点については、例えば、Ezrachi and Stucke（2016）、池田（2017）を参照。
228　Kaplow and Shapiro（2007:1126）は、「立証のパラドックス」（paradox of proof）と呼ぶ。

日本では欧米などと比べ、他社商品との比較広告を行うことが少ない点が指摘される。比較広告の件数が少ないのには、いくつかの理由が考えられそうだが、ここでは二点取り上げよう。まず一つは、消費者の便益を考えた行為とするものである。もう一つは、競争を回避するための行為とするものである。

いずれの理由にせよ、その意思が業界全体の共通認識として浸透していることが、比較広告を自制することにつながっているとき、この共同行為が社会厚生を増進させる（少なくとも低下させない）行為なのか、あるいは単なる競争回避にすぎないのかを区別することは、その行為の市場効果を経済学的に分析しない限りにおいて、合意の内容から判断することはほぼ不可能である。

しかし、日本においては残念ながら、実務においては現実に競争制限が生じていることまでは要求されず、カルテルの合意がなされればカルテル認定としての要件を満たすとされている。[229]こうした実務のあり方が、合意の存在と市場の実質的制限との認定の違いを曖昧にしている原因の一つと考えられる。

カルテル事件における罰則が強化されている今日、対象となるカルテル事件がどれほどの競争の実質的な制限をもたらし、その結果として需要家はどれだけの損害を被っているのかを、きちんと検証する必要性が高まっているのではないだろうか。

罰刑均衡の原則からすると、カルテルの重篤度に応じた制裁が科せられるのが本筋である。しかしながら、企業活動がグローバル化するに伴い、カルテル事件は国際化する様相を見せている。そうした国際的なカルテル事件において、各国の競争当局が独自の基準で制裁金を科した場合に、その累積額は、カルテル事件の重篤度とは関係なく、過重になる懸念がある。[230]

また、日本のような事業者の規模や業種に応じて料率が機械的・自動的に決まるような課徴金制度においては、そもそもカルテル事件の重篤度を課徴金額に反映する術がなく、こうした制度のあり方が望ましいのかも検討していくことが必要である。

課徴金制度の簡便性・簡素性を過度に重視することは、競争法の専門性を損なうことになるばかりではなく、説明責任の観点からも問題が生じかねない。国際カルテルにおける多重制裁が現実のものとなるなかで、日本における不当な取引制限の定義規定にある「一定の取引分野における競争を実質的に制限する」という要件を真摯に考えていく必要性が、国際的にも高まっていくことも予想される。

こうしたなかにおいては、日本の先進性を示す独禁法第二条六項の市場効果要件を正しく生かすような実務的な運用を、日本の競争当局も推し進めるべきである。

アムネスティー・プラス[231]のように、課徴金減免制度が持つ経済的な誘因をさらに充実させることは、カルテルの発見・摘発を効果的に行ううえで威力を発揮する。だが他方で、カルテルの摘発を受けた

229　例えば、狛（2008:164）を参照。
230　二〇二〇年の独禁法改正では、課徴金減免制度において事業者の自白の真相釈明への貢献度に応じて課徴金の減算率を公取委が決められるといった、限定的ながらも裁量的な課徴金の仕組みが導入された。
231　ある違反行為に対して調査を受けているときに、別の違反行為を申告することで当初の違反行為についても刑罰が軽減される制度のこと。

企業や社員は、競争の実質的な制限という観点では取るに足らないような案件を申告することによって、本来であれば剥奪されるべき不当利得を回収されずに済んでいるのかもしれない。もしそうであれば、アムネスティー・プラスに対する評価を良しとすべきかは、必ずしも明らかではない。

カルテルの発見・摘発は、競争当局の捜査を通じて行われるのが本来の姿である。また、課徴金減免制度を使った申告や供述内容も、当該案件の市場構造に照らして実効性を持った形で、信頼するに足る内容なのかを精査するべきである。課徴金減免制度の「成功」に過度に依拠することなく、カルテルにおける間接的証拠のさらなる活用についての研究を競争当局は進めていくべきであり、そうした観点で経済学の果たす役割を見出せるのであれば、実務に取り入れていくことに躊躇があってはならない。

6　まとめ――「市場支配力」の定量分析の必要性

本章では、第3章に続いてカルテルを取り上げて、カルテルが成立する経済学的なメカニズムと、それがデジタル空間で行われた場合の論点を取り上げた。デジタルカルテルは、企業同士に意思の連絡がなくても成立する場合がある。そこで、事業者同士の合意を前提とする多くの競争当局においては、デジタルカルテルを摘発するために新たな制度上の工夫が求められることになる。

日本の不当な取引制限においては、運用上はあまり使われていないが、競争の実質的制限が要件とされており、デジタルカルテルへの対応においては今後、市場効果要件を併せて検討することも重要である。例えば、詳細な市場データを用いて、マークアップ率（価格と限界費用との差）を推定することが可能であれば、第１章でも議論したように、市場が競争的か否かの状況証拠に使えることになる。

その他にも、デジタルカルテルの可能性に対して、消費者の側に立ったＡＩアルゴリズムを開発して、事業者側のＡＩアルゴリズムに対する牽制力を発揮することで、市場の競争性を維持・回復する可能性もあろう。あるいは、アルゴリズムを登録制にして、反競争的な要素を持つプログラムを摘発・排除するような規制的なアプローチも考えられる。

「市場の（見えざる）手」（invisible hands of the market）が、デジタル化するなかで、市場競争をいかに守るかという根本的な問題が改めて問い直されている。

次章では、市場がもはや「市場の手」ではなく、「営利企業の手」（profiteering hands）によって支配されかねない点を論じる。

第9章　デジタル・プラットフォームと共同規制

新型コロナウイルス感染拡大のなか、日本でもデジタル化が大きく進展した。オンラインでの商取引や宅配サービスがさらに拡大し、動画やゲームなどの娯楽配信サービス等も充実するなかで、デジタル技術によって、感染拡大防止を効果的に行いながら、生活の利便性を損なうことなく、逆に高めることさえできることを実感しつつある。

こうしたデジタル技術の進展が、産業構造にも大きな影響を与えていることは、序章で触れたとおりである。[232] ＧＡＦＡＭなどといったＩＴ企業は、各々が異なるビジネスモデルを有するもの[233]の、消費者や生産者が取引を円滑に進める場である「プラットフォーム[234]」を提供する点で、同じ類型に属する企業（プラットフォーム企業）と考えられる。

プラットフォーム企業に共通するのは、自らが提供するプラットフォームを通じて、ニーズの円滑なマッチングを行う点にある。マッチングの場を提供できるようになったのは、デジタル化によって取引に関連する大量のデータを収集し、その取引データを使って取引参加者の細やかなニーズを把握できるようになった点が大きい。

こうしたマッチングをデジタルの場で行うＤＰＦは、生産者と消費者を仲介する意味では、伝統的なオフラインの流通業と同じ機能を果たすものの、社会経済に与える影響は、伝統的なオフラインの流通業とは比較にならないほど大きくなっている。ＤＰＦは、私たちが暮らしを営むうえでのインフラといってもよいほどの公益性を持つようになったといえるだろう。

ＤＰＦが社会経済活動において不可欠な存在となるなか、その提供者であるＤＰＦ企業に対する懸念が世界中で強まっている。マッチングの場を設計・運営・管理する立場にあることから、プラットフォームを通じて明らかになる利用者や参加企業のデータが、ＤＰＦ企業に独占的に蓄積されがちだからである。そうしたデータをＤＰＦ企業がどのように扱っているかが不透明であることから、データ独占にもとづく情報の優位性をテコにした取引慣行の歪みが、競争政策上の課題として指摘されている。

ＤＰＦ企業に対するこうした新たな懸念に関して、多くの競争当局や研究機関が調査報告書を公刊

232　ＧＡＦＡＭやＢＡＴＨ（Baidu, Alibaba, Tencent and Huawei）といったＩＴ企業が時価総額を大きく伸長していることを論じた。

233　例えば、Facebook はＳＮＳを提供する広告モデル、Google は検索エンジンや地図、YouTube などを有する広告モデルを採用する。Amazon.com や Alibaba はネット空間上に市場を設けて商取引を促すサービスを提供し、Uber は運転手と乗車を希望する消費者のニーズを適合させる事業者である。

234　プラットフォームの定義は本章第1節で述べる。

している。[235] 日本では、2020年5月に「特定デジタルプラットフォームの透明性及び公正性の向上に関する法律」（DPF透明化法）が成立し、新たなプラットフォーム規制のあり方を提起したものとして国際的にも注目されている。

前述したように、DPF企業においては、プライバシーをいかに守るかという個人情報保護や、グローバルな事業活動に対していかに徴税するかという国際課税など、様々な論点が存在する。それらの論点は互いに関連し合っているが、ここでは、本書のテーマである競争政策に論点を絞って論じることにしたい。

本章の構成は以下のとおりである。第1節では、DPFと伝統的なオフラインのプラットフォームとの違いについて論じる。第2節は、DPFの経済学的な特徴として三つの点を指摘する。この三つの特徴が、競争を阻害する懸念を国際的に生み出している点について、第3節で触れる。第4節は、DPF企業に対して競争政策がいかなるアプローチをすべきかを、日本の状況も紹介しつつ議論する。第5節では、DPF規制について日米欧の状況の違いと今後の方向性について論じる。

1―デジタル・プラットフォームとは

プラットフォームは、出品企業や消費者などといった複数の経済主体が、より高い便益を得られる取引相手を求めて集う場と定義できる。そうした場は、必ずしもデジタル空間である必要はない。例えば、リアルな空間においても、デパートや市場《いちば》は、出品企業や消費者に取引機会を提供するプラットフォームとして昔から機能していた。

DPFが伝統的なオフラインのプラットフォームと異なる点は、プラットフォームが扱うデータの粒度と蓄積の形態にある。以下では、オンラインモールを例に取って、オフラインの流通との対比からDPFの特徴を明らかにしてみよう。

オフライン流通は二つの機能を持っている（有賀，1993：50-53）。一つは、生産者と小売事業者（あるいは消費者）の間をつなぐマッチング機能。もう一つは、生産された財・サービスを在庫管理しつつ、配送・販売を通じて小売に届けるというデリバリー機能である。

例えば、開発した商品を消費者ニーズのある実小売店舗に届けるのが後者であり、前者には、実小売店舗でつかんだ新たな消費者ニーズを生産現場に伝え、次の商品開発につなげることでマッチングの確率を高めるようなデータの利活用も含まれる。

オフライン流通では、これら二つの機能のなかでも、デリバリー機能の役割が相対的に大きい。なぜならば、最終的なニーズのある消費者と接点を持つのは小売事業者であることから、どのような人がいつ何を買ったかなどといった購買に関する一次データは、流通事業者ではなく小売事業者が有するからだ。

これに対し、オンラインモールでは、プラットフォーム上で購買・決済する消費者の購買データは、

235　Stigler Center (2019:5) の注1を参照。

出品企業ではなくＤＰＦ企業に蓄積される。デジタル技術の進展で、ＤＰＦ企業は、閲覧履歴からどのような属性の消費者が、いかなる競合商品と比較したうえで、出品企業の商品購買に至ったのか（あるいは至らなかったのか）を知ることが可能だ。

他方で、出品企業は、ＤＰＦ企業から限定的な情報を教えてもらう存在となる。オフライン流通では、粗いデータが実店舗に分散的に蓄積されるにすぎないが、オンラインモールでは、オフラインの流通業では考えられない粒度の細かい購買データがＤＰＦ企業に集中する。

このように、ＤＰＦ企業にデータが集中することで、従来の流通業が一体として担っていた二つの機能、ＤＰＰによるマッチング機能とデリバリー機能のアンバンドル化されることになる。すなわち、ＤＰＦ企業はマッチング機能をサービスとして提供し、デリバリーに係る機能は売り手と買い手に任せて、ＤＰＦ企業は関与しないというビジネスモデルが登場することになった。このＤＰＦが提供するビジネスモデルは、オフライン流通と比較して、取引する消費者や出品企業に「高い自由度」を保証する（Hagiu and Wright, 2014）。

このＤＰＦにおけるアンバンドル化[236]は、社会に行動変容をもたらした過去のイノベーション事例に共通する特徴といえる。

例えば、民間の住居や自家用車といった物的資本の稼働率が「見える化」され、インターネットを介して第三者に伝達することが可能になると、住居や乗用車の空き時間を活用して利用率を高めるようなシェアリングサービス（例えばAirbnbやUber）が誕生した。

スマートフォンは、コミュニケーションの場を特定の場所（固定電話のある場所）からアンバンドルしたと考えられ、大規模公開オンライン講座（ＭＯＯＣ）は、教育を教室という空間からアンバンドルしたといえる。

アンバンドル化の影響は、消費分野にとどまらず、人的資本の領域でも生じている。自分の空き時間や技能を第三者に伝達できるようになると、ＤＰＦを通じてこれまで考えられなかった粒度とタイミングで仕事の受発注を行うことが可能になる。それに伴い、従来の労働者概念では捉えきれないフリーランスなどの雇用に類似した形態が拡大することになった。

働き手が時間や場所からアンバンドルされて高い自由度を獲得する一方（Hagiu and Wright, 2014)、雇用に伴うリスクは自らが負い、社会保険も自己責任での加入が求められている（Weil, 2014)。

こうした状況は、ＤＰＦがあくまで取引を媒介するプラットフォームであって、取引主体ではないという考え方から生じたものだが、昨今では媒介事業者に相応の社会的責務を求める声がある。この点は、第4節で述べることにする。

データをつなげて規模を大きくした方が、経済性を生かせる。例えば、過去の購買履歴をつなげれば消費者の嗜好が分かり、その人に適すると思われる商品を検索上位にできるばかりか、消費者に商品を特定してターゲティング広告を打つこともできる。

クラウド化やＡＩ技術の高度化により、データをつなげて解析するコストが大幅に下がると、デー

236　アンバンドルは携帯電話（第4章）や電力（第5章）でも取り上げており、そこでアンバンドルがもたらすメリットとデメリットを論じた。

タを集中的に蓄積するオンラインモールが、オフライン流通に対して、効率性の観点で大きな優位性を持つことになる。

オンラインモールには多くの出品企業が参加し、消費者を惹きつけるとともに、多くの消費者が訪れれば、データがさらに集積されてプラットフォームの効率性も上がり、より多くの出品企業が参加するようになる。

このネットワーク効果[237]によって、オンラインモールは売り上げを伸ばし、消費者・出品企業双方にとって使い勝手の良いプラットフォームとなる。つまりオンラインモールは、オフライン流通と比べて効率化しやすく、さらにネットワーク効果による独占が進む傾向にあるといえる。[238]

2―デジタル・プラットフォームの経済学的な特徴

多くの識者は、インターネットの登場によって市場への参入が促され、市場は完全競争に近くなると予想した。[239] しかし、インターネットが生み出した検索エンジンや交流サイト、電子商取引やシェアリングサービスといったDPFのどれもが、今や少数（場合によっては一つ）の企業で占められている。DPFが寡占や独占になりやすい理由として、以下の三つの経済学的な特徴を挙げることができる。

規模の経済性

第一の特徴は、費用構造にある。DPFの提供基盤を構築するには、ユーザーインターフェイスの作り込みなど膨大な固定費がかかるものの、サービスを複製するのにかかる追加的なコスト（限界費用）はほぼゼロに近い。こうした費用構造は規模の経済性を有し、DPFはユーザー[240]を獲得すればするほど、自らの平均費用を低下させて競争力が増すという状況が生まれやすい。

ネットワーク効果

第二の特徴は、前節で述べたネットワーク効果である。DPFに多くの消費者が訪れれば、それだけ多くのサービス事業者が多様なサービスをDPFに提供するようになる。DPFに多様なサービス

237　第2節で詳しく述べる。
238　もちろん、DPFは常に独占を生み出すわけではない。独占を妨げる要因として、プラットフォームにおける品質の差別化や、消費者による複数の異なるプラットフォームへのアクセスの可能性（そうした可能性が確保されている状態を「マルチ・ホーミング」という）、そして、異なるプラットフォーム間の相互利用の拡大が挙げられる（Jullien and Sand-Zantman, 2020）。
239　例えばBrown and Goolsbee（2002:482）を参照。
240　ユーザーとは、プラットフォームに参加する主体を指し、消費者や出品企業を含む。

が提供されれば、それだけより多くの消費者を集客できる。[241]このネットワーク効果が持つ相乗効果は、自由な市場競争において、勝者が独占する傾向を生み出す。

ネットワーク効果の下でのDPF企業の戦略は、いかに早く一定数（閾値）を超える多くの消費者や出品企業を獲得するかになる。閾値を超えれば、ネットワーク効果が働き、独占に近い地位を獲得できるからだ。他方で、閾値に達しないDPFは、負の相乗効果が働いて、市場から即刻退出する憂き目を見ることになる。

そもそもどのDPFがいち早く閾値に到達するかは、事後的な結果としてしか分からない。そこで消費者や出品企業は、どのDPFが成功しそうか「予想」して、参加するDPFを選択することになる。もし、成功するDPFに参加したいのであれば、どのDPFが成功すると他の参加者が予想するかを的確に当てるべきである。つまり、勝ち馬（バンドワゴン）に乗ることが重要である。

DPF企業の立場に立てば、潜在的なDPF参加者の予想をうまくコントロールすることで、DPF間の競争に勝つ確率を高めることができる。

やや旧聞に属するが、Microsoftは2001年に、競合するNovellのOSユーザーに対して、「お使いの製品は製品元からフルサポートがされていません」というメッセージとともに、自社OSへの移行ソフトの入ったパッケージを送付し、あたかもNovellがソフト開発事業から撤退するかのような内容の記事を自社サイトに掲載したことがあった。

このように競合製品に対する不正確な情報を流布することで、消費者の期待を操作して競争上優位に立とうとする戦略は、DPFでの競争では有効に機能し得る。[242]

範囲の経済性

第三の特徴は、範囲の経済性である。ＤＰＦ上でリアルタイムに需要と供給がマッチングできるようになると、これまでバンドル化されてきた様々なサービスが、時間・空間・組織から分離して提供されるようになる。この結果、オンラインモールがオフライン流通の有した二つの機能（デリバリー機能とマッチング機能）をアンバンドルしたように、プラットフォームを提供する主体（ＤＰＦ企業）とサービスを提供する主体が分離するようになる。

アンバンドル化されマッチングに特化するＤＰＦは、機械学習を使ってデータを解析し、ユーザーに合った商品やデザインを提案するようになる。機械学習によるデータ解析は、質の高い様々なデータを大量に投入するほど、精度の高い予測やより良いデザインを消費者や取引企業に提供できるようになるために、ＤＰＦは様々なサービスへ拡張・連携してデータの獲得に努めることになる。

例えばGoogleのGoogle VoiceやAmazon.comのAlexaなど、多くのＤＰＦが音声アシスト領域に

241　ネットワーク効果は、財・サービスの物理的な特性が変わらなくても、ユーザーの数が増えれば、その財・サービスの価値が高まる点で、需要面での規模の経済性といえる。なお、ここで挙げたＤＰＦの第一の特徴は、費用面での規模の経済性と考えられる。

242　こうした戦略は、競争政策上も不公正な取引として禁止されるべき行為の可能性が高い。Novellもその後にMicrosoftを提訴し、Microsoftは行為を取りやめることで示談に至っている。

進出したのは、音声というオフラインの情報を入手することで、その消費者のオンラインのターゲティング広告の精度を上げる目的もあったといわれる。つまりＤＰＦは、範囲の経済性を生かしつつ、様々なサービス分野に進出して一つのエコシステムを形成することになる（Eisenmann et. al, 2011）。

これら三つの特徴を踏まえると、ＤＰＦ企業は、プラットフォームの黎明期では、ネットワーク効果の働く閾値に達するまで激しい競争（competition for the market）を繰り広げることになる。たとえ無料で商品を配ってでも、ユーザーを閾値に達するまで獲得できれば、その後はネットワーク効果の相乗効果を受けて、独占的な地位を獲得できるからだ。当初、コスト割れで販売した赤字は、独占的な地位を獲得した後に回収すればよい。

成功するＤＰＦには消費者や様々なサービス提供事業者が集まることから、多面的市場ともいわれる。このとき、ＤＰＦ企業は自らのプラットフォームに参加する主体から、様々な料金体系を工夫して課金する。例えば、ネットワーク効果を生み出してくれるような主体に対しては無料でサービスを提供したり、場合によっては、ＤＰＦへの参加に対して報酬を支払ったり243してでも、ＤＰＦのネットワーク効果を最大限生かそうとするだろう。

成長過程で様々な事業へと拡張していきながらエコシステムを形成するＤＰＦは、事業者が一つの画定された市場で収益を上げることを基本とする従来の競争政策の見方にはうまく適合しない。

特に、ネットワーク効果が強く働く場合、片方の市場に対しては無料でサービスを提供しつつ、もう片方の市場で損失を回収することが往々にして見られるので、複数の市場を一体として捉える視点が求められる。

さらに、黎明期にはコスト割れで活動を行い、成長期に入ったときに黎明期で生じた損失を回収するような手法も、ＤＰＦにおいては合理的なビジネスモデルであり、黎明期のコスト割れのみに注目して、競争阻害行為（例えば不当廉売）として捉えることは適切ではない。

他方で、ＤＰＦが提供する消費者向けサービスは無料であることが多く、従来の競争政策を単純に当てはめると、消費者に価格による被害が見られないために、競争政策上の問題がないという判断につながりがちである。

ＤＰＦ企業の経済行動を理解するには、消費者への影響だけではなく、ＤＰＦの多面的市場をエコシステムとして理解する視野が求められる。

3―ＤＰＦ企業の競争阻害への懸念

ＤＰＦは寡占化しやすい[244]ことを、前節で説明した。ネットワーク効果や規模・範囲の経済性によってデータが集中することによって、効率化が促されるだけであれば、ＤＰＦ企業によるデータ独占の

243　データを生成する個人の貢献を通常の労働と等しく認める観点から、データが生み出す価値の貢献者としてデータの生成者を重視する考え方がある（Arrieta-Ibarra et. al, 2018）。

244　以下では、特段断らない限り、寡占化と独占化を同義として用いる。

弊害はないと考えられるだろう。第2章でも述べたとおり、寡占化それ自体が市場を歪めているわけではなく、またプラットフォームの規模が小さい黎明期には、DPFは多くの消費者やサービス提供者の参加を優先するために、囲い込みも問題になりにくい。

問題が生じるのは、寡占化したDPF企業が情報の優位性にもとづいて、DPF参加者である消費者や企業を恣意的に囲い込んだり、競争関係にある他のDPF企業の活動を意図的に阻止したりする場合だ。そうした行為をDPF企業が行う主な理由は、ユーザー間の取引に自らが「中抜き」されることを恐れるからに他ならない（Stigler Center, 2019:7）。

ユーザーが自社のDPF以外で取引することのないよう、あらゆる手を尽くそうとするインセンティブが、DPF企業にはある。こうしたDPF企業が競争阻害的な行為をしないようにするのが、競争政策の役目である。本節では、排除行為の例として、通信分野で行われ始めているゼロレーティング（ZR）サービスとユーザーの認知バイアスに言及したい。

ゼロレーティングサービスと排除行為

ZRサービスとは、特定のコンテンツ・アプリケーション・プロバイダー（CAP）[245]の利用に対して、通信事業者が使用データ通信量にカウントしないサービスのことである。

例えば、2019年1月時点において、ソフトバンクが提供するサービス[246]では、YouTubeやHuluなどの11の対象CAPが見放題になっている。こうしたZRサービスは、今ではほとんどのMNO、MVNOが提供している。

図表9－1　ZRサービスにおける排除行為（例）

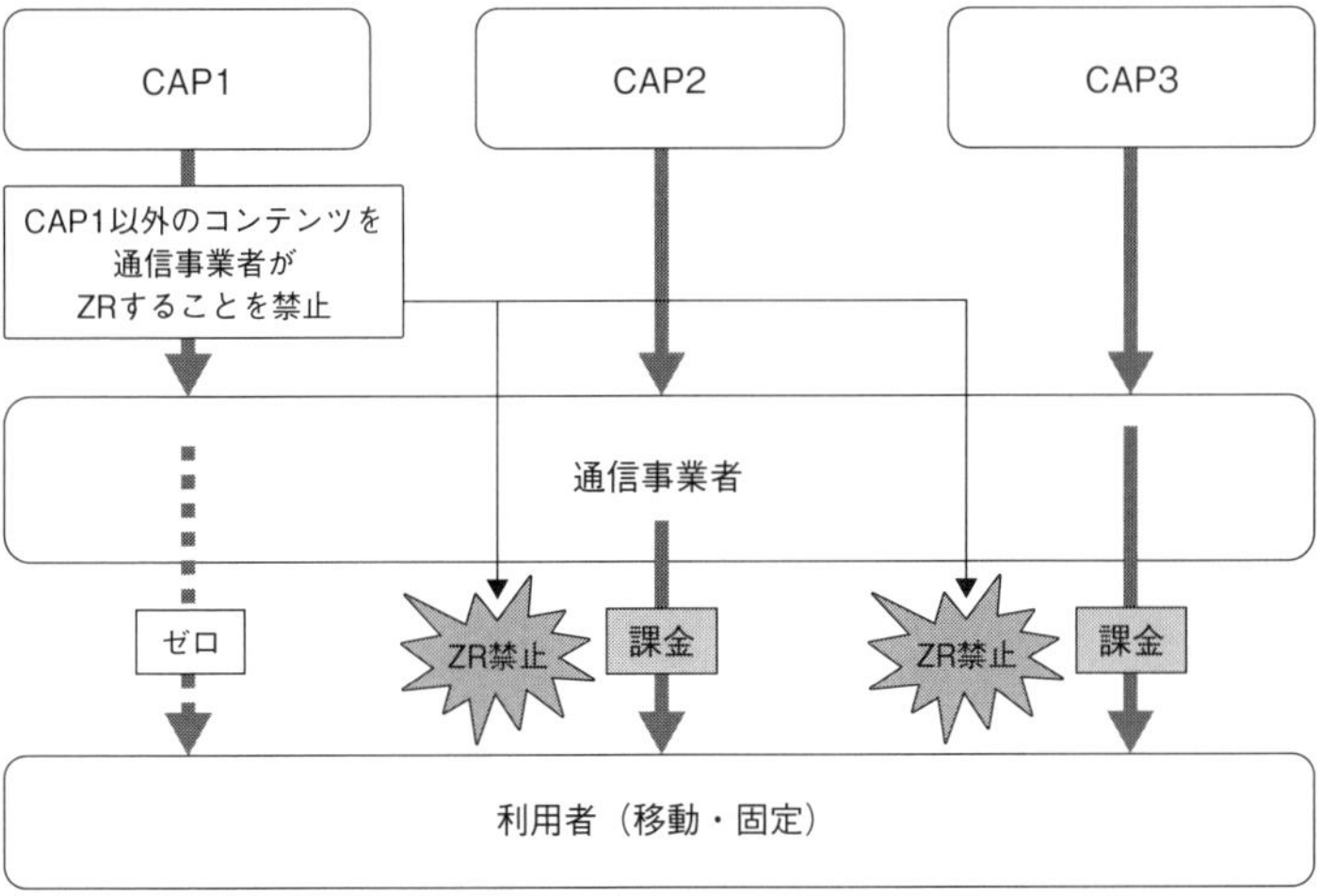

日本の通信事業者は、従量料金制やデータ通信量に上限を設けるなか、ZRサービスはサービス内容を差別化して利用者に訴求できる点で、市場拡大の起爆剤として通信事業者からも期待されている。

ZRサービスについて、以下の仮想事例を考えてみよう。図表9－1には三者のCAP事業者（CAP1・2・3）を載せている。このうち、CAP1が自己以外のコンテンツをZRサービスの対象から排除することを条件に、通信事業者と契約を結ぶ場合が図表に示されている。

競合するCAP事業者（CAP2・3）のコンテンツに課金したり、通信量の上限を課したりしながら、CAP1のコンテンツのみが優遇される点で、ZRサービスは競争者を差別的に取り扱っていることが分か

245　例えばNetflixやHulu、AbemaTVなどがCAPに相当する。
246　データ定額50GBプラス（ウルトラギガモンスター＋）。

る。他方で、CAP1が独占的な市場シェアを持ち、CAP1のコンテンツが通信事業者のみならず、競合する通信事業者にとっても魅力的なコンテンツを有する場合は、こうした排他的な契約がCAP1通信事業者双方のメリットになる可能性がある。

ZRサービスには、(ZR対象に起因する)トラフィック増に対する設備増強費用を、ZR対象のCAP事業者に負担させる意図もあるといわれている。この点は、CAP事業者が通信事業者の設備増強費用を負担することを通じて、通信帯域を専有的に使用する権利を購入しているようにも見える。

さらにZRサービスは、インターネットをすべてのユーザーに等しく開かれたものとして、無差別・公平に扱う基本理念である「ネットワークの中立性」に反するように見える。ZRサービスが定着すると、資金力のない中小CAP事業者がサービス提供上、不利な立場に置かれ、コンテンツの多様性が失われるばかりか、ユーザーは、データ通信量に上限のない大手CAP事業者のコンテンツに誘導されることにもなる。

インターネットが国民の自由な意思を育み、民主的な社会を形成するための情報基盤であるとするならば、そうした情報基盤が資本の力で歪まされることは懸念すべき事態であろう[247]。これは、次に論じる消費者の認知バイアスにも通じる論点である。

DPFの寡占化による弊害を抑止する方法として、ユーザーの選択肢を特定のDPFに限定(シングル・ホーミング)せず、他の競合するDPFにも開放(マルチ・ホーミング)することが有効である。特定のDPFに選択肢を限定することは、DPFが市場支配力を発揮するための「ボトルネック」を生み出すことに他ならないからである。

仮にユーザーは特定のＤＰＦしか選べない場合でも、競合するＤＰＦ間でシステムやデータの「相互互換性」[248]を担保することによって、ユーザーが特定のＤＰＦに囲い込まれない工夫が求められる。こうした競争政策上の対応措置は、ＺＲサービスに対しても有効だ。つまり、ＺＲ対象の事業者をＣＡＰ１に限定しないよう、契約条件にＺＲサービスのＣＡＰ事業者に対する無差別性・公平性を確保することが、一つの解決方法だろう。

消費者の認知バイアスによる競争阻害

ＤＰＦの寡占化によるユーザーの囲い込みは、ＤＰＦ企業の排除行為だけから生じるわけではない。例えば意外なことに、ユーザーの認知バイアスをうまく利用することで、ＤＰＦ企業に自ら囲い込まれてしまうような不合理な行動をユーザーが取ってしまう可能性があることを、行動経済学は指摘している。

２００２年にダニエル・カーネマンがノーベル経済学賞を受賞し、その後２０１７年にリチャー

247　こうした懸念も踏まえ、ＺＲサービスに対するガイドラインが制定されている（総務省、2020g）。なお、懸念の表明については西土（2014）も参考になる。

248　「相互互換性」とは、ＺＲサービスにおいてはＣＡＰ１の有するコンテンツを他の競合企業にも開放することを意味する。他方で、この措置はＣＡＰ１の投資インセンティブに影響を与える可能性があり、十分な議論が必要だ。

ド・セイラーが同賞を受賞した行動経済学の分野は、消費者の認知や行動は常に合理性があるとは限らず、現状維持を志向したり、[249]短期的な利益を追求してしまったりという認知バイアスを持つことを明らかにしてきた。

こうした認知バイアスを逆手に取ることによって、高い市場シェアを有するDPFは効果的に競合事業者の参入を制限することができる。例えば、消費者は自らに有利な選択肢が与えられても、その選択肢を取るという行動を起こすことを面倒に感じることが多く、結果として現状維持を選ぶ傾向があることが知られている。

この「現状維持バイアス」を使い、スマートフォン上で自社アプリをデフォルト設定し、競合他社のアプリは手動でインストールを要する仕組みにしておけば、多くの消費者を自社アプリへ囲い込むことが可能となる。

DPF企業の排除行為に関しては、消費者に複数の選択肢が確保されているからといって問題が解消されるわけではない。すべての選択肢を同等の選択環境（先の例では、複数の選択肢すべてを手動での選択とするといった「現状維持バイアス・フリー」の環境）の下に置くことが重要であろう。

競争政策の効果を検証するためには、複数の選択肢が消費者によって実質的に選択されていることを確認する必要があり、DPFが持つ購買データを解析することなども求められる。

さらにDPFに蓄積・利活用されるデータの範囲が、検索情報から音声情報、そして生体情報へとより深いパーソナルデータに至るにつれて、ユーザーのプロファイリングは精緻となる。DPFのサービス提供も、ますます個人に特化したものとなり、個々人にとって自らの嗜好により適したサービス提供がなされる一方で、本人も知らない形で、本人に与えられる選択肢が他のユーザーと異なった形で制限される可能性もある。こうした点を、デジタル市場競争会議（2020:13）は、「個人の判断すらコントロールされる懸念」（Digital Dystopia）と表現した。

市場競争が機能する前提は、消費者の自由な意思にもとづく選択が確保されていることにある。DPFによってユーザーに提供される選択肢が、本人が意識しない形で制限されたり、それによって自由な意思にもとづく選択が本人の自覚なく歪められたりすることがあれば、競争政策の前提が揺らぐことになる。

これは、先のネットワーク中立性の理念にも共通する、デジタル化社会の意思形成のあり方を問う論点である。次節ではこうしたDPFへの懸念に対して、競争政策がどのような対応を取り、また今後取るべきかを論じたい。

4―DPF企業に対する競争政策

2018年以降、様々な国でDPFと競争政策に対する調査報告書等[250]が公表されたことは先に述べた。それが引き金となり、DPFの寡占化が引き起こす課題を現行の競争政策の枠組みで対処できる

249　Samuelson and Zeckhauser（1988）を参照。
250　詳しい報告書については注235を参照。

のか、できないとすれば新たな競争政策の体系とはどのようなものか、活発な議論が展開されている。

日本は、世界に先駆けて「プラットフォーマー型ビジネスの台頭に対応したルール整備の基本原則」を2018年12月に定め、2019年5月には、「取引環境の透明性・公正性確保に向けたルール整備の在り方」および、「データの移転・開放等の在り方」の双方に関する政策のオプションを提示するなど、DPFに関する競争政策の議論を世界的にもリードしてきた立場にある。[251]

日本や海外での調査報告書等で提起された主要な論点を二点にまとめると、①競争当局の実務慣行に対する見直しと、②新たな競争政策の執行・調査体制の確立に集約できる。以下では、それぞれの点について触れ、最後に日本の対応について議論したい。

競争当局の実務慣行の見直し

現行の競争政策は、価格と市場画定に偏重した競争評価にもとづくことを第Ⅰ部で紹介した。わが国を含めて、競争当局は市場競争を評価するうえで、市場画定を行うことが基本となっており、その市場画定は価格を用いたSSNIPテストに依拠することとされている。

他方で、DPFでは特に消費者に対して価格をつけず、情報とサービスの等価交換される場合が多く、このときSSNIPテストを使うことができない。[252] さらにDPFは、範囲の経済性が働き、多面的市場としてエコシステムを形成することから、一つの主要な市場を画定して競争を評価する伝統的な手法では、エコシステム内の複雑な市場間の関係を捉えきれなくなることが懸念される。

サービスが無料であるとは、情報とサービスが「等価交換」されているということである。すると、

ＤＰＦを競争政策において評価するうえで重要になるのは、価格以外の要素、すなわち品質（quality）である。

ＳＳＮＩＰテストの手法に代表される市場画定の考え方は、同質財が念頭に置かれており、品質は無視されている。ＤＰＦの評価では、同質財の考え方を根本的に改め、異質財を念頭に置いた新たな評価手法に取り組む必要がある。

こうした品質が重要になる場合の市場画定に対しては、ＳＳＮＤＱ（Small but Significant Non-transitory Decrease in Quality）テストが提唱されている（川濱・武田、2017）。

しかしＳＳＮＤＱテストを実施するためには、品質を定量化する必要がある。また、ＳＳＮＤＱテストを仮に実施できたとしても、市場画定にもとづく一つの市場に主として注目していることには依然として変わりがなく、多面的市場の競争評価を行うに際して、そうした伝統的な市場評価が適切なのか、検討する必要がある。

第１章でも説明したように、競争評価を行う際に、市場シェアは参考程度の情報しか持たず、それぞれの事案に沿って企業行動がどのような市場競争への効果を持つのかを経済学的な知見にもとづい

251　日本におけるＤＰＦに対する過去の競争政策の取り組みについては、大橋（2020b:135-138）を参照。

252　ＳＳＮＩＰテストでは、現状の実価格から仮想的に5～10％価格を上昇させた場合の数量の変化で市場の大きさを判断する（第１章を参照）。実価格が０円であると、5～10％価格を引き上げても０円であることから、無料ではＳＳＮＩＰテストが実質的に使えない。

て分析することが求められる。例えば、ＤＰＦ企業によるハイテク新興企業の買収にしても、被買収企業の市場シェアが小さいから問題にならないとするのは不適切だろう。

ＤＰＦ企業による買収が、将来競合するＤＰＦの誕生の芽を摘み取るためものか、あるいはこの新興企業の技術を社会的に有効に使うためなのか。そうした市場画定を超えた経済学的な視座が、競争当局に求められている。[253]

新たな競争政策の執行・調査体制の確立

ＤＰＦが社会経済生活のインフラ的な役割を果たすなか、ＤＰＦの寡占化に伴う競争阻害の懸念を払拭するためには、ＤＰＦ企業の有する情報の優位性が恣意的に用いられることのないように、ＤＰＦにおける取引の透明化・公正性を確保して、適切な競争環境が維持される必要がある。ＤＰＦは、ユーザーが閾値を超えるとネットワーク効果にしたがって急速に市場シェアを拡大するため、競争政策としての対応に迅速性が求められる。

他方で、独禁法にもとづき排除措置命令や課徴金納付命令を課すためには、厳格な事後規制の執行が要求される。どの国においても調査にもとづき個別に事実認定を行い、競争制限効果を審査し、さらに意見聴取を経たうえで独禁法の要件への当てはめを行う必要があり、相当の時間を要する。[254]そこで、独禁法による摘発は、ＤＰＦ企業のビジネスモデルに比べてスピードで見劣りすることが指摘されてきた。

迅速な独禁法の執行を確保するには、デジタル時代に相応しい調査体制を確立する必要がある。具体的には、ＤＰＦ企業がユーザーからどのようなデータを収集し、ＡＩや機械学習を使ってＤＰＦを運営しているのか、また、ユーザーの認知バイアスがどのような閲覧・購買行動を生み出し、競争を歪めているのかという点について現状把握を行う必要がある。競争当局が従来、定量分析として扱ってきた市場シェアなどといった粗いデータでは、現状把握が覚束なくなっているといえよう。

デジタル市場の競争評価を定量的に行うためには、ＤＰＦ企業から閲覧履歴や購買データといった情報を入手しつつ、競争当局自らもＡＩや機械学習を使ったデータ解析を行うことが求められるといえよう。

こうしたデジタル化に対応した調査・執行体制としてUK Competition Report（2019）は“Digital Market Unit”、また、米国のStigler Center（2019:83-85）では“Digital Authority”という新たな調査執行部門の設置を提言している。ＥＵでは「オンライン・プラットフォーム経済監視委員会」（Observatory on the Online Platform Economy）を設立し、欧州委員会へ助言を行っている。日本では、２０１９年からデジタル市場の競争評価などを行う専門組織としてデジタル市場競争本部が内閣官房に設置されている。この本部は、２０２０年6月に「デジタル市場競争に係る中期展望レポート」を発表してデジタル市場のあり方を中長期的に展望するなど、積極的な活動が光っている。

253　この点に対処すべく、公取委は２０１９年末に企業結合ガイドラインを改正した。この改正の効果が今後注目される。

254　経済産業省・公正取引委員会・総務省（2019a,b）

日本における動向

日本におけるＤＰＦ企業に対する取引上の課題は、そもそもアプリストアやオンラインモールに財・サービスを提供する事業者から発せられたものであった。何の通告や相談もなく契約内容が変更される、アプリの審査基準が不透明、検索アルゴリズムが急に変更になって、売り上げが大きく落ち込んだなどの苦情が早い段階から報告されていた（経済産業省、2016）。

その後、「オンラインモール・アプリストアにおける事業者間取引の実態調査」（公正取引委員会、2019b）においても、契約変更による取引条件の変更や取引データを利用してＤＰＦ企業自らの利益を優先する直接販売を行うなど、独禁法上の課題が指摘された。

ＤＰＦ企業と取引企業との間の取引関係を正常化するため、ＤＰＦにおける取引環境を透明化し、手続きの公正性を確保する必要がある。とりわけアプリストア・オンラインモールに自らの商品を提供する事業者には、中小事業者が多い点にも配慮が必要だ。

そうした中小事業者が、巨大ＩＴ企業であるＤＰＦ企業との間で透明かつ公正な取引関係を確立・維持するためには、目覚ましく進展するデジタル化のイノベーションを阻まないように民間の取引としての自主性・柔軟性を大事にしつつも、実効性のある形で取引関係に規律を設ける必要がある。

独禁法は、先に述べたように厳格な事後規制として相当の時間を要するだけではなく、違法行為を取りやめさせることはできても、時々刻々と変わるデジタル環境に合わせて取引環境を改善させることはできない。独禁法を補完する形での何らかの規律を設ける必要性がここにある。

こうした背景を踏まえて２０２０年5月に成立したＤＰＦ透明化法は、ＤＰＦ企業に対して、国内外の企業に区別なく、①取引条件などの情報の開示と変更の事前通知を義務づけるとともに、②行政が求める指針にもとづき、自主的な手続き・体制の整備を求めた。

そして大手のＤＰＦ企業に対して、①と②（いわばＤＰＦ企業による「プレッジ（誓約）」）においての運営状況のレポートを求め、そのレポートを行政が「レビュー（評価）」してＤＰＦ企業と対話を図ることで、取引企業の予見可能性を高め、良好な取引慣行による競争を促すことを試みた。

こうした「プレッジ・アンド・レビュー」[255]によるＤＰＦ企業と行政との「共同規制」の枠組みは、欧米を含めてどの国でもいまだ試みられていない日本に特徴的なものである。他方で、「プレッジ・アンド・レビュー」は、事前規制の緩やかな形態と見なすことができる。

そうしたなか、欧州委員会は２０２０年12月にデジタル市場法（Digital Markets Act）を発表し、独禁法で対応できない不公正な取引方法に対応するために、ゲートキーパー（一定の要件を満たすＤＰＦ企業）に対する事前規制を課すことを公表した。[256]事前規制に違反した場合、厳しい課徴金制裁だけではなく、企業分割のような構造的規制も行われ得るとされる。

255　「プレッジ・アンド・レビュー」は、第Ⅱ部の補論で触れたパリ協定でも取り入れられており、各国が自主的な削減目標を掲げ（プレッジ）、第三者から削減目標の確認を受けながら（レビュー）、温室効果ガスを削減することとされた。

256　https://ec.europa.eu/commission/presscorner/detail/en/QANDA_20_2349を参照。

技術進歩が著しく、その技術の方向性に高い不確実性が伴う場合、事前規制はＤＰＦ企業のイノベーションの足枷になりかねない。その点で、日本の「プレッジ・アンド・レビュー」に一日の長があるものと思われるが、ＤＰＦ企業に対する規制のあり方は今後も各国で試行錯誤が続くことだろう。

5　まとめ――ＤＰＦ企業における取引を透明化させる官民共同規制の重要性

欧米各国は、ＤＰＦ企業に対して積極的な競争政策の執行を行っている。欧州委員会は、Googleに対してだけでも、巨額の制裁金を伴う決定を次々と下した。

例えば、①自社の比較ショッピングサイト（Google Shopping）を違法に有利に扱ったとして、24億２０００万ユーロの制裁金賦課（２０１７年6月）、②Android端末製造事業者および携帯電話用ネットワーク事業者に対して制限（Google PlayとGoogle Search ConsoleおよびGoogle Chromeの抱き合わせ販売など）をしたとして、43億４０００万ユーロの制裁金（２０１８年7月）、③第三者のウェブサイトがGoogleと競合する広告事業者の検索連動型広告を表示する可能性を制限したとして、14億９０００万ユーロの制裁金（２０１９年3月）といった具合である。

米国でも、ＦＴＣはプラットフォーム企業を監視するために新たな部署（Technology Enforcement Division）を設立し（２０１９年2月）、FacebookやGoogle／YouTubeに対して巨額の制裁金を科している。[257] ＤＯＪは、自社サービスを優遇する契約をAppleなどと結び、競争を阻害したとしてGoogleを２０２０年10月に提訴した。

欧米では、２０００年におけるMicrosoft分割と同様に、構造的規制としてGoogleを分割する案までも取りざたされた。この背景には、ＤＰＦ企業が自らのプラットフォームで事業を行うのは、プレーヤーが審判を兼ねるがごとく、公正とはいえず、ＤＰＦ企業をプレーヤー機能と審判機能とに分割することで、公正・公平な競争環境が整備されるとの考え方にもとづいたものだ。

これに対して日本は、アプリやオンラインモールをユーザーとして利用する国内事業者が多数を占めることを念頭に、行為的規制を通じてＤＰＦ企業との取引を是正する動きが政策的に目指された。[258]日本で成立したＤＰＦ透明化法は、当面はアプリやオンラインモールが対象だが、ＤＰＦが仕事におけるマッチングや教育アプリ、結婚サイトなど、世のなかに多種多様なサービスとして幅広く普及した今では、ＤＰＦ透明化法の対象分野も、他の事業分野に拡大していくことが期待される。

従来の独禁法の審査手法は、例えば談合のように、密室で被疑者を泣き落として自白させることで情報を取るというような形が主だったが、社会経済のデジタル化が進展するなかで、ＤＰＦ企業からいかにデータを入手して取引実態を解明するかといった審査手法へと急速に移行している。

257　Facebookに対して50億ドル（２０１９年7月）、Google/YouTubeに対して1億７０００万ドル（同年９月）の制裁金をＦＴＣは科した。

258　こうした日米欧各国のＤＰＦに対する法規制の厳格化への機運が高まるなか、Appleは２０２０年11月18日に、有料アプリ開発者に課している30％の配信手数料のうち、中小事業者向けを２０２１年1月から15％にすると発表した。

序章でも述べたように、米国においても、シカゴ学派を中心にしてきた従来の独禁法運用の見直し・厳格化が学者の間で提起されている最中だが、日本においても、公取委がデジタル分野において、また海外事業者に対して、どのように正式な形（排除措置命令や課徴金納付命令）での法執行を行っていくのか、経験値を積む必要がある。[259] こうした事後的な法執行をしっかり行うなかで、ＤＰＦ透明化法における事前の共同規制の実効性も高まることだろう。

本章からも明らかなように、ＤＰＦ透明化法は、中小企業対策から始まったと見なすことができ、そもそもの考え方は下請法や優越的地位の濫用規制に近い。しかし、「プレッジ・アンド・レビュー」は、中小企業法制にはない考え方であり、ＤＰＦの実態がますますブラックボックス化するなかで、ＤＰＦでの取引の透明化・手続きの公正性を達成する一つの方法と見なせる。ＤＰＦ透明化法は、ＤＰＦ企業のビジネスモデルと社会的責務のあり方を世界に示す一つのグローバル・スタンダードとなり得るものだ。

独禁法による厳格な事後的制裁で対峙する米国型モデルか、威嚇ではなく対話を通じて良好な取引慣行による透明性・公正性を自主的に、しかし実効性がある形で促す共同規制の日本型モデルか、あるいは、事前規制と事後規制である独禁法を組み合わせようとする欧州型モデルか。いずれのモデルがグローバル標準となるのか、目が離せない状況が今後しばらく続きそうである。

終章　ポストコロナ時代に求められる競争政策の視点

「競争なくして成長なし」――市場での競争を通じてこそ企業が成長でき、その結果の先に経済成長がある――という理念は、今や競争政策とその理論的な支柱を提供する産業組織論に深く共有されている。なおこの言葉は、日本で規制緩和や構造改革を推し進められたときに、小泉純一郎首相（当時）がスローガンとして掲げた「改革なくして成長なし」に由来するといわれる。

それから20年弱が経過し、規制緩和や構造改革は経済政策の基調となった。他方で、日本が課題先進国として抱えてきた人口減少に伴う社会経済的な課題は、新型コロナウイルス感染拡大防止策における外出制限などを通じた需要の消失によって、深刻化する形で表出している。同時に、デジタル化に遅れが目立つとされた日本では、新型コロナウイルス感染拡大に伴って、リモートでの在宅勤務やオンラインでの教育・診療などによって、デジタルの活用範囲が大きく拡大し

259　日本の独禁法においては、市場構造が独占的であることのみを理由として、規制が発動できる仕組み（独占的状態に対する措置）がある（同法八条の四。なお発動された実績は過去にない）。

た。それとともに、デジタル市場やプラットフォームに対する競争上の懸念も高まってきている。日本の競争を取り巻く環境の急速な変化が感じられる。

本書は、寡占化における日本と世界の動向を俯瞰したうえで（第Ⅰ部）、人口減少（第Ⅲ部）とデジタル化（第Ⅳ部）という二つの社会経済的な環境変化を軸として、個別産業分野の視点（第Ⅱ部）を盛り込みながら構成した。第Ⅱ部では、移動体通信や電力という自由化の新たな局面を迎えた産業を取り上げ、現状の政策の方向性を批判的に検討した。

人口減少とデジタル化は、まったく異なる二つの環境変化でありながら、両者は相互に関連している。例えば、デジタル化を進めることで、業務の効率化に伴う働き方改革が進み、人口減少に対応できるといった具合である。同時に、人口減少やデジタル化を意識せずに競争政策を運用し続けていくと、市場経済の求める価値と社会の求める価値との乖離が広がりかねない点を本書では指摘した。

競争政策を公益的な価値の増進と社会経済の持続的な発展につなげるために、一度立ち止まって競争政策のあり方を見直す必要があるのではないか。新型コロナウイルス感染拡大は、甚大な人的・社会的・経済的な傷跡を今も残し続けているが、他方で競争政策のあるべき方向性を考え直す、待ったなしのタイミングを迫っているのではないか。本書では、こうした問題意識を明らかにしたうえで、日本の競争政策の現状と今後の方向性について、筆者が重要と感じる様々な論点を提起した。

本終章では、第1節にて、人口減少とデジタル化の観点から本書のメッセージをやや大胆にまとめつつ、日本において競争政策の執行上、留意すべき点を改めて再述する。第2節では、本書で取り上げることができなかった論点について簡単に触れる。

1——競争政策を問い直す

本書では、競争政策が抱える課題と、その課題を解決するための方向性について産業組織論の立場から論じた。第Ⅰ部でも述べたように、経済の「寡占」化や「市場支配力」の分析において、経済を構成する産業・市場の異質性を無視することはできず、しかも、競争政策の課題や論点の強調のされ方は、各産業・市場分野や隣接する政策領域（例えば産業政策）に応じて、微妙に異なる点も具体的に明らかにした。

他方で、各産業・市場分野や政策領域の異質性を思いきって捨象し、それらの底流にある競争政策の視点を切り出して、本終章にてやや大胆に述べてみることにも意味があるだろう。本節では、人口減少とデジタル化を基軸として、競争政策の論点を思いきって簡単化し、まとめ直してみたい。

人口減少とデジタル化による競争基盤の揺らぎ

個々の需要家による自由な意思にもとづく選択が保証されることが、市場競争の基盤において重要である点を本書の随所で強調した。需要家が、自らの判断で自由に財・サービスを選択できる環境があるがゆえに、企業は互いに競い合って、需要家に選ばれるような魅力的な財・サービスを市場に提供しようとし、そうした企業活動を通じて市場での競争が活性化する。

需要家目線に立って市場競争を考えるとは、まさにこの点を指す。需要家目線は、競争政策が関心を持つ「市場支配力」の計測にも表れている。需要の価格弾力性を推定しない限り、市場の競争性を判断できないとした点、そしてそうした判断を手助けする学問が産業組織論である点を、第Ⅰ部で論じた。

本書の問題意識は、需要家の自由な意思にもとづく選択を確保する競争基盤が、人口減少とデジタル化によって揺るがされてはいないかという点にあった。

第一に人口減少下において、多くの産業で市場（需要）規模の縮小が続くなか、供給規模を一定とすれば、いずれは供給過剰に陥る。こうした供給規模の適正化が求められる事態にあっては、需要家にとっての選択肢の数を確保することは、地域経済や地元企業の疲弊につながりかねない。

市場規模が拡大するときには、選択肢の数は増えていくことになる。しかし、人口減少で市場規模が縮小する場合には、企業は退出するか合併するかの判断を迫られることになり、需要家にとっての選択肢の数も少なくなるのが自然だ。地元から地域基盤サービスが消失して、需要家が事実上選択できなくなるよりは、合併を許すことで、体力のある基盤的サービスを提供する企業を需要家の選択肢に残すという判断もあり得る。

こうした判断は、いわば生産者余剰にも配慮したものであり、消費者余剰を基準にしてきた従来の競争政策の考え方とは齟齬をきたすものである。本書では、人口減少時代においては、生産者余剰も勘案した社会余剰基準が、持続可能な社会経済を形作ろうとしたときに、競争政策の目標として適切であると論じた。こうした考え方は、産業組織論（およびそれが基礎とする経済学）の見方にも合致する。

第二にデジタル化においては、ＤＰＦが需給をマッチングさせるという、いわば市場の役割を担うなかで、プラットフォームを利用する需要家（例えば、オンラインモールであれば消費者や出品企業）の利便性を格段に向上させている点を指摘した。

他方で、消費者と出品企業との取引に係る情報がＤＰＦ企業に集中するなかで、ＤＰＦ企業の情報優位性に起因する競争上の問題が生じる懸念について論じた。情報優位に立つＤＰＦ企業がＤＰＦを提供しながら、自らがそのＤＰＦにプレーヤーとして参画することは、土俵において、相撲を取りつつ自ら行司を務めるようなものであり、公正・公平な競争基盤を著しく損ねかねない。

また、ＤＰＦを利用する消費者に対しては、ＤＰＦから提供される選択肢が、需要家本人が意識しない形で制限されたり、それによって自由な意思にもとづく選択が需要家の自覚なく制約されたりすると、競争政策の前提が揺らぐことになる。

デジタル化における技術進歩のスピードに対して、独禁法における従来の事後規制の仕組みが追いついていない。また、ＤＰＦによる競争上の問題を、情報劣位である第三者の競争当局が立証することは困難をきわめる。

デジタル市場における競争政策を有効に機能させるために、本書では大きく二つの方策——①ＤＰＦ企業を機能別に分社化するような構造的規制、②透明性の確保と説明責任をＤＰＦ企業に事前にコミットさせる行動的規制——が求められる点を論じた。

法執行のあり方

人口減少とデジタル化の進展に対応して、本書では、競争政策のあるべき法執行のあり方にも触れた。人口減少局面において、厚生基準を消費者余剰から社会余剰へ変換するためには、消費者余剰を基軸とする現状の競争当局の考え方に対して、事業官庁[260]との対話を通じて生産者余剰も勘案した法執行を促す必要がある。ＤＰＦに対しては、事後規制である独禁法を補完する形での、官民共同規制を行うことが一つの方法であることを議論した。

こうした新たな法執行の考え方を進めていくためには、競争当局には、様々なステークホルダーの声を受け止めて法執行できるような連携体制を作っていくことが求められる。ここでいう連携には、以下で述べる二つの側面がある。行政内の連携と競争当局内の連携である。

⑴日本の行政内での連携

１９４７年に公取委が設立された当初、日本経済では巨大財閥が幅を利かせており、公取委を政治的に守るためにも、三条委員会という独立性の高い行政組織とする必要があった。しかし、人口減少やデジタル化の進展を迎え、法執行における事前の連携が求められるなかで、三条委員会という組織の建て付けが、行政のなかでの対等な連携の妨げになっている可能性が高い。

また、これまでの日本の競争当局の特徴として、法執行における判断基準が競争当局の公表する範囲での限定的な透明性の確保と説明責任にとどまってきた点を挙げることができる。判例や審決のような形で、公に客観的な法執行の実績が蓄積されることなく、今日に至ってしまっているからである。

この点は、法執行を受けた企業側にも責任の一端がある。企業側が競争当局の法執行を不服とするならば、裁判所での法廷闘争に持ち込むことができ、公取委の判断基準が事実認定を専門とする裁判の場において評価されることになる。

だが、ビジネスの感覚と比較して裁判には時間がかかりすぎるためか、日本では企業が法廷で競争当局の判断を争うことは数少ない。こうした点が、俗にいう公取委中心主義による競争政策運営を生み出し、客観性を持つ確度の高い独禁法の法執行の判断に係る情報が過少供給となってきたと思われる。

競争法を真に国民の間に根付かせるためにも、競争当局の法執行に対して、透明性を高め、説明責任を問う仕組みが必要だ。しかし、そうした痛みを伴う仕組みを公取委自身に任せることは、実効性の観点から疑問符がつくだろう。

第Ⅲ部で議論したように、事業官庁と公取委が対等に連携することが組織の建て付け上、難しいことを考えると、行政府省を束ねる上位の組織（例えば内閣官房）が、公取委を他府省と連携できるような枠組みを用意する必要があるのではなかろうか。デジタル分野では、まさに内閣官房のデジタル市場競争本部がそのような役割を担える立場にあり、今後の競争政策の執行体制を新たに考える良い機会となっているといえる。

260　例えば地方銀行の合併であれば、金融庁が事業官庁に相当する。

⑵公取委内の連携

公取委は独禁法を執行する機関であり、その組織体制も、経済取引局や審査局という機能に応じて専門分野による縦割りとなっている。こうした縦割りで機能別となっている組織体制は、市場が拡大する局面では、法執行での分業による効率化のメリットがあったと考えられる。とりわけ、公取委が発足した当時の財閥などの寡占的な経済構造のなか、機能別の組織形態を取ることによって、執行の質を一定に保つ意義もそこにはあったかもしれない。

しかし、その後70年以上の時が経ち、人口減少とデジタル化の影響が産業・事業ごとに大きく異なる状況において、従来の組織体制が経済の実態に即した機動的な法執行に相応しいものかどうか、改めて検討するに値する。競争法の執行も、産業分野・政策領域に応じて専門的な知見を踏まえた対応が求められているからである。

産業構造が融合・複雑化するなか、市場の番人として国民の期待に引き続き応えていくためには、分野別に専門性を高められるような新たな組織体制の検討が求められる時期が来ているといえよう。具体的には、デジタルやインフラ調達など特定分野ごとに、企画・調査から審査、モニタリングまで一気通貫で専門人材を育てられるような分野横断的な組織体制へ変えていくことが有益ではないか。機能別縦割りの組織から分野横断的な組織へと変革する過程において、公取委と他府省との人事交流や、民間から公取委への人材登用など、競争当局に現場の視点を取り込むことがより有益になると期待される。

2―本書で触れられなかった論点

２０１０年代のグローバル化・市場経済化の進展は、経済成長をもたらす半面、格差社会を助長させたとの指摘がある。こうした影の側面は、新型コロナウイルス感染拡大でさらに深刻の度を増している。今後、失業率が高まることが予想されるなか、日本経済の産業基盤を維持するために、競争政策に寄せられる期待は大きい。本書では、人口減少とデジタル化を軸に論じたが、その他にも、本書で取り上げることができなかった競争政策の論点は多い。それらを十分に論じる紙幅はもはや残されていないが、ここでは三つの点を簡単に触れておきたい。

競争政策と公平性

所得や富の格差が大きな社会問題となるなか、競争政策は効率性だけではなく、公平性や再分配の問題にもしっかり取り組むべきとの主張が多く聞かれるようになった（例えばAtkinson, 2015:303）。公平性に係る多くは、概ね以下のような議論の建て付けとなっている。①経済の「寡占」化することによって消費者から生産者へ富が不当に移転されている、②この不当な富の移転を抑えるために、競争政策を積極的に運用して市場競争を活性化し、富の移転の流れを逆転させるべき、というものである。

本書の第Ⅰ部で議論したように、①での「寡占化」や不当性の識別は、産業組織論としてマクロレベルではまだ課題が多く、しっかり分析を進めていくべき分野である。

②の富の移転については、公平性にもいくつかの次元があることが指摘されている。例えばDucci and Trebilcock (2019) によれば、ここで触れた消費者と生産者間の「垂直的」公平性に加えて、「消費者間」「生産者間」の公平性があることを指摘している。[261]

本書の第Ⅱ部では、競争政策での公平性とは競争が始まる前の事前の公平性であり、事後的な公平性ではない点を強調した。市場競争に事後的な公平性（つまり、競争の勝敗を事後的に調整すること）を導入することは、需要家に選択されるために事業者が努力する誘因を大きく歪め、市場競争の良い面をつぶしかねない。競争の誘因を確保する方向での議論が望まれる。

競争政策と要素市場（特に労働市場）

新型コロナウイルス感染拡大の前から、シェアリングサービスが広がり、フリーランスやギグワーカーといった新たな就労形態が生まれていた。そして、そうした多様な働き方にある人々が今般のコロナ禍によって、職を失うなどの大きな打撃を受けた。

そもそもこうしたフリーランスといった職種は、仕事を発注する企業などに対して交渉上の劣位に置かれていることが指摘されており、個人に対する優越的な地位の濫用に対して、独禁法によって保護する動きも見られている（公正取引委員会競争政策研究センター、2018）。

前述のような労働市場でのフリーランスが典型であるように、要素市場における買い手独占（monopsony）は、買い叩きによって財・サービスの価格が低下する側面があるために、そうした財・

サービスを購入する消費者にとって望ましいと考えられがちである。そこで、消費者余剰基準を杓子定規に当てはめると、競争政策において、買い手独占は大目に見てもよいのではないかと見なす傾向がないとはいえない。

フリーランスなどの要素市場における生産者の立場も、ステークホルダーとして考慮に入れた形（消費者余剰に加えて生産者余剰も加味した社会余剰基準の導入）での競争政策の運用が、ここでも求められるだろう。

競争政策とイノベーション

デジタル化の進展に伴ってAIやビッグデータを通じて様々な産業が融合する時代を迎え、競争政策がこれまで念頭に置いていた競争観が大きく変化しつつある。Society 5.0において、企業は、現実空間で起こる事象をサイバー空間でシミュレーションする「デジタルツイン」を通じたイノベーションを加速している。

これに伴い、企業同士が財・サービスを需要家に販売するという水平的な競争観から、プラットフォームを作り上げた企業とそのプラットフォームを使う企業群という垂直的な競争観が主流になりつつある。今やプラットフォームはGAFAMの専売特許ではない。他の企業が真似できないシステム

261　正確には、Ducci and Trebilcock (2019) は手続きの公平性にも触れている。この点は日本の独禁法では、不公正な取引方法として競争法違反の対象となっている。

をいかに作り上げ、それを使わないとビジネスができないような囲い込みの状況をいかに作り出すかが、企業のイノベーションにとって重要な側面となっている。

本書では、市場画定を含む外形的な要件をもって市場競争を判断する現行実務の問題点を指摘した。複数のサービスやデバイスを連動させて、高度に多面的なエコシステムを形成するようなビジネスモデルが登場するなか、デジタル経済の寡占による弊害を把握するためのあるべき手法について、新たな「イノベーション」が求められている。

関連して本書では、経済モデルを用いて、様々な仮想現実をシミュレーションすることで、競争政策の効果やインパクトを事前に評価する構造推定手法を紹介した。

この手法が目指すところは、現実をシミュレーションによって再現するという「デジタルツイン」の考え方と実は同じである。競争政策を担う人材として、法と経済に加えて、技術の専門家も求められる時代になり、プラットフォーム化に伴う排除行為や不公正な取引方法に着目して、Society 5.0の視点を競争政策の運用に反映させるような実務上の取り組みも求められてくるだろう。

人口減少とデジタル化が進展するなか、市場競争が社会経済の持続的な発展に貢献するためには、市場競争が公益的な価値の増大を導くよう競争政策を機能させる必要がある。そこに求められるのは、国家主導の産業政策でもなく、市場主導の規制緩和でもない、新しいガバナンスのあり方であろう。本書で論じた官民による官民共同規制は、新たなガバナンスの一例にすぎない。今後求められるのは、いかなるガバナンスが市場競争に対してどのように機能するのかという理論仮説の構築と、その理論仮説がどれだけ現実に妥当するのかという実証的な検証であろう。

おわりに

本書は、筆者がこれまで大学や学会、研究会といった場で発表してフィードバックをもらったり、あるいは共同研究者や同僚などと議論してきたりした内容をまとめたものである。この限られた紙面に、過去20年以上にわたる研究・教育活動のまとめとなる本書の内容に影響を与えた方のお名前を謝辞として漏れなく記すことは、残念ながら不可能である。ここでは、多くの重要な方々のお名前を挙げることができないことを承知のうえで、本書の内容を形成するに至った道のりでの学恩を記すことで、謝辞に代えさせていただきたい。

筆者が最初に産業組織論に触れたのは、伊藤元重先生の東京大学経済学部でのゼミにおいてであった。出版されて間もないジャン・ティロールの *The Theory of Industrial Organization* の輪読は、当時どれだけ理解できていたか分からないが、その後の研究の方向性に大きな影響を与えた。

修士課程では西村清彦先生の指導の下で、品質に関するシグナリングの論文を執筆し、その理論の仮説検証をすべく実証研究を志すに至った。対象として医療分野に注目し、矢島美寛先生のご紹介で、東京大学医学部保健学科の故郡司篤晃先生の教室に出入りするようになった。

米国ノースウェスタン大学に留学後は、ロバート・ポーター教授に師事し、医療経済学から転向して、ネットワーク効果の実証分析をするに至った。最初の職場であるカナダのブリティッシュ・コロンビア大学では、ジム・ブランダー教授とバーバラ・スペンサー教授の同僚となり、彼らが1980

年代に先駆的に行った戦略的貿易政策の理論研究を、産業組織論の観点から実証的に分析・検証することに取り組むようになった。

東京大学では、金本良嗣先生や八田達夫先生、三輪芳朗先生と同僚となり、研究アプローチは異なるものの、問題関心を共有する研究者として受け入れていただき、心地よい緊張感のなかで研究・教育活動をさせていただいた。また本書では、東京大学在籍中にこれまで行った北野泰樹・土居直史・遠山祐太・中村豪・明城聡各先生との共同研究の成果にも触れさせていただいている。

終章冒頭での「競争なくして成長なし」という言葉は、CPRC（競争政策研究センター）開設記念式典で、竹島一彦公取委委員長（当時）が発したものである。初代CPRCセンター長の故鈴村興太郎先生と接点を持ったのは、まさにこのセンターを通じてであった。鈴村先生には、公取委の見解に、ときとして対立する私の意見に対して、論として正しいかという点から厳しくも温かい言葉をいただいた。また歴代CPRCセンター長である小田切宏之先生・岡田羊祐先生、そして公取委委員を務められた後藤晃先生と現委員である青木玲子先生には折に触れての意見交換を通じて、励ましの言葉をいただいている。

経済産業研究所（RIETI）では、「競争政策・グローバル化・イノベーション」研究会の事務局的な役割を10年以上にわたって務めさせていただいており、所属する多くの先生方からご指導を賜った。とりわけ座長の川濱昇先生と、初回からのメンバーである武田邦宣先生には、私の種々雑多な質問や議論にいつも快く応じていただき、大いに勉強させていただいている。

本書は、本来1年早く脱稿すべきところだった。その点では、日経BP日本経済新聞出版本部の堀口祐介様には遅筆でご迷惑をおかけした。他方で、怪我の功名というべきか、新型コロナウイルス感染拡大とそれに対する感染防止に向けての様々な取り組みを横目で見ながら、競争政策に対して改めて立ち止まって考え直す奇貨になった。

本書では、コロナ禍で浮き彫りになった競争政策の課題を改めて見つめ直し、ポストコロナ時代に向けての示唆も盛り込むことができたのではないかと自負している。

大橋研究室のゼミ生には、本書の多くの章を輪読に使用させてもらった。また、同研究室の長久さゆり様には本書の全章を通じて複雑な資料整理を、宮川修子様には原稿の校正を手伝ってもらった。

いつも私を楽しませてくれる妻・娘、およびコロナ禍で会う機会もめっきり減ってしまった両親への感謝の念を記して筆をおきたい。

２０２１年３月

大橋　弘

参考文献

【英文】

・Abrantes-Mez, R. M., L. M. Froeb, J. F. Geweke, and C. T. Taylor (2006) "A Variance Screen for Collusion," International Journal of Industrial Organization, 24(3): 467-486

・Acemoglu, D., D. Autor, D. Dorn, G. H. Hanson, and B. Price (2016) "Import Competition and the Great US Employment Sag of the 2000s," *Journal of Labor Economics*, University of Chicago Press, 34(S1): S141-S198

・Adams, W., and J. Yellen (1976) "Commodity Bundling and the Burden of Monopoly," *Quarterly Journal of Economics*, 90(3): 475-498

・Adda, J., and R. Cooper (2000) "Balladurette and Juppette: A Discrete Analysis of Scrapping Subsidies," *Journal of Political Economy*, 108(4): 778-806

・Aiginger, K., and D. Rodrik (2020) "Rebirth of Industrial Policy and an Agenda for the Twenty-First Century," *Journal of Industry, Competition and Trade*, 20(2): 189-207

・Albæk, S., P. Møllgaard, and P. B. Overgaard (1997) "Government-assisted Oligopoly Coordination? A Concrete Case," *Journal of Industrial Economics*, 45(4): 429-443

・American Antitrust Institute (2016) *AAI Transition Report to the 45th President of the United States* https://www.antitrustinstitute.org/work-product/aai-transition-report-to-the-45th-president-of-the-united-states/ (２０２０年10月１日アクセス)

・Angrist, J. D., and J. Pischke (2010) "The Credibility Revolution in Empirical Economics: How Better Research Design is Taking the Con out of Econometrics," *Journal of Economic Perspectives*, 24(2): 3-30

・Apple (2020) *COVID-19 Mobility Trends Reports* https://www.apple.com/covid19/mobility (２０２０年９月22日アクセ

ス）
・Armstrong, M., and J. Vickers（2010）“Competitive Non-Linear Pricing and Bundling,” *Review of Economic Studies*, 77(1): 30-60
・Arrieta-Ibarra, I., L. Golf, D. Jiménez-Hernández, J. Lanier, and E. G. Wyle（2018）“Should We Treat Data as Labor? Moving beyond ‘Free’,” *AEA Papers and Proceedings*, 108 : 38-42.
・Ashenfelter, O. C., D. S. Hosken, and M. C. Weinberg（2015）“Efficiencies Brewed: Pricing and Consolidation in the US Beer Industry,” *RAND Journal of Economics*, 46(2): 328-361
・Asker, J., and E. Cantillon（2008）“Properties of Scoring Auctions,” *RAND Journal of Economics*, 39(1): 69-85
——（2010）“Procurement when Price and Quality Matter,” *RAND Journal of Economics*, 41(1): 1-34
・Atkinson, A. B.（2015）*Inequality: What Can Be Done?*, Harvard University Press, Cambridge
・Autor, D., D. Dorn, L. F. Katz, C. Patterson, and J. Van Reenen（2020）“The Fall of the Labor Share and the Rise of Superstar Firms,” *Quarterly Journal of Economics*, 135(2): 645-709
・Azar, J., M. C. Schmalz, and I. Tecu（2018）“Anticompetitive Effects of Common Ownership,” *Journal of Finance*, 73(4): 1513-1565
・Bain, J.（1951）“Relation of profit rate to industry concentration: American manufacturing, 1936-1940,” *Quarterly Journal of Economics*, 65(3): 293-324
・Bajari, P., and L. Ye（2003）“Deciding Between Competition and Collusion,” *Review of Economics and Statistics*, 85(4): 971-989
・Bajari, P., R. McMillan, and S. Tadelis（2008）“Auction versus Negotiation in Procurement: An Empirical Analysis,” *Journal of Law, Economics & Organization*, 25(2): 372-399
・Baker, J. B.（2019）*The Antitrust Paradigm: Restoring A Competitive Economy*, Harvard University Press, Cambridge
・Baldwin, R.（2016）*The Great Convergence: Information Technology and the New Globalization*, Belknap Press（邦訳『世界経

済大いなる収斂――ＩＴがもたらす新次元のグローバリゼーション』日本経済新聞出版社，２０１８）

- Bartelme, D. G., A. Costinot, D. Donaldson, and A. Rodríguez-Clare (2019) "The Textbook Case for Industrial Policy: Theory Meets Data," NBER 26193, Cambridge, MA
- Beason, R., and D.E. Weinstein (1996) "Growth Economies of Scales, and Targeting in Japan," *Review of Economics and Statistics*, 78(2): 286-296
- Blonigen, B. A. (2016) "Industrial Policy and Downstream Export Performance," *Economic Journal*, 126(595): 1635-1659
- Boik, A., and K.S. Corts (2016) "The Effects of Platform Most-Favored-Nation Clauses on Competition and Entry," *Journal of Law and Economics*, 59(1): 105-134
- Borenstein, S. (2004) "Rapid Price Communication and Coordination: The Airline Tariff Publishing Case (1994)," *The Antitrust Revolution: Economics, Competition, and Policy*, 4
- Brander, J. (1995) "Strategic Trade Policy," Chapter 27, in *Handbook of International Economics*, G. M. Grossman and K. Rogoff eds., 3 : 1243-2107, Elsevier, Amsterdam
- Brauer, J., and J.P. Dunne (2012) "Terrorism, war, and global air traffic," *The Economics of Peace and Security Journal*, 7(1): 22-29
- Bresnahan, T. F. (1989) "Empirical Studies of Industries with Market Power," in *Handbook of Industrial Organization* Vol. II, R. Schmalensee and R.D. Willig eds., Elsevier, Amsterdam

―― and R. Schmalensee (1987) "The Empirical Renaissance in Industrial Economics: An Overview," *Journal of Industrial Economics*, 35(4): 371-378

- Brown, J. R., and A. Goolsbee (2002) "Does the Internet Make Markets More Competitive? Evidence from the Life Insurance Industry," *Journal of Political Economy*, 110(3): 481-507
- Brynjolfsson, E., and M. D. Smith (2000) "Frictionless Commerce? A Comparison of Internet and Conventional Retailers," *Management Science*, 46(4): 563-585

- Buigues, P., and K. Sekkat (2009) *Industrial Policy in Europe, Japan and the USA: Amounts, Mechanisms and Effectiveness*, Palgrave Macmillan, London
- Caballero, R. J., T. Hoshi, and A. K. Kashap (2008) "Zombie Lending and Depressed Restructuring in Japan," *American Economic Review*, 98(5): 1943-1977
- Calvano, E., G. Calzolari, V. Denicolò, and S. Pastorello (2020) "Artificial Intelligence, Algorithmic Pricing and Collusion," *American Economic Review*, 110(10): 3267-3297
- Carlton D. W., and J. M. Perloff (2004) *Modern Industrial Organization, 4th Edition*, Pearson.
- Carney, M. J. (2020) "The World After Covid-19," *The Economist*, April 18th
- Cavallo, A. (2017) "Are Online and Offline Prices Similar? Evidence from Large Multi-Channel Retailers," *American Economic Review*, 107(1): 283-303
- Caves, R. E. (2007) "In Praise of the Old I.O.," *International Journal of Industrial Organization*, 25(1): 1-12
- Chassang, S., and J. Ortner (2019) "Collusion in Auctions with Constrained Bids: Theory and Evidence from Public Procurement," *Journal of Political Economy*, 127(5): 2269-2300
- Chen, L., A. Mislove, and C. Wilson (2016) "An Empirical Analysis of Algorithmic Pricing on Amazon Marketplace," *WWW'16: Proceedings of the 25th International Conference on World Wide Web*, 1339-1349
- Choi, J., and C. Stefanadis (2001) "Tying, investment, and the dynamic leverage theory," *RAND Journal of Economics*, 32(1): 52-71
- Clements, M., and H. Ohashi (2005) "Indirect Network Effects and the Product Cycle: U.S. Video Games, 1994-2002," *Journal of Industrial Economics*, 53(4): 515-542
- Commission on Growth and Development. (2008) *The Growth Report: Strategies for Sustained Growth and Inclusive Development*, World Bank, Washington, DC
- Conner, J. M. (2003) "Global Cartels Redux: The Amino Acid Lysine Antitrust Litigation," Chapter 10, in *The Antitrust*

Revolution, Fourth Edition, J. E. Kwoka and L. J. White eds., Oxford Univ Press, Oxford, U. K.

- Council of Economic Advisers (2016) "Benefits of Competition and Indicators of Market Power," Issue Brief, Washington D. C.
- Crawford, G. S., and A. Yurukoglu (2012) "The welfare effects of bundling in multichannel television markets," *American Economic Review*, 102(2): 643-685
- Criscuolo, C., R. Matin, H. G. Overman, and J. Van Reenen (2019) "Some Causal Effects of an Industrial Policy," *American Economic Review*, 109(1): 48-85
- Davis, P., and E. Garcés (2010) *Quantitative Techniques for Competition and Antitrust Analysis*, Princeton Univ Press, Princeton
- De Groote, O., and F. Verboven (2019) "Subsidies and Time Discounting in New Technology Adoption: Evidence from Solar Photovoltaic Systems," *American Economic Review*, 109(6): 2137-2172
- De Loecker, J. and F. Warzynski (2012) "Markups and Firm-Level Export Status," *American Economic Review*, 102 (6): 2437-2471
- De Loecker, J., J. Eeckhout, and G. Unger (2020) "The Rise of Market Power and the Macroeconomic Implications," *Quarterly Journal of Economics*, 135(2): 561-644
- Demsetz, H. (1981) "Economic, Legal, and Political Dimensions of Competition," UCLA Working Paper, 209
- Doi, N., and H. Ohashi (2019) "Market Structure and Product Quality: A Case Study of the 2002 Japanese Airlines Merger," *International Journal of Industrial Organization*, 62: 158-193
- Ducci, F., and M. Trebilcock (2019) "The Revival of Fairness Discourse in Competition Policy," *The Antitrust Bulletin*, 64 (1): 79-104
- EC Commission Report (2019) *Competition Policy for the Digital Era* http://ec.europa.eu/competition/publications/reports/kd0419345enn.pdf (2020年6月23日アクセス)

・Eisenmann, T., G. Parker, and M. Van Alystyne (2011) "Platform Envelopment," *Strategic Management Journal*, 32(2): 1270-1285
・Ellison, G., and S. F. Ellison (2009) "Search, Obfuscation, and Price Elasticities on the Internet," *Econometrica*, 77(2): 427-452
—— (2018) "Search and Obfuscation in a Technologically Changing Retail Environment: Some Thoughts on Implications and Policy," *Innovation Policy and the Economy*, 18(1): 1-25
・European Commission (2019) Regulation (EU) 2019/1150 on promoting fairness and transparency for business users of online intermediation services
・Ezrachi, A., and M. E. Stucke (2016) *Virtual Competition: The Promise and Perils of the Algorithm-Driven Economy*, Harvard Univ Press, Cambridge
・Farrell, J. E., and C. Shapiro (1988) "Dynamic Competition with Switching Costs," *RAND Journal of Economics*, 19(1): 123-137
—— (2010) "Antitrust Evaluation of Horizontal Mergers: An Economic Alternative to Market Definition," *The B.E. Journal of Theoretical Economics: Policies and Perspectives*, 10(1)
・Farrell, J. E., and M. L. Katz (2006) "The Economics of Welfare Standards in Antitrust," *Competition Policy International*, 2(2): 1-33
・Federal Reserve Board (1998) "The Effects of Mergers," Testimony of Chairman Alan Greenspan Before the Committee on the Judiciary, U.S. Senate　https://www.federalreserve.gov/boarddocs/testimony/1998/19980616.htm (２０２０年10月1日アクセス)
・Federal Trade Commission (2013) *Mobile Privacy Disclosures: Building Trust Through Transparency: A Federal Trade Commission Staff Report*
・Fisher, F. M. (1989) "Games Economists Play: A Noncooperative View," *RAND Journal of Economics*, 20(1): 113-124
・Fisher, F. M., and J. J. McGowan (1983) "On the Misuse of Acounting Rates of Return to Infer Monopoly Profits,"

American Economic Review, 60(2): 83-89
- Forbes, S. J., and M. Lederman (2010) "Does vertical integration affect firm performance? Evidence from the airline industry," *RAND Journal of Economics*, 41(4): 765-790
- Franklin, M. F., J. J. McGowan, and J. E. Greenwood (1985) *Folded, Spindled, and Mutilated: Economic Analysis and U.S. v. IBM*, MIT Press, Cambridge
- Genesove, D., and W. P. Mullin (1998) "Testing Static Oligopoly Models: Conduct and Cost in the Sugar Industry, 1890-1914," *RAND Journal of Economics*, 29(2): 355-377
- Ginsburg, D. H., and E. M. Fraser (2011) "The Role of Economic Analysis in Competition Law," Chapter 3, in *Intellectual Property, Competition Law and Economics in Asia*, R. Ian McEwin eds., Bloomsbury Publishing, London
- Gov. UK National Statistics (2020) *Solar photovoltaics deployment* https://www.gov.uk/government/statistics/solar-photovoltaics-deployment（２０２０年12月19日アクセス）
- Gowrisankaran, G. (1999) "A Dynamic Model of Endogenous Horizontal Mergers," *RAND Journal of Economics*, 30(1): 56-83
- Grether, E. T. (1970) "Industrial Organization: Past History and Future Prospects," *American Economic Review*, 60(2): 83-89
- Hagiu, A., and J. Wright (2014) "Market Place or Reseller?," *Management Science*, 61(1): 184-203
- Harrington, J. E. (2019) "Development Competition Law for Collusion by Autonomous Artificial Agents," *Journal of Competition Law & Economics*, 14(3): 331-363
- Harrison, A. E., and A. Rodríguez-Clare (2010) "Trade, Foreign Investment, and Industrial Policy for Developing Countries," Chapter 63 in *Handbook of Development Economics* 5, D. Rodrik, and M. Rosenzweig eds., 4039-4214
- Hazlett, T.W., S. Oh, and B. Skorup (2018) "Mobile Phone Regulation: The Effects of Prohibiting Handset Bundling in Finland," *Journal of Competition Law & Economics*, 14(1): 65-90
- Hood, W. C., and T. C. Koopmans eds. (1953) *Studies in Econometric Method*, Cowles Commission for Research in

Economics, Monograph No. 14, John Wiley & Sons, New York
・Hortaçsu, A., S. A. Madanizadeh, and S. L. Puller（2017）“An Analysis of Consumer Inertia in the Residential Electricity Market,” *American Economic Journal: Economic Policy*, 9(4): 196-226
・Hovenkamp, H.（2005）*The Antitrust Enterprise: Principle and Execution*, Harvard Univ Press, Cambridge
・Hyytinen, A., F. Steen and O. Toivanen（2018）“An Anatomy of Cartel Contracts,” *Economic Journal*, 129(621): 2155-2191
・IATA（International Air Transport Association）（2015）*Air Passenger Market Analysis, Dec 2015* https://www.iata.org/contentassets/e34772df72e34d6f9a68714342241c12/passenger-analysis-dec-2015.pdf（２０２０年９月１日アクセス）
——（2016-2020）*IATA Air Passenger Market Analysis*　https://www.iata.org/en/publications/economics/（２０２０年９月１日アクセス）
・IEA（International Energy Agency）（2020）*Global Energy Review* https://www.iea.org/reports/global-energy-review-2020（２０２０年11月５日アクセス）
・IEA PVPS（Photovoltaic Power Systems Programme）（2010）*Trends Report* https://iea-pvps.org/wp-content/uploads/2020/01/tr_2009_neu.pdf（２０２０年12月19日アクセス）
・IEA PVPS（2020）*Trends Report*　https://iea-pvps.org/wp-content/uploads/2020/11/IEA_PVPS_Trends_Report_2020-1.pdf（２０２０年12月18日アクセス）
・IMF（International Monetary Fund）（2019）*World Economic Outlook*, April 2019
・Irwin, D. A.（2020）*Free Trade Under Fire*, Princeton Univ Press, Princeton
・Ishii, R.（2014）“Bid Roundness Under Collusion in Japanese Procurement Auctions,” *Review of Industrial Organization*, 44(3): 241-254
・Ito, K., T. Ida, and M. Tanaka（2018）“Moral Suasion and Economic Incentives: Field Experimental Evidence from Energy

Demand," *American Economic Journal: Economic Policy*, 10(1): 240-267

・Itskhoki, O., and B. Moll (2019) "Optimal Development Policies with Financial Frictions," *Econometrica*, 87(1): 139-173

・Jeziorski, P. (2014) "Estimation of Cost Efficiencies from Mergers: Application to US Radio," *RAND Journal of Economics*, 45(4): 816-846

・Jofre-Bonet, M., and M. Pesendorfer (2003) "Estimation of a Dynamic Auction Game," *Econometrica*, 71(5): 1443-1489

・Johnson, J. P. (2018) "The Agency Model and MFN Clauses," *Review of Economic Studies*, 84(3): 1151-1185

・Jullien, B., and W. Sand-Zantman (2020) "The Economics of Platforms: A Theory Guide for Competition Policy," mimeo

・Kaplow, L. (2010) "Why (ever) define markets?," Harvard Law Review, 124(2): 437-517

—— and C. Shapiro (2007) "Antitrust," Chapter 15 in *Handbook of Law and Economics* 2, A. M. Polinsky and S. Shavell eds., 1073-1225

・Kawai, K, and J. Nakabayashi (2019) "Detecting Large-Scale Collusion in Procurement Auctions," mimeo

・Khan, L., and S. Vaheesan (2017) "Market Power and Inequality: The Antitrust Counterrevolution and Its Discontents," *Harvard Law and Policy Review*, 11(1): 235-294

・Kitano, T. (2020) "Environmental Policy as a De Facto Industrial Policy: Evidence from the Japanese Car Market," mimeo

—— and H. Ohashi (2005) "Did US Safeguard Resuscitate Harley-Davidson in the 1980s?," *Journal of International Economics*, 79(2): 186-197

・Kwoka, J. (2014) *Mergers, Merger Control, and Remedies: A Retrospective Analysis of US Policy*, MIT Press, Cambridge

・Lane, N. (2020) "The New Empirics of Industrial Policy," *Journal of Industry, Competition and Trade*, 20(2): 1-26

・Lewis-Faupel, S., Y. Neggers, B. A. Olken, and R. Pande (2016) "Can Electronic Procurement Improve Infrastructure Provision? Evidence from Public Works in India and Indonesia," *American Economic Journal: Economic Policy*, 8(3): 258-283

・Lewis, G., and P. Bajari (2011) "Procurement Contracting With Time Incentives: Theory and Evidence," *Quarterly Journal of Economics*, 126(3): 1173-1211

・Luco, F. (2019) "Who Benefits from Information Disclosure? The Case of Retail Gasoline," *American Economic Journal Microeconomics*, 11(2): 277-305

・Mankiw, N. G. (2007) *Principles of Microeconomics*, Fifth Edition, South Western Cengage Learning, Mason, OH

—— and M. D. Whinston (1986) "Free Entry and Social Inefficiency," *RAND Journal of Economics*, 17(1): 48-58

・Manuszak, M. D., and C. C. Moul (2008) "Prices and Endogenous Market Structure in Office Supply Superstores," *Journal of Industrial Economics*, LVI(1): 94-112

・Mian, A., and A. Sufi (2012) "The Effects of Fiscal Stimulus: Evidence from the 2009 Cash for Clunkers Program," *Quarterly Journal of Economics*, 127(3): 1107-1142

・Miller, A. (2010) "Did the Airline Tariff Publishing Case Reduce Collusion?," *Journal of Law and Economics*, 53(3): 569-586

・Miller, N. H., and M. C. Weinberg (2017) "Understanding the Price Effects of the Miller Coors Joint Venture," *Econometrica*, 85(6): 1763-1791

・Miravete, J. E. (2007) "The Doubtful Profitability of Foggy Pricing," CEPR Discussion Paper, 6295

・Myojo, S., and H. Ohashi (2018) "Effects of Consumer Subsidies for Renewable Energy on Industry Growth and Welfare: Japanese Solar Photovoltaic System," *Journal of Japanese and International Economics*, 48 : 55-67

・Nakamura, T., and H. Ohashi (2012) "Effects of Re-invention on Industry Growth and Productivity: Evidence from the Steel Refining Technology in Japan, 1957-1968," *Economics of Innovation and New Technology*, 21(4): 411-426

—— (2019) "Linkage of Markups through Transaction," RIETI Working Paper, 19-E-107

・Nalebuff, B. (2004) "Bundling as an Entry Barrier," *Quarterly Journal of Economics*, 119(1): 159-187

・Nevo, A. (2000) "A practitioner's guide to estimation of random - coefficients logit models of demand," *Journal of economics & management strategy*, 9(4): 513-548

—— and M. D. Whinston (2010) "Taking the Dogma out of Econometrics: Structural Modeling and Credible Inference,"

Journal of Economic Perspectives, 24(2): 69-82

・OECD（Organisation for Economic Co-operation and Development）(2016) *Big Data: Bringing Competition to the Digital Era*　https://one.oecd.org/document/DAF/COMP(2016)14/en/pdf（２０２０年11月1日アクセス）

―― (2017a) *Broadband Portal*　https://www.oecd.org/sti/broadband/broadband-statistics（２０２０年10月5日アクセス）

―― (2017b) *Algorithms and Collusion: Competition Policy in the Digital Age*　https://www.oecd.org/competition/algorithms-collusion-competition-policy-in-the-digital-age.htm（２０２０年10月10日アクセス）

―― (2018) *Summary of the workshop on cartel screening in the digital era*　https://one.oecd.org/document/DAF/COMP/M(2018)3/en/pdf（２０２０年10月10日アクセス）

―― (2019) *Government at a Glance*, OECD Publishing

・Ohashi, H. (2005) "Learning by doing, export subsidies, and industry growth: Japanese steel in the 1950s and 1960s," *Journal of International Economics*, 66(2): 297-323

―― (2009) "Effects of Transparency in Procurement Practices on Bidding Behavior: The Experience of Municipal Public Works," *Review of Industrial Organization*, 34(3): 267-285

―― and Y. Toyama (2017) "The effects of domestic merger on exports: A case study of the 1998 Korean automobile industry," *Journal of International Economics*, 107 : 147-164

・Patrick, H. T. and H. Rosovsky eds. (1976) *Asia's New Giant: How the Japanese Economy Works*, Brookings Institution（邦訳『アジアの巨人・日本』全4巻，日本経済新聞社，1978）

・Pereira, P., T. Ribeiro, and J. Vareda (2013) "Delineating markets for bundles with consumer level data: the case of triple-play," *International Journal of Industrial Organization*, 31(6): 760-773

・Perloff, J. M., L. S. Karp, and A. Golan (2007) *Estimating Market Power and Strategies*, Cambridge University Press, Cambridge, U. K.

・Pesendorfer, M. (2000) "A Study of Collusion in First-Price Auctions," *Review of Economic Studies*, 67(3): 381-411

・Philippon, T.（2019）*The Great Reversal: How America Gave Up on Free Markets*, Harvard University Press, Cambridge
・Porter, R. H., and J. D. Zona（1993）“Detection of Bid Rigging in Procurement Auctions,” *Journal of Political Economy*, 101（3）: 518-538
――（1999）“Ohio School Milk Markets: An Analysis of Bidding,” *RAND Journal of Economics*, 30（2）: 263-288
・Prince, J., and S. M. Greenstein（2014）“Does service bundling reduce churn?,” *Journal of Economics and Management Strategy*, 23（4）: 839-875
・Reid, P. C.（1990）*Well Made in America: Lessons from Harley-Davidson on Being the Best*, McGraw Hill, New York
・Rodríguez, F., and D. Rodrik（2000）“Trade Policy and Economic Growth: A Skeptic's Guide to the Cross-National Evidence,” *NBER Macroeconomics Annual*, 15 : 261-338
・Rodrik, D.（2008）“Normalizing Industrial Policy,” Commission on Growth and Development, Working Paper No. 3, The International Bank for Reconstruction and Development, The World Bank, Washington D.C.
・Roosevelt Institute（2016）*Next Generation Blueprint for 2016*
https://rooseveltinstitute.org/publications/next-generation-blueprint-2016/（２０２０年10月１日アクセス）
・Rossi-Hansberg, E., P. D. Sarte, and N. Trachter（2020）“Diverging Trends in National and Local Concentration,” mimeo
https://www.princeton.edu/~erossi/DTNLC.pdf（２０２０年11月１日アクセス）
・Ross, T. W., and R. A. Winter（2005）“The Efficiency defense in merger law: Economic foundations and recent Canadian developments,” *Antitrust Law Journal*, 72（2）: 471-503.
・Rotemberg, M.（2019）“Equilibrium effects of firm subsidies,” *American Economic Review*, 109（10）: 3475-3513
・Salop, S. C., and D. T. Scheffman（1983）“Raising Rivals' Costs,” *American Economic Review*, 73（2）: 267-271
・Samuelson, W., and R. Zeckhauser（1988）“Status Quo Bias in Decision Making,” *Journal of Risk and Uncertainty*, 1（1）: 7-59
・Scherer, F. M.（1970）*Industrial Pricing: Theory and Evidence*, Rand McNally & Co., Chicago

- Schmalensee, R. (1989) "Inter-industry studies of structure and performance," in *Handbook of Industrial Organization* Vol. II, R. Schmalensee and R.D. Willig eds., Elsevier, Amsterdam
- Shapiro, C. (1989) "The Theory of Business Strategy," *RAND Journal of Economics*, 20(1): 125-137

—— (2018) "Antitrust in a time of populism," *International Journal of Industrial Organization*, 61 : 714-748

- Shum, M. (2004) "Does advertising overcome brand loyalty? Evidence from the breakfast - cereals market," *Journal of Economics & Management Strategy*, 13(2): 241-272
- Spence, A. M. (1977) "Entry, Capacity, Investment and Oligopolistic Pricing," *Bell Journal of Economics*, 8(2): 534-544
- Srinivasan, T: N., and J. Bhagwati: (2001) "Outward-orientation and Development: Are Revisionists Right?," in *Trade, Development and Political Economy*, Krueger, A. O., D. Lal, and R. H. Snape eds.: 3-26, Palgrave Macmillan, London
- Stahl, J. C. (2016) "Effects of Deregulation and Consolidation of the Broadcast Television Industry," *American Economic Review*, 106(8): 2185-2218
- Stigler Center (2019) *Committee for the Study of Digital Platforms Market Structure and Antitrust Subcommittee Report*, University of Chicago, Booth
- Stigler, G. (1968) "A Note on Block Booking," in *The Organization of Industry*, G. Stigler and R. D. Irwin, eds., University of Chicago Press, Chicago
- Stiglitz, J., and J. Y. Lin (2013) *The Industrial Policy Revolution I: The Role of Government Beyond Ideology*, Palgrave Macmillan, London
- Sugaya, T.,and A. Wolitzky (2018) "Maintaining privacy in cartels," *Journal of Political Economy*, 126(6): 2569-2607
- Syverson, C. (2019) "Macroeconomics and Market Power: Context, Implications, and Open Questions," *Journal of Economic Perspective*, 33(3): 23-43
- Takahashi, H. (2018) "Strategic Design under Uncertain Evaluations: Structural Analysis of Design - build Auctions," *RAND Journal of Economics*, 49(3): 594-618

- Tirole, J.（1988）*The Theory of Industrial Organization*, MIT Press, Cambridge
- Train, K. E.（2003）*Discrete Choice Methods with Simulation*, Cambridge University Press, Cambridge, U. K.
- UK Competition Report（2019）*Unlocking Digital Competition: Report of the Digital Competition Expert Panel* https://assets.publishing.service.gov.uk/government/uploads/system/uploads/attachment_data/file/785547/unlocking_digital_competition_furman_review_web.pdf（２０２０年10月25日アクセス）
- United Nations（2020）*The Sustainable Development Goals Report*　https://unstats.un.org/sdgs/report/2020/（２０２０年11月1日アクセス）
- Viard, B.（2007）"Do switching costs make markets more or less competitive? The case of 800-number portability," *RAND Journal of Economics*, 38(1): 146-163
- Vita, M.（2018）"Kwoka's Mergers, Merger Control, and Remedies: Rejoinder to Kwoka," *Research in Law & Economics*, 28 : 433
- Waldfogel, J.（2009）*The Tyranny of the Market: Why You Can't Always Get When You Want*, Harvard Univ Press, Cambridge
- Wallace, D. H.（1937）*Market Control in the Aluminum Industry*, Harvard Univ Press, Cambridge
- Wang, C., and J. Wright（2020）"Search Platforms: Showrooming and Price Parity clauses," *RAND Journal of Economics*, 51(1): 32-58.
- Warwick, K.（2013）"Beyond Industrial Policy: Emerging Issues and New Trends," OECD Science, Technology and Industrial Policy Papers, No. 2, OECD Publishing
- Weil, D.（2014）*The Fissured Workplace: Why Work Became So Bad for So Many and What Can Be Done to Improve It*, Harvard Univ Press, Cambridge
- Whinston, M. D.（1990）"Tying, Foreclosure, and Exclusion," *American Economic Review*, 80(4): 837-859

——（2008）*Lectures on Antitrust Economics*, MIT Press, Cambridge

・Williamson, O.（1968）“Economies as an Antitrust Defense: The Welfare Tradeoffs,” *American Economic Review*, 58(1): 18-36

・Wollmann, T.G.（2018）“Trucks without Bailouts: Equilibrium Product Characteristics for Commercial Vehicles,” *American Economic Review*, 108(6): 1364-1406

・World Bank（1993）*The East Asian Miracle: Economic Growth and Public Policy*, Oxford University Press, Oxford, U. K.（邦訳『東アジアの奇跡——経済成長と政府の役割』東洋経済新報社、１９９４）

——（2008）“The Growth Report: Strategies for Sustained Growth and Inclusive Development,” Washington D.C.

・Wu, T.（2018）*The Curse of Bigness: Antitrust in the New Gilded Age*, Columbia Global Report, New York

【和文】

・ＩＣＴ総研（2020）「２０２０年 スマートフォン料金と通信品質の海外比較に関する調査」https://ictr.co.jp/report/20200716.html（２０２０年10月７日アクセス）

・有賀健編著（1993）『日本的流通の経済学——参入・規制メカニズムの解明』日本経済新聞出版

・伊神満（2018）『「イノベーターのジレンマ」の経済学的解明』日経ＢＰ

・池田毅（2017）「デジタルカルテルと競争法——ＡＩ・アルゴリズム・ＩｏＴは独禁法理論に変容をもたらすか」『ジュリスト』1508：55-62

・伊藤元重・奥野正寛・清野一治・鈴村興太郎（1988）『産業政策の経済分析』東京大学出版会

・今井賢一・宇沢弘文・小宮隆太郎・根岸隆・村上泰亮（1972）『価格理論Ⅲ』岩波書店

・岩田一政・日本経済研究センター編（2014）『人口回復——出生率１・８を実現する戦略シナリオ』日本経済新聞出版

・梅田政徳・川本琢磨・酒巻哲朗・堀雅博（2017）「高齢化とマクロ投資比率——国際パネルデータを用いた分析」内閣府経済社会総合研究所『経済分析』196

・エネルギー・資源学会（2019）「特集 急速進展する日本の電力システム改革の進捗と展望」『エネルギー・資源』40(4)：16-54

・大橋弘（2011）「わが国における全量買い取り制度の課題——太陽光発電に注目して」『環境経済・政策研究』4(1)：60-63

——（2012a）「独占禁止法と経済学」『公正取引』738：12-7

——（2012b）「産業組織と競争政策」『公正取引』739：43-8

——（2012c）「市場支配力と市場画定」『公正取引』740：60-5

——（2012d）「カルテルにおける経済学の活用」『公正取引』741：57-62

——（2012e）「公共調達の競争性——3つの通説と今後の課題」『公正取引』742：67-72

——（2012f）「企業結合における効率性——最近の経済分析からの知見を踏まえて」『日本経済法学会年報』33：80-95

——（2013a）「企業合併の経済学（1）」『公正取引』758：62-7

——（2013b）「企業合併の経済学——わが国の鉄鋼産業における経験を踏まえて」小川一夫・神取道宏・塩路悦朗・芹澤成弘編『現代経済学の潮流 2013』第3章：111-41、東洋経済新報社

——（2014a）「企業合併の経済学（2）」『公正取引』760：62-7

——編著（2014b）『プロダクト・イノベーションの経済分析』東京大学出版会

——（2014c）「入札契約制度改革の方向性を探る——産業の健全な発展をめざして」『都市問題』105：85-93

——（2015）「再生可能エネルギーの経済分析——太陽光発電の大量導入と電力需要マネジメント」神取道宏・澤田康幸・塩路悦朗・照山博司編『現代経済学の潮流 2015』第2章：31-59、東洋経済新報社

——（2016a）「特集：1年生の日本経済入門 電力自由化は何をもたらすのか」『経済セミナー』689：39-43

——（2016b）「『新しい産業』政策と新しい『産業政策』——『新しい産業政策』プログラムからの知見」藤田昌久編『日本経済の持続的成長——エビデンスに基づく政策提言』第6章、東京大学出版会

——（2017）「デジタルカルテルと競争政策」『経済セミナー』698：24-28

――（2018）「生産性向上と新たな付加価値の創出に向けての視点」大橋弘・財務総合政策研究所編著『イノベーションの研究――生産性向上の本質とは何か』総論、金融財政事情研究会

――（2020a）「わが国に求められる電力システムのあり様」『経済セミナー』712：68-73

――（2020b）「新たな産業フロンティアにおけるSociety5.0の世界」矢野誠編『第４次産業革命と日本経済――経済社会の変化と持続的成長』第５章、東京大学出版会

――編著（2020c）『ＥＢＰＭの経済学――エビデンスを重視した政策立案』東京大学出版会

――（2020d）「競争の重要性と市場支配力――産業組織論の視点」『公正取引』833：20-27

――（2021）「ポストコロナの産業政策」『世界経済評論』65(1)

――・中村豪・明城聡（2010）「八幡・富士製鐵の合併（1970）に対する定量的評価」東京大学経済学会『經濟學論集』76(1)：75-107

・奥村宏（2005）『最新版 法人資本主義の構造』岩波現代文庫

・小田切宏之（2017）『競争政策論――独占禁止法事例とともに学ぶ産業組織論』日本評論社

・貝塚啓明（1973）『経済政策の課題』東京大学出版会

・海野忍（2012）「電気通信事業者の動向」講演発表資料

・川濱昇（1997）「カルテル規制の再検討――合意の機能と競争促進的慣行」『法學論叢』140：5-6

――・武田邦宣（2017）「プラットフォーム産業における市場画定」RIETI DP 17-J-032

・企業価値研究会（2005）『企業価値報告書――公正な企業社会のルール形成に向けた提案』https://www.meti.go.jp/policy/economy/keiei_innovation/keizaihousei/pdf/3-houkokusho-honntai-set.pdf（２０２０年11月１日アクセス）

・北野泰樹・齋藤経史・大橋弘（2010）「携帯電話におけるスイッチング・コストの定量分析――番号ポータビリティ制度の評価」『日本経済研究』63：29-57

・金融庁（2018）『地域金融の課題と競争のあり方』

https://www.fsa.go.jp/singi/kinyuchukai/kyousou/20180411/01.pdf（２０２０年12月１日アクセス）
・経済産業省（2010）「産業構造ビジョン2010」
――（2013）「消費インテリジェンスに関する懇談会報告書――ミクロのデフレからの脱却のために」
――（2016）「第四次産業革命に向けた横断的制度研究会報告書」
https://www.meti.go.jp/committee/kenkyukai/sansei/daiyoji_sangyo/pdf/report01_01.pdf（２０２０年11月１日アクセス）
――（2020）「令和元年度 内外一体の経済成長戦略構築にかかる国際経済調査事業（電子商取引に関する市場調査）」
https://www.meti.go.jp/press/2020/07/20200722003/20200722003-1.pdf（２０２０年11月１日アクセス）
――・公正取引委員会・総務省（2018）「プラットフォーマー型ビジネスの台頭に対応したルール整備の基本原則」
https://www.meti.go.jp/press/2018/12/20181218003/20181218003-1.pdf（２０２０年11月１日アクセス）
――・公正取引委員会・総務省（2019a）「データの移転・開放等の在り方に関するオプション」
https://www.meti.go.jp/press/2019/05/20190521004/20190521004-3.pdf（２０２０年11月１日アクセス）
――・公正取引委員会・総務省（2019b）「取引環境の透明性・公正性確保に向けたルール整備の在り方に関するオプション」 https://www.meti.go.jp/press/2019/05/20190521004/20190521004-1.pdf（２０２０年11月１日アクセス）
・経済産業省調達価格等算定委員会（2020）「令和２年度の調達価格等に関する意見」
https://www.meti.go.jp/shingikai/santeii/pdf/20200204001_1.pdf（２０２０年11月10日アクセス）
・建設通信新聞（2020）70年特集号第１集 12-13面
・公正取引委員会（2012）「電力市場における競争の在り方について」
https://www.jftc.go.jp/dk/kiseikaikaku/index_files/12092101hontai.pdf（２０２０年10月10日アクセス）
――（2015）「平成26年度における独占禁止法違反事件の処理状況について」
https://www.jftc.go.jp/houdou/pressrelease/h27/may/150527_1.html（２０２０年11月１日アクセス）
――（2016a）「携帯端末市場における競争政策上の課題について」
https://www.jftc.go.jp/houdou/pressrelease/h28/aug/160802_files/160802_keitai_honbun.pdf（２０２０年10月４日アク

セス）

――（2016b）「課徴金制度の概要と見直しの視点（資料編）」
https://www.jftc.go.jp/soshiki/kyotsukoukai/kenkyukai/dkkenkyukai/dokkinken-1_files/siryou.pdf（２０２０年10月14日アクセス）

――（2018）「携帯電話市場における競争政策上の課題について（平成30年度調査）」
https://www.jftc.go.jp/houdou/pressrelease/h30/jun/chousei/180628houkokusyo.pdf（２０２０年10月4日アクセス）

――（2019a）「『企業結合審査に関する独占禁止法の運用指針』及び『企業結合審査の手続に関する対応方針』の改定について」
https://www.jftc.go.jp/houdou/pressrelease/2019/dec/kiketu/koubokekka.pdf（２０２０年11月1日アクセス）

――（2019b）「デジタル・プラットフォーマーの取引慣行等に関する実態調査報告書」
https://www.jftc.go.jp/houdou/pressrelease/2019/oct/191031b.pdf（２０２０年11月1日アクセス）

――（2019c）「平成30年度における主要な企業結合事例――事例10㈱ふくおかフィナンシャルグループによる㈱十八銀行の株式取得」
https://www.jftc.go.jp/dk/kiketsu/jirei/30nendo_files/h30jirei10.pdf（２０２０年12月1日アクセス）

――（2020）「令和元年度における独占禁止法違反事件の処理状況について」
https://www.jftc.go.jp/houdou/pressrelease/2020/jun/200617.html（２０２０年11月1日アクセス）

・公正取引委員会事務総局（1997）『独占禁止政策五十年史』（上巻）公正取引協会

・公正取引委員会競争政策研究センター（2016）「バンドル・ディスカウントに関する独占禁止法上の論点」
https://www.jftc.go.jp/cprc/conference/index_files/161214bundle01.pdf（２０２０年10月7日アクセス）

――（2018）「人材と競争政策に関する検討会　報告書」
https://www.jftc.go.jp/cprc/conference/index_files/180215jinzai01.pdf（２０２０年11月16日アクセス）

・厚生労働省（2020a）「新型コロナウイルスに関連した感染症の発生に伴う医療用マスクの安定供給について（協力

要請）」 https://www.mhlw.go.jp/content/10800000/000626017.pdf（２０２０年９月１日アクセス）
――（2020b）「データからわかる新型コロナウイルス感染症情報」 http://covid19.mhlw.go.jp/（アクセス２０２０年9月25日）
・国土交通省（2014）「国土のグランドデザイン２０５０――対流促進型国土の形成」 https://www.mlit.go.jp/common/001047113.pdf（２０２０年10月20日アクセス）
――（2020a）「建設業許可業者数調査の結果について」 https://www.mlit.go.jp/report/press/content/001341954.pdf（２０２０年10月１日アクセス）
――（2020b）「令和２年度（２０２０年度）建設投資見通し」 https://www.mlit.go.jp/report/press/joho04_hh_000940.html（２０２０年10月１日アクセス）
・後藤晃（2013）『独占禁止法と日本経済』ＮＴＴ出版
・狛文夫（2008）『カルテルとリニエンシーの法律実務――被疑会社の視点から見たカルテル規制とリニエンシー制度の利用』商事法務
・小宮隆太郎（1999）『日本の産業・貿易の経済分析』東洋経済新報社
――・奥野正寛・鈴村興太郎編（1984）『日本の産業政策』東京大学出版会
・資源エネルギー庁（2019）「平成30年度エネルギーに関する年次報告（エネルギー白書２０１９）」
――（2020a）「電力調査統計（２０２０年６月）」 https://www.enecho.meti.go.jp/statistics/electric_power/ep002/results.html（２０２０年９月10日アクセス）
――（2020b）「なっとく！ 再生可能エネルギー 固定価格買取制度」 https://www.enecho.meti.go.jp/category/saving_and_new/saiene/kaitori/kakaku.html（２０２０年10月１日アクセス）
・鈴村興太郎（2004）「競争の機能の評価と競争政策の設計――ジョン・リチャード・ヒックスの非厚生主義宣言」『早稲田政治經濟學雜誌』356：16-26
・砂川伸幸（2008）『日経文庫コーポレートファイナンス入門』日本経済新聞社

・隅谷三喜男編著（1994）『通商産業政策史』（第1巻）経済産業調査会
・隅谷三喜男（1996）『成田の空と大地——闘争から共生への途』岩波書店
・総合資源エネルギー調査会（2013）「電力システム改革専門委員会報告書」
https://www.meti.go.jp/shingikai/enecho/kihon_seisaku/denryoku_system/seido_sekkei/pdf/01_s01_00.pdf（２０２０年10月10日アクセス）
——（2019）「脱炭素化社会に向けた電力レジリエンス小委員会　中間整理」
https://www.meti.go.jp/shingikai/enecho/denryoku_gas/datsu_tansoka/pdf/20190730_report.pdf（２０２０年10月10日アクセス）
・総務省（2010）「モバイル及びブロードバンドの普及に関するこれまでの競争政策の経済効果の定量分析（中間報告）」
https://www.soumu.go.jp/main_content/000066684.pdf（２０２０年10月10日アクセス）
——（2018）「自治体戦略２０４０構想研究会　第二次報告——人口減少下において満足度の高い人生と人間を尊重する社会をどう構築するか」
——（2020a）「令和2年版情報通信白書——5Gが促すデジタル変革と新たな日常の構築」
https://www.soumu.go.jp/johotsusintokei/whitepaper/ja/r02/pdf/index.html（２０２０年10月1日アクセス）
——（2020b）「電気通信サービスに係る内外価格差調査——令和元年度調査結果」
https://www.soumu.go.jp/menu_news/s-news/01kiban03_02000651.html（２０２０年10月1日アクセス）
——（2020c）「固定通信市場の競争環境に関する検証について」
https://www.soumu.go.jp/main_content/000691227.pdf（２０２０年10月1日アクセス）
——（2020d）「モバイル市場の競争環境に関する研究会　最終報告書」
https://www.soumu.go.jp/main_content/000670969.pdf（２０２０年10月1日アクセス）
——（2020e）「競争ルールの検証に関するＷＧ報告書骨子（案）参考資料」

https://www.soumu.go.jp/main_content/000704586.pdf（２０２０年９月１日アクセス）

――（2020f）「モバイル市場の公正な競争環境の整備に向けたアクション・プラン」
https://www.soumu.go.jp/main_content/000713711.pdf（２０２０年11月10日アクセス）

――（2020g）「ゼロレーティングサービスの提供に係る電気通信事業法の適用に関するガイドライン」

・武田邦宣（2012）「企業結合規制における定量的評価と定性的評価」『日本経済法学会会報』33：42-61

・チャルマーズ・ジョンソン（1982）『通産省と日本の奇跡』ティビーエス・ブリタニカ

・低炭素投資促進機構（2020）「ＦＩＴ法による入札制度」
https://nyusatsu.teitanso.or.jp/（２０２０年10月１日アクセス）

・デジタル市場競争会議（2020）「デジタル市場競争に係る中期展望レポート――Society5.0におけるデジタル市場のあり方」

・電力・ガス取引監視等委員会（2017）「競争的な電力・ガス市場研究会（第1回）配布資料」
https://www.emsc.meti.go.jp/activity/emsc_studygroup/001_haifu.html（２０２０年11月10日アクセス）

――（2019a）「電気の経過措置料金に関する専門会合とりまとめ」
https://www.emsc.meti.go.jp/activity/emsc_keika/pdf/190424_report.pdf（２０２０年11月１日アクセス）

――（2019b）「電力取引の状況」
https://www.emsc.meti.go.jp/info/business/report/results.html（２０２０年５月１日アクセス）

・東京都（2020）「新型コロナウイルス感染症対策サイト」https://stopcovid19.metro.tokyo.lg.jp/（アクセス２０２０年９月25日）

・内閣府経済社会総合研究所国民経済計算部（2021）「四半期別ＧＤＰ速報　時系列表　２０２０年10～12月期（１次速報値）」
https://www.esri.cao.go.jp/jp/sna/data/data_list/sokuhou/files/2020/qe204/pdf/jikei_1.pdf（２０２１年２月15日アクセス）

・西土彰一郎（2014）「インターネットにおける基本権保障のあり方」『情報通信政策レビュー』9：55-75
・日経会社情報DIGITAL　https://www.nikkei.com/nkd/（２０２０年8月27日アクセス）
・根岸哲（2007）「独占禁止法60年――過去・現在・未来」『公正取引』682：4-9
・日立東大ラボ（2019）「提言 Society5.0を支える電力システムの実現に向けて」第2版
・深尾京司（2012）『「失われた20年」と日本経済――構造的原因と再生への原動力の解明』日本経済新聞出版社
・ブルームバーグ・マーケット情報　https://www.bloomberg.co.jp/（２０２０年8月27日アクセス）
・三輪芳朗、J・M・ラムザイヤー（2001）『日本経済論の誤解――「系列」の呪縛からの解放』東洋経済新報社
――（2002）『産業政策論の誤解――高度成長の真実』東洋経済新報社
・椋寛（2020）『自由貿易はなぜ必要なのか』有斐閣
・森川正之（2020）「産業政策の効果検証――内外の研究例の紹介」https://www.rieti.go.jp/jp/special/ebpm_report/007.html（２０２０年11月1日アクセス）
・両角良彦（1966）『産業政策の理論』日本経済新聞社
・八代尚宏（2018）「規制改革の現状と展望」http://www.scj.go.jp/ja/member/iinkai/bunya/keizai/pdf/jizokuhatten-siryo2401.pdf（２０２０年11月1日アクセス）
・山田弘（2017）「人工知能のカルテルは罪になるか？」庄司克宏編『インターネットの自由と不自由――ルールの視点から読み解く』第9章、法律文化社
・レコフデータ（2010）「統計とデータ」『Ｍ＆Ａ専門誌ＭＡＲＲ』186
――（2020）「統計とデータ」『Ｍ＆Ａ専門誌ＭＡＲＲ』311

〈マ　行〉

〈ヤ　行〉

〈ラ　行〉

〈ナ　行〉

〈ハ　行〉

〈タ　行〉

〈サ　行〉

事項索引

〈英　数〉

〈ア　行〉

〈カ　行〉

〈著者紹介〉
大橋　弘（おおはし・ひろし）
東京大学公共政策大学院院長、東京大学大学院経済学研究科教授、経済産業研究所プログラム・ディレクター、公正取引委員会競争政策研究センター主任研究官
1993年東京大学経済学部経済学科卒業、95年東京大学大学院経済学研究科修士号取得、2000年ノースウェスタン大学Ph.D.取得、同年ブリティッシュ・コロンビア大学（カナダ）経営・商学部助教授、03年東京大学大学院経済学研究科助教授、07年同准教授、12年同教授、20年より現職。第3回円城寺次郎記念賞（日本経済新聞社、2012年）受賞。
主な編著書に『EBPMの経済学』（編著、東京大学出版会）、『モバイル産業論』（共編著、東京大学出版会）、『プロダクト・イノベーションの経済分析』（編著、東京大学出版会）、『イノベーションの研究』（共編著、金融財政事情研究会）などがある。

競争政策の経済学

2021年4月14日　1版1刷
2022年1月13日　　3刷

著　者　大　橋　弘

発行者　白　石　賢
発　行　日経BP
日本経済新聞出版本部
発　売　日経BPマーケティング
〒105-8308　東京都港区虎ノ門4-3-12

印刷・製本　シナノ印刷
DTP　CAPS
ISBN978-4-532-13513-3